KB169349

미래 100년을 향한

근현대 인물
한국사

미래 100년을 향한

근현대 인물
한국사

초판 1쇄 인쇄 2019년 12월 16일
초판 1쇄 발행 2019년 12월 31일

지은이 하성환
펴낸이 김승희
펴낸곳 도서출판 살림터

기획 정광일
편집 조현주
북디자인 꼬리별

인쇄·제본 (주)현문
종이 월드페이퍼(주)

주소 서울시 양천구 목동동로 293, 22층 2215-1호
전화 02-3141-6553
팩스 02-3141-6555
출판등록 2008년 3월 18일 제313-1990-12호
이메일 gwang80@hanmail.net
블로그 http://blog.naver.com/dkffk1020

ISBN 979-11-5930-126-1 03900

*가격은 뒤표지에 있습니다.
*잘못된 책은 바꾸어 드립니다.
*이 책은 저작권법에 따라 보호를 받는 저작물이므로 무단 전재와 복제를 금합니다.

이 도서의 국립중앙도서관 출판예정도서목록(CIP)은
서지정보유통지원시스템 홈페이지(http://seoji.nl.go.kr)와
국가자료공동목록시스템(http://www.nl.go.kr/kolisnet)에서 이용하실 수 있습니다.
(CIP제어번호: CIP2019050991)

미래 100년을 향한

근현대 인물
한국사

하성환 지음

살림터

다시 역사 정의를 생각하며

한국 사회는 역사 정의가 무너진 사회이다. 단 한 번도 역사 정의를 바로 세우지 못했다. 친일 세력을 비호한 이승만 정권은 1949년 5월 '국회 프락치 사건'을 터뜨린다. 반민특위 등 친일반민족 세력 단죄에 앞장선 소장파 국회의원들을 헌병대로 끌고 가 고문하고 국가보안법으로 투옥시킨 사건이다. 이어서 6월 6일 이승만 정권은 친일 경찰들을 동원해, 기습적으로 반민특위 활동을 위한 특경대를 강제로 무장 해제시켰다. 6월 26일에는 마지막 남은 항일독립운동의 상징적 인물인 백범 김구를 암살했다. 김창룡 등 친일 세력들이 사주해서 제거한 것이다. 이른바 이승만 극우 파시즘 세력들이 벌인 1949년 '6월 공세'이다.

역사 정의가 무너진 곳에 사회 정의가 바로 설 리가 없다. 과거 민족을 배반한 친일 세력들이 '반공＝애국'으로 등치시키면서 자신들이 식민지 시절 저질렀던 죄악을 은폐했다. 친일 세력이 자신들의 정체성에 예쁘게 색칠을 해 변장술을 발휘함으로써 대중을 이간질하고 사회 혼란을 초래했다. 급기야 분단을 막고자 민족의 통일을 외치는 민족주의 항일독립지사들마저 '빨갱이'로 몰아갔다.

1948년 제주 4·3 학살과 여순 학살은 그 규모나 잔인성으로 볼 때 친일반민족 세력의 준동이 아니고서는 설명할 길이 없다. 동족을 '빨갱이'로 몰아 집단 학살을 자행했다. 학살은 근본주의 기독교인들과 친일반민족 인사들이 주도했다. 이승만 정권이 반공의 핏자국 위에 세워진 분단 정권이고, '빨갱이의 탄생'이 이승만 정권의 탄생과 궤를 같이하는 이유이다. 한국전쟁이 터지고 1950년 7월~9월 3개월 동안 20만 명에 이르는 민간인을 집단 학살했다. 일명 '보도연맹 학살 사건'이다. 유사 이래 등장했던 온갖 살해 방법이 죄다 동원된 참혹한 만행이었다. 나치의 홀로코스트가 멀리 있지 않았다.

학살 책임자는 일제강점기 시절 관동군 헌병 오장 출신 김창룡이다. 그는 소만 국경지역에 투입돼 영하 40도를 오르내리는 강추위 속에서도 잠복근무를 하며 항일독립지사 체포에 혈안이 되었던 자이다. 그는 1950년 9·28 서울 수복 후 서울에 잔류했던 시민들 수만 명을 부역자로 처단하는 데 망나니 칼을 휘둘렀다. 부역자로 내몰린 시민들은 이승만의 라디오 연설을 믿고 다시 피난 보따리를 풀던 평범한 시민들이었다. 전쟁 중이라는 이유만으로 그 학살 책임자들에게 면죄부를 줄 수는 없는 일이다. 그러나 한국 사회는 그들의 죄를 단죄하기는 커녕 아예 죄를 묻지도 못했다. 1950년대 부정부패로 대변되는 '사바사바' 문화가 뿌리를 내린 데에는 민족의 사회 정의가 땅에 곤두박질쳤기 때문이다.

반공이 제1의 국시이고 국가보안법이 수많은 간첩을 조작하며 양심수를 양산했다 그렇게 역사 정의는 온데간데없이 실종된 채 1960~1970년대를 보냈다. 왜냐하면 박정희 스스로 항일독립군을 때려잡던 관동군 중위 출신이었으니까. 문제는 수십 년 지속된 세뇌교육에 있다. 북쪽의 김일성이 과거 민족주의 계열은 물론이고 사회주의 계열 항일독립운동가들을 깡그리 숙청하며 김일성 주체사상으로 전 인민을 세뇌시켰듯이, 남쪽의 박정희도 '잘살아 보세'라는 개발 신화를 앞세워 '한강의 기적을 가져온 위인'으로 자신을 띄웠다. 오늘날 박정희 신화에 갇혀 있는 분들의 공통점은 경제성장의 주역인 수많은 '전태일'을 모른다는 것이다. 그들은 한국의 경제성장을 독재자 박정희와 파렴치한 재벌 기업인들이 일으켰다고 여긴다.

　박정희 독재 18년 동안의 평균 경제성장률은 희대의 살인마 전두환 집권 7년 동안의 경제성장률에 미치지 못한다. 그렇다고 1980년대 경제성장을 전두환과 삼성, 현대 등 재벌 기업인들이 일으킨 것이라고 역설한다면 이에 동의할 사람이 몇이나 될까 의문스럽다. 박정희보다 더 높은 경제성장을 가져온 5공 시절을 생각하며 전두환을 마음으로부터 숭모하는 이가 대한민국에 얼마나 될까? 아마도 그의 고향인 합천에 있는 '새천년 생명의 숲'을 전두환의 호를 따서 '일해공원'으로 앞장서 바꾼 지자체 정치인들이나 추종할 듯싶다.

　우리는 1994년 김일성 사망 당시 북쪽 인민들이 까무러칠 정도로 슬픈 감정을 주체하지 못하던 장면을 잊지 못한다. 연출된 게 아닐까 의심하기도 하지만 그건 모두 김일성 주체사상으로 세뇌된 교육의 부산물일 뿐이다. 마치 박정희 장례식 날 슬피 울던 평범한 시민들의 모습과 같은 논리이다. 역사 정의가 무너진 곳에서 불의한 권력은 교육과 문화를 권력의 도구로 남용했다. 한쪽에선 '민족의 태양'이니 '위대한 수령'이니 '태양절'이 튀어나오고, 반대쪽에선 '세기의 태양'(「성북동 비둘기」의 김광섭), '고마우신 대통령'(「나그네」의 박목월), '이순신과 세종대왕을 합친 위인'(「가고파」의 이은상)으로 독재자를 찬양하는 문구가 남북을 화려하게 휘감았다.

　세상을 떠들썩하게 한 금융권과 공기업, 민간기업 채용 비리는 어제오늘 일이 아니다. 수십 년 동안 지속된 오랜 관행의 끝물일 것이다. 역사 정의가 무너진 곳에서 불의가 싹트고 불의가 무성한 곳에 한국 사회의 미래는 없다. 박근혜 정권 시절에 한국은 부패인식지수가 40~50위권을 맴도는 부패 국가로 분류되었다. 이제 촛불 시민혁명으로 문재인 정부가 들어선 지 2년 반이 지났다. 대한민국 사회가 크게 융성하기 위해선 투명 사회로 나아가야 한다. 그 길은 단순하다. 역사 정의를 바로 세우는 것이다.

　과거 정권에서 자행된 불의와 비리에 대해 단호하게 대처해야 한다. 총선을 앞두고 표를 의식하거나 정치적 계산을 해서는 안 된다. 그것은 촛불정부를 자처한 정부의 실패로 귀결될 것이다. 촛불정부의 실패는 수십 년 역사를 후퇴시키는 퇴행으로, 한국 사회가 '정의로운 복지 국가'로 발돋움하는 천재일우의 기회를 놓쳐 버리는 결과를 자초할 것이다.

　사회 정의가 무너지는 소리를 다시 들을 때 국민은 절망한다. 절망한 국민을 다시 일으켜 세우기는 불가능에 가깝다. 역사 정의를 바로 세우는 일은 문재인 정부에게 던져진 숙명이자 시대의 과제이다.

　이 책은 우리 역사에서 망각되고 사라진 인물들에 대한 이야기이자, 역사 정의가 무너진 현대사 속에서 왜곡된 인물들에 대한 이야기다. 이미 여러 해에 걸쳐 『밀양문학』, 『순국』, 『오마이뉴스』, 『레디앙』, 『한겨레 온』 등 잡지나 인터넷 신문을 통해 발표한 것을 수정하거나 축약하여 읽기 쉽게 엮었다.

몽골 여행을 가서야 알게 되는 의사 이태준, 조선어학회 목대잡이 (지도자)이자 조선 최고의 한글운동가 이극로, 대한민국 교사들이 망각한 조선의 페스탈로치 이만규, 아직도 독립운동가의 반열에 오르지 못한 1세대 페미니스트 나혜석, 윤봉길의 홍구공원 거사를 도운 조선 의용군 출신 항일 여전사 이화림, 이육사가 「청포도」 시를 통해 노래한 절친 윤세주, 문재인 대통령이 호명한 항일 여전사 박차정, 안동과 함께 한국독립운동의 메카인 밀양 출신 항일 열사들의 정신적 멘토 황상규, 1930년대 혁명적 노동운동의 순결한 영혼 김찬, 백범 김구에게 억울하게 죽임을 당한 항일독립지사 김립, 민중목회를 실천한 주시경의 절친 전덕기, 우리의 머릿속에서 지워진 쿠바 항일독립운동가 임천택, 민주화운동과 노동운동에서 산화한 최우혁, 허원근, 박종철, 이한열, 그리고 군에서 산업현장에서 사망한 고 노우빈, 고 김용균 님의 어머님, 아버님의 슬프고도 거룩한 삶이 오늘을 살아가는 우리들 마음을 숙연하게 한다.

그런가 하면 서정주 못지않게 독재자를 찬양한 노산 이은상, 한글전용에서 국한문 혼용으로 지조를 바꾼 일석 이희승, 분단 권력을 움켜쥔 채 자기 나라 국민을 수없이 학살하며 반공의 핏자국 위에 들어선 이승만 정권, 실천적 교육운동가 한국의 페스탈로치 이오덕, 노블레스 오블리주를 실천한 북만주 거부이자 봉오동 전투의 전설적 인물 최진동 삼형제, 불꽃처럼 살다 간 코뮤니스트 항일혁명가 김명시, 통상 '항일민족언론' 내지 '민족정론지'라고 내세우지만 부끄러운 실상을 보여 준 조선일보, 동아일보 등 근현대사에서 무엇보다 왜곡된 인물이나 역사적 사실들을 접하고 보면 뜨악하지 않을 수 없다.

이제 우리 역사에서 망각된 인물들의 제자리를 찾아주고자 한다.

나아가 마냥 미화되고 왜곡된 인물과 역사적 사실들이 사실대로 균형 있게 기록되길 소망한다. 역사는 지나간 과거사가 아니라 역사전쟁을 통해 새롭게 쓰는 현대사이다. 우리 역사에서 사라진 망각의 인물들을 올바르게 자리매김함으로써 우리 역사가 온전히 복원되고 더욱 풍부한 내용으로 채워지길 소망한다.

무엇보다 이 책이 나오기까지 함께 공부하고 토론했던 안정애 선생님, 은지숙 선생님, 박용규 박사, 황지숙 선생님, 임선일 선생님의 도움이 컸음을 밝힌다. 또한 평생 우직하게 평교사의 길을 걸으며 이 땅의 아이들을 사랑했던 참교사 강혜원 선생님, 김용희 선생님, 양달섭 선생님, 송인석 선생님, 송원재 선생님, 이재우 선생님, 이을재 선생님, 김재석 선생님, 이재선 선생님, 남궁계숙 선생님, 박혜화 선생님, 우덕주 선생님, 정수진 선생님, 김종윤 선생님, 장칠경 선생님께 뒤늦게 퇴임을 기념해 이 책을 바치고 싶다. 끝으로 어려운 출판 환경에서도 기꺼이 이 책을 세상에 선보여 주신 살림터 정광일 대표께 고마움을 전한다.

3·1 혁명 100주년, 대한민국 건국 100주년,
백범 서거 70주년, 의열단 창단 100주년을 맞아
2019년 12월
하성환 씀

차례

몽골의 슈바이처,
항일독립지사 이태준

_의열단, 한인사회당 비밀 연락원

이태준 하면 식자층에선 월북 작가 이태준을 떠올리지만, 오늘 우리가 기억하고자 하는 인물은 의사 이태준이다. 1910년대 몽골 인민 중 70~80%가 감염돼 고통받았던 성병을 치료해 준 인물이 이태준이다. 그는 성병에 감염돼 말을 잃어버린 몽골인들의 목소리를 되찾아 주었다. 당시 몽골에는 라마교 등 전통적인 의술에 의존했었다. 그런 면에서 몽골인들에게 근대 서양 의학을 최초로 전수한 이가 이태준이다.

몽골인들의 삶에 금강석처럼 빛나다

당시에는 독일 의학자 에를리히P. Erlich가 발명한 화학요법 매독치료 제인 살바르산이 이미 상용화되었다. 그 결과 1910년대 후반 이태준은 몽골인들에게 '극락세계에서 내려온 여래불如來佛'이자 '신인神人'으로 추앙받았다. 이태준은 몽골의 마지막 국왕 보그드 칸 8세의 주치의가 된다. 몽골 왕실과 왕족의 신뢰를 한 몸에 받으며, 1919년 7월 이태준은 외국인에게 수여하는 가장 높은 등급의 훈장을 받았다. '에르데닌 오치르'라는 국가훈장으로 '귀중한 금강석'이라는 뜻이다. 이태준이 몽골인들의 삶에 금강석처럼 빛나는 귀중한 존재였던 셈이다.

몽골 인민의 존경과 추앙을 한 몸에 받았던 의사 이태준은 누구인가? 그는 오늘날까지 몽골 정부와 인민들 사이에서 높이 추앙받는 위대한 인물이지만, 정작 우리 역사에선 망각된 인물이다. 이태준은 의사로서 몽골 인민에게 봉사했을 뿐 아니라 치열하게 싸웠던 항일독립운동가이다. 그런데도 한국사 교과서엔 단 한 줄도 언급되지 않았다.

이태준은 경상남도 함안 출신이다. 어려서부터 함안군 마을 교회를 다녔던 것으로 추정된다. 을사늑약(1905)이 체결되고 반식민지 상태로 전락한 조선의 현실에 청년 이태준은 절망했다. 이듬해 상처를 하고 두 딸을 남동생에게 맡긴 뒤 이태준은 상경한다. 23세 되던 해였다. 상경 직후 이태준은 제중원(세브란스의학교 병원) 앞에 있는 '김 형제 상회'에 취직했다. 이는 세브란스의학교 1회 졸업생이자 의사면허 1호인 김필순이 세운 상회이다. 말이 상회이지 일제의 감시를 피하기 위해 위장된 상점이었다.

대한광복회 총사령 박상진이 대구에 '상덕태 상회尚德泰商會'라는 곡물상점을 설립해 독립운동의 거점으로 삼은 것과 같다. '김 형제 상회'는 당대 독립운동가들이 비밀 회합을 하곤 했던 지하 연락 거점이었다. 도산 안창호 역시 그곳을 자주 드나들었다.

안창호는 의사 김필순과 의형제를 맺을 정도로 친분이 두터웠다. 1878년생 동갑내기인 김필순이 안창호를 '사랑하는 동생'으로 표현했고, 안창호가 서울에 거주할 땐 항상 김필순의 집에서 숙식을 해결했다. 이는 미국에 있던 아내 이혜련 여사에게 보낸 1908년 12월 30일자 서신에서도 확인된다. 실제로 김필순은 안창호가 만든 항일 비밀결사조직인 신민회에 가입해 활동 중이었다.

안창호, 김필순과 함께

이태준의 일생에 깊은 영향을 미친 인물이 셋 있다. 첫 번째가 세브란스의학교 재학 시절 이태준에게 '청년학우회' 가입을 권유했던 도산 안창호 선생이다. 당시 도산은 1909년 이토를 처단한 안중근 의사 사건으로 용산 헌병대에 피검돼 극심한 고문을 받고 풀려나 세브란스 병원에서 요양 중이었다. 이태준의 회고에 따르면 안창호는 항상 따뜻한 말씀으로 청년 이태준을 대했으며 항일운동을 권유했다고 한다. 그는 또 이태준이 신민회 자매단체인 '청년학우회'에 가입해 항일독립운동 전선에 발을 들여놓게 했다.

다음으로 이태준에게 영향을 미친 인물은 '김 형제 상회' 주인이자 의사면허 1호인 김필순이다. 이태준이 1907년 세브란스의학교에 입학하여 1911년 2회 졸업생이 되어 의사의 길을 걷게 되는 데는 김필순의 영향이 컸다. 이후 항일독립운동 전선에서 이태준의 모델이 된 김필순은 이태준의 학교 선배이자 스승이었다. 세브란스의학교 시절 김필순은 캐나다 출신 의료선교사 애비슨O. Avison 교장을 도와 해부학, 약물학 등 의학 서적을 번역하는 데 참여했고, 후배인 2회 의학교 학생들을 직접 가르치기도 했다.

이태준은 세브란스의학교 학생 시절 김필순과 의형제인 안창호의 권유로 신민회 자매단체인 '청년학우회'에 가입했다. 또한 김필순이

세브란스의학전문학교 졸업 당시 모습. 그 시절 이태준의 삶에 영향을 미친 인물은 도산 안창호와 선배 의사 김필순이다. 특히 김필순은 우사 김규식의 매제이자 독립군 군관학교 군의관으로 이태준의 삶에 지대한 영향을 미쳤다. (출처: 이태준 선생 기념사업회)

105인 사건으로 체포 위기에 놓였을 때, 이태준은 김필순의 망명길을 마지막 배웅하며 함께했다. 105인 사건은 일제가 식민통치 초기 서북 기독교인들과 항일독립 지사들을 대대적으로 탄압하기 위해 테라우치 총독 암살 미수 사건으로 날조해서 꾸민 조직 사건이다.

김필순은 감시의 눈을 피해 다급히 망명길에 나섰다. 1911년 12월 31일, 세브란스의학교 분원이 있는 신의주 병원으로 출장을 간다는 핑계로 황급히 경의선 열차에 올라탔다. 그러곤 곧장 국경을 넘어 서간도 통화현으로 망명을 단행했다. 그곳엔 독립군 무관을 양성하기 위한 신흥무관학교가 있었다. 김필순은 그곳에서 독립군 군의관으로 활약했다.

당시 오지인 만주 독립군 기지촌에는 의료 활동에 필요한 물품들이 부족했다. 그리하여 김필순은 미국에 있는 안창호에게 안경과 의약품 가격을 묻는 편지를 보냈다. 김필순은 이후 1916년 흑룡강성 치치하얼로 이동해 그곳에 병원을 차리고 이상촌 건설을 꿈꾸었다. 조선인 농민을 대거 이주시켜 독립군 무관을 양성하는 무관학교 건설을 시도했으나, 내과의사로 변장한 일제 특무가 건네준 우유를 먹고 독살되었다. 귀가 도중 말에서 떨어져 비명횡사한 것이다.

김필순은 병원 운영을 통해 벌어들인 수익 대부분을 독립운동 자금으로 기부했다. 그러니 그의 가계는 항상 가난에 쪼들린 채 궁핍했을 수밖에 없었다. 김필순 사후 가족은 모두 뿔뿔이 흩어졌고 고난에 찬 생활을 이어 가야 했다. 특히 영화배우가 된 셋째 아들 김염의 청소년 시절이 그러했다. 김염은 상해 시절 극장 청소와 매표소 일을 맡아 하면서, 잠잘 곳이 없어서 극장 안의 긴 걸상에 누워 잠을 청하곤 했다.

그럼에도 김필순의 아들 김염과 딸 김위는 반파시스트 항일전사로서 아버지의 뜻을 이어받았다. 김염은 1930년대 중국 상하이 영화계 황제로 유명세를 탔다. 그러자 제국주의 일본은 일제를 홍보하는 영화 사업에 참여할 것을 종용했다. 그러나 김염은 비록 '기관총으로 쏜다고 위협해도 일제에 협력할 수 없다'며 드높은 항일의식을 견지했다. 딸 김위 역시 조선의용대 제2지대 항일 여전사로서 해방될 때까지 항전을 멈추지 않았다.

이태준 역시 김필순을 떠나보내고 세브란스의학교 병원으로 돌아왔

1938년 10월 조선의용대 창립 기념사진, 앞줄 오른쪽 여성이 조선의용대 항일 여전사 김위. (출처: 독립기념관)

을 때 신변에 위협을 느꼈다. 병원 내에 김필순과 이태준이 함께 망명
했다는 소문이 파다했기 때문이다. 비밀지하조직 청년학우회에 가입
해 활동 중이던 이태준은 곧장 그길로 평양행 기차에 몸을 실었다. 황
급히 중국 난징으로 망명을 단행한 것이다. 망명 직후 이태준은 한동
안 언어가 통하지 않고 일자리를 얻지 못해 불안정한 생활을 보내야
했다. 그러던 중 기독교도인 중국인의 도움으로 난징시 기독회의원에
일자리를 얻어 안정을 되찾았다. 이후 이태준은 중국 신해혁명에 참가
한 인사들과 조선인 유학생으로서 혁명군에 참여한 청년들과 교류하
면서 항일 의지를 굳게 다졌다.

항일독립지사들의 비밀 아지트 동의의국

1914년 이태준은 중국을 떠나 몽골 고륜(울란바토르)으로 이동했다.
이태준에게 영향을 미친 세 번째 인물 우사 김규식의 권유에 따른 것
이었다. 우사 김규식은 김필순의 매제였다. 당시 김규식은 몽골 고륜
에 독립군 양성을 위한 군관학교 설립을 추진하려 했다. 신민회 회원
들의 청도회의와 이후 목릉회의의 결정에 따른 실천이었다. 1914년 고
륜으로 이동할 때 이태준은 김규식과 유동열, 그리고 중국 비행학교
를 졸업한 애국청년 서왈보를 대동했다. 비록 제1차 세계대전의 발발
과 국제정세의 변화로 독립군 무관학교 설립은 무산됐지만 대신 고륜
에서 이태준의 의료 활동이 꽃을 피웠다.
이태준은 고륜에 '항일독립운동의 뜻을 같이하는 동지들의 병원'이
라는 의미로 '동의의국同義醫局'을 개업했다. 동의의국은 중국에서 몽

골을 거쳐 러시아로 이동하던 항일독립운동가들의 주요 거점으로 그들이 숙식을 해결하던 공간이기도 했다. 당시 이태준의 병원에서 몇 개월 동안 머물렀던 전 광복회장 이강훈 옹은 하루에도 항일지사 40~50명이 머물곤 했다고 회상했다.

무엇보다 이태준의 항일독립운동의 꽃은 의열단 가입과 한인사회당 비밀 연락원 활동이었다. 한인사회당 당원 박진만과 한형권은 모스크바 레닌으로부터 독립운동 자금 40만 루블 상당의 금괴를 운송하고 있었다. 밤낮으로 총을 휴대한 채 교대로 금괴 궤짝에 드러누운 채 잠을 자면서 가까스로 반혁명파 지역을 벗어났다. 이때 이태준은 12만 루블을 자신이 책임지고 고륜에서 북경을 거쳐 상해로 운송하기로 했다. 먼저 8만 루블의 금괴를 무사히 상해로 운반했다. 그때가 1920년 가을이었다. 1차분 금괴를 상해로 운송한 뒤 이태준은 북경을 거쳐 장가구-고륜으로 이동할 예정이었다.

몽골 고륜으로 귀행 도중 잠시 북경에 머물던 이태준은 의열단장 김원봉과 우연히 조우한다. 당시 김원봉은 폭발력이 큰 폭탄을 제조할 수 있는 뛰어난 기술자를 수소문하던 중이었다. 이태준은 자신의 자동차 운전기사였던 마자알이 뛰어난 폭탄제조 기술자임을 알고 김원봉에게 소개시켜 주려던 참이었다. 북경 시내 요정에서 김원봉을 만난 이태준은 의열단 사업에 전적으로 동의하고 가입 의사를 밝혔다. 다시 북경에 올 때는 헝가리 출신 애국청년 마자알을 데리고 오겠다고 약속했다. 마자알 역시 약소국 청년으로서 조선의 항일독립운동에 전폭적인 지지를 보냈다. 당시 마자알은 중국과 몽골 국경도시인 장가구에서 몽골을 거쳐 러시아로 이동하던 항일독립지사들을 장가구에서 고륜까지 자동차로 태워 주는 일을 하고 있었다.

그러나 이태준이 몽골 고륜으로 돌아오고 얼마 지나지 않아 러시아 반혁명파 군대가 고륜을 점령했다. 그 무렵 반혁명파 백위대는 미친 듯이 유태인을 학살하고 중국인 은행을 약탈했다. 이태준은 탈출할 수 있었으나 자신에게 주어진 임무를 수행하느라 탈출 기회를 스스로 포기했다. 뒤늦게 금괴 4만 루블을 싣고 북경으로 향하던 이태준 일행을 백위대가 추적해 고륜으로 다시 압송한 것이다. '미친 남작'으로 불린 운게른 스테른베르크가 지휘하는 러시아 반혁명파에는 일본군 장교 요시다吉田가 참모로 동행 중이었다. 일제는 이태준이 항일독립운동에 참여한 사실을 간파했고, 병원 '동의의국'이 항일독립지사들의 비밀 아지트임을 알고 있었다. 이태준은 불령선인不逞鮮人으로 체포돼 처형되는 비극적 죽음을 맞았다. 순국 당시 이태준은 38살이었다.

울란바토르 이태준 선생 기념공원에서 만나는 독립의 꿈

이태준의 죽음에도 불구하고 마자알은 그에게 전해 들은 의열단장 김원봉을 찾으러 북경 시내를 뒤졌다. 마자알과 김원봉이 우연히 조우하는 장면은 박태원이 쓴 『약산과 의열단』에 극적으로 묘사되어 있다. 2016년 개봉해 750만 명이 넘게 본 영화 〈밀정〉에는 폭탄제조 기술자 마자알은 나와도 이태준은 없었다. 그런 점에서 〈밀정〉은 2% 부족했다.

이태준의 삶과 죽음은 항일독립운동으로 일관했다. 그는 독립군 무

몽골 울란바토르 '이태준 선생 기념공원'에 세워진 기념비.
몽골 인민의 추앙을 받았던 의사 이태준은 의열단 단원이자
한인사회당 비밀 연락원으로 레닌이 건넨 독립운동 자금을
상해로 운반했던 항일독립지사이다. (출처: 김동호 선생)

관학교 건설의 꿈을 간직한 채 독립운동 자금 운송을 떠맡았다. 의사
로서 몽골 인민들의 존경과 신뢰를 한 몸에 받았음에도 현실에 안주
하지 않았고 항일독립운동 전선에 자신의 모든 것을 내던졌다. 스스
로 의열단에 가입했고 한인사회당 비밀 연락원으로 주어진 임무를 묵
묵히 수행했다. 항일독립운동을 향한 그의 치열한 삶 앞에 절로 숙연
해지지 않을 수 없다.

　몽골 정부는 수도 울란바토르시 금싸라기 땅 이천 평에 '이태준 선
생 기념공원'을 조성했다. 이제는 그의 조국 대한민국이 이태준을 기

려야 할 때이다. 늦어도 한참 늦었지만 한국사 교과서에 '이태준' 이름 석 자를 기록해야 하고, 그분의 치열한 삶과 위대한 죽음을 기억해야 한다. 어쩌다 몽골 여행을 가서 알게 되는 이태준 선생이 아니라 항일 독립운동 전선에 온 생애를 바친 그를 올바르게 기록하고 기억할 일이다. 그게 민주공화국 선포 100년을 맞는 뜻깊은 해에 우리에게 주어진 소명일 것이다.

2.

국어 교사도 생소한
조선 최고의 한글운동가
이극로

_영화 〈말모이〉와 이극로

2019년 1월 9일, 엄유나 감독이 연출하고 각본을 쓴 영화 〈말모이〉가 개봉됐을 때 기대가 컸다. 〈밀정〉이나 〈암살〉처럼 많은 관객들이 극장을 찾기를 고대했다. 그만큼 영화가 주는 충격과 교훈이 컸기 때문이다.

　'말모이'는 사전을 가리키는 순우리말이다. 〈말모이〉는 충격과 교훈을 동시에 안겨 주었다. 먼저 영화를 통해 '이극로'라는 이름 석 자가 회자되었다. 영화에 그의 이름이 직접 나오지는 않고, 조선어학회 대표 류정환(윤계상 분)이 이극로로 등장할 뿐이다.

　영화에는 류정환이 "말은 민족의 정신이요, 글은 민족의 생명입니다"라고 말하는 장면이 나온다. 바로 이극로 선생이 강조했던 표현이다. 조선어학회 사건 연구의 권위자인 박용규 박사(고려대 연구교수)는 류정환이 이극로임을 분명히 했다. 그러면서 영화에서 류정환의 아버지가 친일 인물로 등장하는 것에 분개했다. 이극로의 아버지는 경남 의령군 빈농 출신인데 영화 속에선 경성 제일중학교 이사장이자 부유한 친일 인물로 등장하기 때문이다.

말은 민족의 정신이요, 글은 민족의 생명입니다

엄유나 감독이 시나리오를 쓸 때 조선어학회 연구의 권위자인 박용규 박사를 직접 만났다면 더욱 훌륭한 작품이 나오지 않았을까 하는 아쉬움이 남는다. 영화는 당대의 사건과 그 시대를 살아갔던 사람들의 삶을 서사적으로 형상화시킨 종합예술이니, 고증에 치밀함을 더했으면 대중들의 역사의식을 더 의미 있게 높였을 것이다.

이제껏 한국 근현대사의 진실이 대중화되는 계기는 주로 작가나 영화 예술인들의 작품을 통해서 이루어졌다. 실제로 역사 교과서나 역사학자를 통해서 대중화된 경우가 매우 드물었다. 4·3 사건을 다룬 현기영의 『순이삼촌』, 해방공간의 진실을 다룬 조정래의 『태백산맥』이 그러하다. 황해도 신천 학살 사건을 다룬 황석영의 『손님』, 정신대 문제를 최초로 대중화시킨 드라마 〈여명의 눈동자〉 또한 그렇다.

이승만 정권에서 저질러진 거창 민간인 학살 사건을 다룬 김원일의 『겨울골짜기』도 마찬가지다. 2003년 노무현 참여정부 시절에 개봉돼 1,000만 관객이 넘게 본 영화 〈실미도〉 역시 금기시됐던 북파공작원의 실체에 대해 균열을 낸 역작으로 영상매체의 위력을 실감하기에 충분했다. 그동안 우리의 상식으로는 간첩이란 북쪽에서 남쪽으로 넘어오는 것이었는데, 〈실미도〉는 그 상식을 깨뜨려 버렸다. 남쪽에서도 북쪽으로 간첩을 보냈다는 사실을 대중적으로 알게 해 주었다.

사실 '이극로'는 대한민국 사회에 알려진 인물이 아니다. 우리말을 가르치는 국어 교사들에게도 생소한 인물이다. 마치 교사들에게 조선의 페스탈로치 '이만규'가 낯선 인물이듯이 '이극로' 역시 망각의 인물이다. 해방공간 조선 최고의 교육자이자 한글운동가였지만 북을 선택했기 때문이다. 하지만 이극로와 이만규는 진보적 민족주의자로서 항일독립지사이지 공산주의와는 거리가 있다.

이 점은 그간의 연구 결과로 이미 명백히 드러난 사실이다. 이극로 평전인 박용규 박사의『북으로 간 한글운동가』(2005)에서는 이극로 선생이 조선어학회의 실질적인 목대잡이(지도자)였음을 여실히 밝히고 있다. 조선어학회 사건 70주년인 2012년 한글날에 박용규 박사는『조선어학회 항일투쟁사』를 출간했다. 그 책에서도 이극로 선생이 우리나라 한글운동의 제1인자였음을 또다시 밝혔다. 조선어학

조선어학회의 실질적 지도자였던 고루 이극로 선생. 그는 독일 유학 후 경제학 박사학위를 취득하지만 평생 한글운동가이자 국어학자로서 일관했다. 오늘날 남북이 분단되었음에도 의사소통에 문제가 없는 것은 일제강점기 한글맞춤법 통일안을 제정하는 등 조선어학회 학자들의 헌신과 희생 덕분이다. (출처: 박용규 박사 제공)

회 사건 당사자이자 조선어학회 사전 편찬원이었던 정태진의 평가가 이를 뒷받침한다.

우리말은 민족의 생명, 언어독립투쟁이 시급하다

이극로 박사는 독일 유학 시절에도 우리말 강좌를 여는 등 우리말 사랑이 남달랐다. 그는 독일 유학을 마치고 미국을 경유해서 귀국했다. 귀국 도중 1928년 샌프란시스코와 하와이에서 행한 강연에선 "우리말이 민족의 생명이기에 언어독립투쟁이 시급하다"며 열변을 토했다. 실제로 이극로 박사는 김윤경, 이만규, 최현배, 이윤재, 이희승 등

다른 조선어학회 회원들과 달리 일부러 무직인 상태를 고집하며 한글운동을 시작했다.

우리말과 글이 살아 있으면 언젠가 우리 민족이 독립국가를 건설할수 있다고 확신했다. 그리고 그 믿음을 주변에 힘주어 강조했다. 경제학 박사이지만 평생 한글 연구와 한글운동에 혼신을 다한 이유이다. 귀국 후 조선어학회 초대 간사장(오늘날 이사장)과 조선어학회 살림살이를 책임졌다. 사재를 털어 조선어학회 사무실 운영과 재정을 오롯이 떠맡았다. 한글 연구와 한글운동에 매진하기 위해서였다. 한글 연구보다 한글운동가로서 열정과 면모가 훨씬 더 강했다. 〈말모이〉는 이극로의 열정적인 헌신과 우리말 사전 편찬에 분투하는 모습을 잘 묘사하고 있다.

1930년대 한글맞춤법 통일안과 표준어의 제정, 외래어 표기법의통일은 그러한 희생과 수고의 결과물이었다. 실제로 조선어학회 사건당시 이극로 선생은 잔혹한 고문으로 3일 동안 7번이나 혼절했으며, 12번이나 천장 들보에 매달린 상태에서 무수히 난타를 당했다. 9차례에 걸친 재판에서 치안유지법 위반으로 6년이라는 가장 센 징역형을받았다. 그리고 해방 이틀 뒤 함흥형무소에서 들것에 실려 나왔다. 최현배, 정인승, 이희승과 함께 나왔는데 이극로 선생은 들것에 실려 나왔고, 다른 이들은 주위의 부축을 받으며 출옥했다. 산송장처럼 몰골이 처참했다. 1945년 8월 17일 조선어학회 회원 모기윤 선생을 따라간이근엽(연세대 명예교수)이 목격한 풍경이었다. 그럼에도 상한 몸을 추스르기도 전에 바로 조선어학회 13대 간사장을 역임하며 한글운동에매진했다.

『조선어학회 항일투쟁사』에는 이런 내용이 나온다.

"일신의 안일과 집안의 이익에 급급한 현대인으로는 상상할 수 없을 만큼 어려움을 극복해 내었기에 경의를 표하지 않을 수 없다."

이극로 선생의 지나온 삶을 평가한 외솔 최현배 선생의 회고이다. 최현배 선생은 주시경 선생의 제자로서 평생 한글 쓰기를 피를 토하듯 강변했던 꼿꼿한 선비이다. 일찍이 일제강점기 국어학사에 빛나는 역저 『우리말본』을 지음으로써 한글맞춤법 통일안 제정의 토대를 닦은 분이다.

조선어학회 사건 당시 징역 4년이라는 두 번째로 센 징역형을 언도받고 해방이 되자 이극로 선생과 함께 함흥형무소에서 출감했다. 그 후에도 옥살이로 상한 몸을 돌보거나 연희전문학교로 돌아가지 않고 이극로 선생과 함께했다. 해방 직후 이극로 선생이 조선어학회 13대 간사장을 맡았을 때 최현배 선생은 간사를 맡아 한글 교과서 발간과 한글운동에 힘을 쏟았다. 해방 후 처음으로 발간된 초등학교의 우리말 교과서가 『한글 첫걸음』과 『국어독본』이었다. 모두 조선어학회에서 만든 것이다. 이극로와 최현배의 조선어학회는 한글전용과 한글 가로쓰기를 주장했다. 일제 식민 잔재를 청산하고 주시경 선생의 언어민족주의 정신을 이어 갔다.

특히 외솔 선생은 미군정 학무국과 자문기구인 조선교육심의회에 적극 참여해 해방 후 초기 국어정책의 기틀을 다졌다. 이극로 선생 역시 조선교육심의회에 참여했다. 당시 조선교육심의회는 공식적으로 미군정 자문기구였지만, 실질적으로 '준정부기구'의 성격을 띠었다. 조선교육심의회의 결정사항은 그대로 한국 교육의 기틀이 되었기 때문이다.

1947년 7월 몽양 여운형 선생 피살 직후 해방공간은 살벌했다. 친일반민족세력이 고개를 쳐들고 극우 반공 파시즘이 횡행하던 시절이었다. 심지어 일제강점기 민족독립운동에 목숨을 걸었던 분들까지 빨갱이로 몰아갔다. 이만규 선생이나 이극로 선생도 목숨을 부지하기 위해서 북을 선택하거나 잔류할 수밖에 없었다. 김일성에게 숙청당한 의열단 단장 김원봉조차 오죽했으면 북을 선택했을까! 북을 선택했거나 잔류했다는 이유만으로 그 업적을 파묻어 버리거나 금기시하는 것은 결코 다음 세대를 위해서도 바람직하지 않다.

비이성적인 광기의 시대를 살다 간 역사 인물에 대해 아직도 비이성적인 잣대를 들이대는 것은 민족의 진정한 발전을 위해서도 정당하지 않다. 분단과 이념의 멍에를 벗어던지고 역사를 객관적으로 냉정하게 재조명할 필요가 있다. 하루빨리 김원봉을 비롯해 이만규, 이극로 선생에게도 서훈을 추서해 독립유공자의 반열에 올리는 게 마땅하다. 남북미 정상들이 서로 만나 한반도 평화의 시대가 열리고 있는 오늘날, 좁쌀만큼이나 옹졸한 처사가 보훈의 지침이 되는 것은 시대정신에도 맞지 않다.

그런 점에서 〈말모이〉는 분단시대의 마지막 어두운 장막을 걷어내는 빼어난 작품이라고 생각한다. 이극로의 이름 석 자를 세상에 드러내며 그를 역사적으로 복권시킨 영화이기 때문이다.

모진 고문에도 굴하지 않은 사람들

영화 〈말모이〉가 주었던 또 하나의 충격은 '조선어학회 사건'에 대한 재조명이다. 비록 영화에서는 제한된 시간 때문에 사건의 발단과 전개과정을 소상하게 밝히지는 않았지만, 일제강점기 우리말을 지키기 위한 학자들과 이름 없는 대중들의 수고와 희생을 상징적으로 잘 형상화했다. 조선어학회를 탄압하는 장면에서 일제의 간교한 술책이 매우 사실적으로 묘사되었다.

조선어학회 막내 민우철(민진웅 분)이 변심하는 장면에서 그의 변심은 매우 인간적으로 나온다. 그러나 민우철이 일제 경찰에 흘린 정보는 조선어학회가 오랜 시간 쌓아 올린 사전 편찬 활동을 파괴하는 데 결정적으로 작용한다. 일제가 민우철을 만난 이후 경찰들이 느닷없이 '문당 책방'을 압수 수색한다. 그리고 조선어 낱말카드 수천수만 장이 쌓여 있는 지하실까지 탈탈 털어 간다. 10년이 넘게 걸린 조선어사전 편찬 작업이 심대한 타격을 받았던 것이다. 텅 빈 지하창고를 둘러보던 장면에서 얼마나 허망한 심정이었을지 절절함이 묻어날 정도였으니까!

일제의 간교한 술책은 야심한 밤에 민우철에게 접근하여 형무소에 수감된 아내의 건강 상태를 흘린다. 그러면서 조선어학회 내부 비밀을 캐낸다. 민우철은 항일운동으로 서대문형무소에 수감돼 있는 아내가 아프다는 소식에 마음이 흔들린다. 이미 형무소 내에서 극심한 고문으로 죽어 가는 상황이었다.

실제로 일제는 경찰서나 형무소 취조 과정에서 상상을 초월하는 잔혹한 고문을 자행했다. 그러다가 얼마 살지 못할 것 같으면 병보석이나 형집행정지로 풀어 주었다. 풀려난 항일지사들은 대부분 시름시름 앓다가 오래지 않아 세상을 뜨거나, 병석에 누워 지내곤 했다.

삼천리강산에 무궁화를 퍼뜨린 남궁억 선생이 그러했고, 독립운동의 인격자 안창호 선생도 그랬다. 심산 김창숙 선생의 큰아들 김환기 역시 젊은 나이에 고문 후유증으로 단명했다. 조선의용군 항일 여전사 박차정의 둘째 오빠이자 의열단원이었던 박문호도 27살에 고문 후유증으로 죽어 갔다. 잔혹한 고문으로 악명을 떨친 친일 경찰 노덕술에게 당한 유진홍도 시름시름 앓다가 20대 초반에 죽어 갔다. 님 웨일스의 『아리랑』에서 26살 김산(본명 장지락)이 고문을 당한 후 출옥했을 때 늙은이가 되어 버린 충격적인 장면을 생각하면 가슴이 먹먹하다. 그만큼 일제의 고문은 잔인했고 악랄했다. 그래서인지 항일지사들 가운데 감옥 한 번 갔다 온 뒤에 독립운동 선상에서 멀어지거나 변절한 인물들이 많았다.

민우철은 일제의 간교한 술책에 말려들어 조선어학회 내부 사정과 활동 정보를 건네준다. 형무소에 수감된 병든 아내를 위한 고육지책이었다. 그러나 서대문형무소로 아내를 면회 갔던 민우철은 아내가 진즉 사망했다는 일인 교도관의 퉁명스러운 답변에 어찌할 줄을 모른다. 정신을 차린 뒤 자신이 이용당했음을 알고 분노하지만 개처럼 얻어맞고 끌려 나온다. 당시 서대문경찰서나 서대문형무소는 종로경찰서만큼이나 고문의 양상이 잔혹했다. 일제강점기 경찰서는 의열단의 목표가 되었다. 오죽했으면 의열단 박재혁, 최수봉, 김상옥이 목숨을 걸고 부산경찰서, 밀양경찰서, 종로경찰서에 폭탄을 던졌을까!

영화와 달리 조선어학회 사건은 함흥 영생여고보 학생 사건이 발단이 됐다. 학자마다 학설이 조금 엇갈리지만 함흥 학생 사건에서 비롯된 것은 확실하다. 기차 안에서 조선말을 사용한 것을 조선인 형사 안정묵(창씨 명 야스다)에게 들켜 사건이 일어났다고 보는 설도 있다. 그런가 하면 국어 시간에 조선어로 친구와 이야기하다가 교사에게 꾸지람을 들었다고 일기장에 기록한 것이 사건의 발단이라고 보는 학자도 있다. 거꾸로 국어 시간에 일본어로 대화하다가 조선어 교사에게 야단을 맞았던 데서 비롯되었다는 설도 있다.

아무튼 조선어학회 사건이 터지고 조선어학회 어른 조갑윤(김홍파 분)이 경찰에 끌려가 고초를 겪는다. 풀려난 후 병석에 누운 그의 임종을 지켜보던 민우철은 회한과 자책의 눈물을 흘린다. 늙은 아내가 '그동안 수고 많으셨다'며 영원한 안식에 들어간 남편을 떠나보내며 위로하는 장면은 처연하기 그지없다. 카메라가 조갑윤의 손톱이 다 빠진 두 손을 비추었다. 조갑윤이 받은 고문이 얼마나 끔찍했는지 상상해 볼 수 있는 장면이다. 실제로 조선어학회 사건 당시 일제는 잔혹하게 고문했다. 한글학자 한징, 이윤재 두 분이 예심재판이 열리기도 전에 감옥에서 돌아가셨으니 극악한 고문을 짐작할 수 있다.

화롯불에 달궈진 장작으로 벗은 몸을 지지거나 고춧가루 탄 물을 계속 퍼부었다. 각목으로 정강이뼈가 허옇게 드러날 정도로 난도질하거나 두 손을 뒤로 결박한 채 쇠꼬챙이를 끼워 통닭처럼 비녀 꽂기 고문을 저질렀다. 추운 겨울날 벌거벗긴 채 찬물을 끼얹기도 하고 기절할 때까지 무수히 난타했다. 고문은 혼절할 때까지 계속되었다. 한글학자이자 역사학자인 이윤재 선생이 당한 고문은 더욱 모멸스러웠다. 고문했던 자가 바로 배재학교 재직 시절 제자 김건치(창씨 명 시바타)였다. 일제의 개가 된 김석묵은 이윤재 선생을 향해 '이 선생님! 이놈의 자식아!'라며 몽둥이로 내리치며 모욕과 희롱 섞인 욕설을 거침없이 내뱉었다. 결국 이윤재 선생은 물고문과 무수한 매질, 굶주림과 추위 속에 감옥에서 순국하셨다.

조선어학회 사건의 진실

한때 우리나라 사학계 일부에서는 '조선어학회 사건'을 일제가 고문 조작하여 민족운동, 독립운동으로 크게 뻥튀기했다고 보는 견해가 지배적이었다. 독립운동사에서 그리 큰 위상을 차지하는 사건이 아니라는 것이다. 즉 일제가 함흥 영생여고보 사건을 계기로 조선어사전 편찬원인 정태진을 고문하여 조선어학회가 민족운동 단체라는 허위 자백을 받아 냈다는 것이다. 그리하여 김건치, 안정묵 등 조선인 형사들을 앞세워 극악한 고문을 통해 항일민족운동으로 억지 조작한 사건이라는 관점이었다.

그러나 '조선어학회 사건'의 발단과 전개과정, 재판 기록을 살펴보면 그러한 생각이 잘못됐음을 이해하게 된다. '조선어학회 사건'은 한글학자들의 단순한 활동을 고문 날조를 통해 민족운동으로 과대 포장한 사건이 아니다. 일제는 조선어학회 활동을 이미 치안유지법 위반 사건으로 규정하고 수사에 착수했던 것이다. 그것은 1940년을 전후한 시대상황을 들여다보면 어렵지 않게 이해할 수 있다.

일제강점기 말기로 갈수록 일제는 학교에서 조선어를 가르치지 못하게 했고, 급기야 조선어 사용을 전면 금지시켰다. 그리고 국어(일본어) 상용운동을 펼치며 일상생활에서 일본어 사용을 강제했다. 1940년대에는 일본어가 국어가 되고 일본사가 국사가 되었다. 그리하여 당시 조선 학생들끼리 조선어로 대화를 나누다가 일본인 교사에게 들켜 뺨을 맞는 것은 흔히 목격되던 학교 풍경이었다. 심지어 일제는 이름조차도 창씨개명을 강요할 정도로 민족을 말살시키기 위한 정책에 혈안이 되어 있었다.

영화에서도 창씨개명한 이름을 부르며 어색해하는 대목이 나온다. 창씨개명은 자신의 뿌리이자 정체성을 스스로 부정하는 것이기에 당대 선열들은 치욕과 통분을 느끼지 않을 수 없었다. 순결한 민족시인 윤동주조차 일본 유학길에 오르기 위해 어쩔 수 없이 도항증 발급 당시 창씨개명을 했다. 그는 개명한 창씨계를 모교인 연희전문학교에 제출하면서 치욕을 느꼈다.

창씨계를 제출하고 5일째 되는 날 너무나 부끄러워서 "만 24년 1개월을 무슨 기쁨을 바라고 살아왔던가"라고 탄식하면서 「참회록」을 썼다. 그리고 "밤이면 밤마다 나의 거울을 손바닥으로 발바닥으로 닦아 보자"며 참회했다. 최명희의 『혼불』에도 창씨개명에 치욕을 느낀 선열들이 통분 끝에 스스로 목숨을 끊는 이야기가 나온다. 1940년대는 그렇듯 암울한 분위기에 휩싸인 암흑의 시대였다. 한때 민족지도자로 추앙받던 인물들조차 일제가 그렇게 빨리 망할 줄 몰랐다고 하지 않았던가! 그만큼 암흑기로 치달을수록 일제의 탄압은 악랄해졌다.

그러한 때 우리말을 연구하고 우리말을 모아 우리말 사전을 편찬한다는 것이 무엇을 의미하는지 우리는 충분히 짐작할 수 있다. 강퍅한 시대에 우리말 사전을 편찬하는 것은 한글학자들의 일상 활동이 아니었다. 그것은 일제의 민족말살정책에 대한 강렬한 저항이자 의식적인 거부였다. 일본 제국주의자들은 우리말 연구와 보급을 항일독립운동으로 간주하고, 그러한 행위 자체가 스스로 불령선인임을 선포하는 것으로 규정했다. 이것이 바로 '조선어학회 사건'이 항일독립운동이자 독립운동사에서 차지하는 역사적 의의가 남다른 까닭이다. 결코 허위 자백과 고문 날조로 일제가 과대 포장한 민족운동이 아니다.

〈말모이〉에서 우리말 사전 편찬을 위해 일경의 감시를 피해 다니는

2014년 7월 광화문 광장 근처에 세워진 조선어학회 항일기념탑. 조선어학회 33인에 대한 고문과 탄압은 상상을 초월할 정도로 극악한 방식으로 자행되었다. 조선어학회 회원 한징, 이윤재 선생의 죽음은 일제의 야만적인 고문과 잔혹성을 확인시켜 주기에 부족함이 없었다. (출처: 하성환)

모습이 나온다. 조선어를 가르치는 교사들을 모아 우리말 어휘 선정을 하는 장면, 일제의 번뜩이는 감시를 피해 전국에서 토박이 우리말을 수집하는 장면들은 팽팽한 긴장 속에 전개된다. 매우 감동적이고 역사적 의미를 충분히 담아내는 장면이 아닐 수 없다. 일경에 발각된 이후 당대 선각자들의 분투와 희생 그리고 조선인이라는 의식과 우리말을 사랑하는 민중들의 삶의 자세 또한 그러하다.

〈말모이〉는 '조선어학회 사건'을 재조명하는 계기를 만들어 준 작품이다. 민족말살정책이 극한으로 치닫던 1940년대에 우리말을 통해 우리의 민족정신을 견결히 지켜 나가기 위한 언어독립투쟁, 바로 위대한 항일독립운동이었음을 여실히 보여 주었다. 그런 의미에서 참신할 정도로 획기적인 작품이었고 적잖이 충격적인 영화였다.

열 사람이 한 걸음을 함께 가는 것이 역사의 발전

〈말모이〉가 전해 주는 교훈은 역사 속 민중의 힘이다. 이름도 없이 사라져 간 숱한 서민들의 삶이 당대 역사적 사건의 와중에 옹골찬 모습으로 살아 있음을 거듭 확인했기 때문이다. 까막눈 김판수(유해진 분)는 식민지 시절 민중을 상징하는 인물이다. 1940년대 조선인들 가운데 80%가 낫 놓고 기역 자도 모르는 문맹이었으니까.

김판수는 여러 가지 계기를 통해 조선어사전 편찬에 참여해 전국 8도 사투리와 토박이말을 모으는 데 일익을 담당한다. 그리고 말모이! 바로 한글운동에 목숨을 건다. 물론 그 와중에 김판수는 아들의 눈물 어린 호소에 가장으로서 책임을 느끼고 조선어학회를 일시 떠난다. 그 당시 조선어학회는 일제의 집요한 탄압을 받고 있었다.

김판수는 조선어학회 대표 류정환에게 머뭇거리며 속마음을 털어놓는다. "미안합니다. 어려운 때 작은 힘이라도 되어 드려야 하는데 그러지 못해 미안합니다"라며 울먹인다. 그러나 판수는 다시 조선어학회를 찾아가고 말모이 편찬에 결정적인 역할을 수행하고 또 희생된다.

이 장면은 영화 〈택시운전사〉에서 김만섭(송강호 분)이 택시비를 돌려받은 뒤 위험한 광주에서 빠져나오는 장면과 겹쳐진다. 그는 광주를 빠져나온 직후 서울로 향하지 않고 위험을 무릅쓰고 광주로 되돌아간다. 광주의 참상을 외면할 수 없었기 때문이다. 그때 차를 돌리기 전 어린 딸에게 '아빠가 손님을 두고 왔어'라고 전화하는 장면이 등장한다.

김판수든 김만섭이든 가족만을 생각하는 소시민적 가장의 모습을 넘어서서 대의를 위해 자신을 희생하며 성장한다. 이름 없는 민중들이 역사적 인물로 승화되는 가슴 뭉클한 장면이 아닐 수 없다. 김판수가 던지는 명대사가 잊히지 않는다.

"한 사람이 열 걸음을 가는 것보다 열 사람이 한 걸음을 함께 가는 것이 역사의 발전이다."

그런 점에서 역사는 당대 선각자와 역사적 사건에 책임을 느끼며 이름도 없이 스러져 간 숱한 민중들의 서사인 것이다. 한반도가 평화의 시대로 성큼 발을 내디딘 오늘날, 영화 〈말모이〉는 이극로라는 망각의 인물을 우리의 기억 속으로 불러내었다. 그런 의미에서 〈말모이〉는 분단시대 종막을 알리며 통일의 새로운 장을 열어젖히는 훌륭한 대중 서사임에 틀림없다.

3.

조선의 페스탈로치, 이만규

_대한민국 교사들이 망각한 교육자

우리는 페스탈로치를 아이들에게 노작활동을 통한 전인교육을 실천하고 전쟁고아와 빈민층 아이들의 교육을 위해 헌신했던 교육자로 기억한다. "모든 것이 남을 위해서였으며, 스스로를 위해서는 아무것도 하지 않았다"고 쓰인 그의 묘비명은 이를 단적으로 보여 준다. 그런데 이는 페스탈로치를 전체적으로 이해하는 데 걸림돌이 되어 왔다. 한국 사회 분단 현실이 낳은 한계이다.

　페스탈로치는 스위스 시민혁명의 와중에서 여러 번 좌절 끝에 인류를 구원할 방법이 교육에 있음을 깨닫는다. 그리하여 어떻게 하면 낡은 질서에서 벗어나 인간성을 발전시키는 교육을 할 수 있을까를 생각한다. 그 교육의 길에 자신의 전 생애를 바친다. 인간성을 구속하는 낡은 사회 질서로부터 인간—교사와 학생—을 해방시키는 교육활동에 혼신을 다했던 것이다. 스위스 교원노동조합의 시초이자 교사의 권익 옹호와 낡은 질서로부터의 해방을 꿈꾸며 탄생한 '스위스 교육협회'를 창립하고 초대 회장이 된 것도 그런 연유에서였다. 그는 '스위스 교원노조의 아버지'로 불린다.

조선의 진정한 교육자 이만규

2015년 3월 교육부에서 '이달의 스승'으로 최규동을 선정했다가 논란이 일었다. '민족의 사표師表', '조선의 페스탈로치' 최규동이라는 포스터를 배포했다가 친일 논란이 일자 다시 회수했다. 교육부 잡지인 〈행복한 교육〉 3만 5,000부를 찍어 전국 초·중·고교와 대학교, 주민센터, 사회복지관에 홍보를 했던 인물인 최규동. 그가 친일 인물임에도 어떻게 조선의 페스탈로치로 변신했을까? 그는 일제강점기에 수학 교사로 출발하여 젊은 날 민족교육에 투신하기도 했지만, 1937년 중일전쟁 이후 변절하여 적극적으로 친일의 길을 걸었다. 조선신궁 발기인, 조선임전보국단 평의원을 지내고 태평양전쟁이 한창이던 1942년 6월에는 일제 관변 잡지 〈문교의 조선〉에 '천황의 은혜에 보답하자'는 친일 논조의 글을 거침없이 휘갈겼다.

오래도록 기다리고 바라던 조선 동포에 대한 병역법 실시가 확정되어 반도 2,400만 민중도 병역 복무의 영예를 짊어지게 되었다. 조선 동포가 내선일체의 이념에 눈을 뜨고 (중략) 감사와 환희는 더 이상 여기에 비할 바가 아니다. (중략) 반도 동포는 남녀노소 한결같이 이 광영에 감읍하여 한 번 죽음으로써 임금의 은혜에 보답해 드리는 결의를 새로이 하고 더욱더 자애분기하여 스스로가 자질 향상을 도모하고 더욱더 충혼으로써 성지에 부응하여 받들어야 한다. (중략) 반도의 젊은 국민이 영광스러운 제국 군인으로서 황군의 전통을 이어받아 (중략) 참으로 내선 양 민족이 일체가 될 수 있으리라고 확신한다. 징병제 실시가 2년 후 가까운 장래에 절박해서 오늘 특히 교육에 종사하는 우리들은 참으로 마음을 크게 다잡아 분발하여 대처하고, 밤낮으로 청소년 학도를 지도함에 강고한 신념과 군인혼의 연성에 일로매진해야 한다.

이 글에서 최규동은 조선 청년들이 일본 군대에 복무하는 것을 '천황의 은혜를 입는 것'으로 극찬했다. 나아가 '일제의 징병조치에 감읍하여 한 번 죽음으로써 천황의 은혜에 보답하는 것이 황국신민교육의 완성'이라고 강변했다. 최규동은 영화 〈암살〉에서 보듯이 해방 후 반민족행위자(친일부역자) 처벌을 위한 반민특위가 좌절된 이후 혼탁한 사회에서 미군정청 조선교육심의회(교육행정 분과) 위원, 서울교육회장, 초대 조선교육연합회 회장과 서울대학교 총장을 역임했다. 그에게는 박정희 정권에서 문화훈장이, 이어서 독립유공자로서 건국훈장 독립장이 추서되었다. 거기엔 엄연히 역사의 진실에 눈을 감은 한국교원단체총연합회(약칭 한교총, 조선교육연합회의 후신)와 이를 방조한 박근혜 정권 교육부의 잘못이 존재한다.

조선의 진정한 교육자이자 페스탈로치는 당연히 이만규이다. 해방공간 조선 최고의 교육자로 이만규, 이극로, 백남운 세 사람을 꼽는 데는 이견이 없다. 세 사람 모두 공산주의자가 아님에도 월북했다는 이유만으로 독립유공자는커녕 한국 사회에선 거의 망각의 존재이다. 특히 이만규는 교사들에게 낯설고 생경한 인물이다. 교육학을 전공하는 학자들조차 이만규는 연구 대상이 아니다. 해방 직후 교육계에서 이만규의 위상이 얼마나 높았는지를 보여 주는 일화가 있다. 해방과 더불어 조선의 교육자들도 조선의 학교교육이 앞으로 어떤 모습이어야 하는지 전체 그림을 그리며 분주하게 움직였다.

1929년 배화여고 교무주임 시절의 이만규. 항일민족주의 교육자이자 시대 모순에 저항한 조선의 페스탈로치 이만규. (출처: 박용규 박사)

1945년 9월 15일 조선 전체 중등교사 1,894명 가운데 450명이 참여한 '중등학교 교육자 대회'가 휘문중학교 강당에서 열렸다. 중등교사 네 명 중 한 명이 참여한 중등교원 최초이자 최대의 전국교사 대회였다. 이 대회 소집을 구상한 발기인들은 서울시내 중등학교 교장 출신들이었다. 최규동처럼 조동식, 유억겸 등 일제말기 조선의 청년들을 전쟁터로 내몰았던 친일 전력을 지닌 인물들이었다. 대회가 열리기 10여 일 전 동덕고등여학교 교사 2명이 이만규의 집을 찾아왔다. 그리고 친일 교장들의 준동을 설명하고 이만규의 대회 참석을 간곡히 요청했다. 결국 '중등학교 교육자 대회' 의장직을 노렸던 조동식 등 친일 교장들을 물리치고 이만규는 압도적인 지지 속에 당당히 의장에 선출되었다.

이만규는 일제강점기 35년 가운데 31년 동안 항일 민족교육에 헌신하며 비타협적 노선을 걸었던 몇 안 되는 인물이다. 개성 송도고보 학감 시절 애국창가집을 몰래 제작해 배포하다가 경찰에 체포되기도 했다. 애국창가집에 실린 〈영웅의 모범〉 노랫말 가사는 다음과 같다.

한산도와 영등포에서 거북선 타고 일본 함선을 모조리 복멸시킨 이순신의 전략은 우리들이 모범으로 삼아야 하리. 하늘에서 내려온 홍의장군 좌충우돌 분투하여 쥐와 같은 왜적들을 도처에서 베어 버린 곽재우의 모범은 우리들이 모범으로 삼아야 하리. 의병을 일으켜 싸우다가 드디어 대마도에 갇히어 일본의 곡식을 먹지 않고 태연히 굶어죽은 최익현의 절개는 우리들이 모범으로 삼아야 하리. 노적 이토 히로부미를 하얼빈에서 습격하여 3발 3중 사살하고 조선독립만세를 부른 안중근의 그 의기, 우리들이 모범으로 삼아야 하리.

1919년 3·1운동 당시 이만규는 송도고보 교사로서 독립선언서를 다량으로 인쇄, 시위 현장에서 배포하다가 서대문형무소에 수감되었다. 이후 흥업구락부 사건, 조선어학회 사건 등 여러 차례의 옥고와 2년 7개월의 해직교사 시절을 통해 이만규는 조선 사회의 낡은 질서를 해체시키기 위한 교육 실천과 함께 항일의식 고취, 조선어 규범 수립 운동에 적극 참여했다. 배화여고보 시절 이만규로부터 배웠던 조영애(시인 조지훈의 고모)는 교육자로서 이만규의 모습을 이렇게 회상했다.

"당시 이만규 선생님은 우리 학생들의 민족혼을 일깨우기 위해 한글독본과 역사책을 구해 와 위험을 무릅쓰고 가르쳤습니다. 특히 여성의 잠재력 개발을 중요시해 과도기의 여성은 한 어깨에 두 짐, 세 짐의 과제를 짊어져야 한다고 강조하셨습니다. 또한 이만규 선생님은 우리 학생들의 영혼 속에 독립을 위한 항일투쟁의 정당성을 가르치면서도 한편으론 인간과 자연에 대한 무한한 사랑과 겸손을 알려 주셨습니다."

건국교육의 중요성을 강조한 선각자

이만규는 배화여고보 시절 여성 스스로 봉건적 인습에 얽매이지 말고 주체적 인격을 갖출 것을 강조했다. 독립된 인격체로 '사람인 여성'이 되어 '온 정신과 몸이 노동하는 대중 속으로 들어가 그들의 친한 친구가 될 것'을 역설했다. 일상의 봉건적인 질서인 축첩제도를 타파하고 사주, 궁합, 점 등 미신에서 해방될 것을 강조했다.

나아가 제사법을 고쳐 혼례, 상·장례, 제례의식을 간소화하고 여성 스스로 경제지식과 과학지식, 그리고 국제정치 동향과 약소민족에 대한 소양을 바탕으로 미의 가치를 제대로 감상할 줄 아는 예술적 감수성을 간직할 것을 역설했다. "여자가 학문을 닦는 것은 그 목적이 여자의 인격을 높이려는 데 있으며 인격이 높아진다는 것과 자존심이라는 것은 하나"임을 가르쳤다. 남존여비 등 봉건적 질서가 온존했던 일제강점기에 이만규는 남녀평등교육을 통해 여성 스스로 주체적 인격을 갖춰 당당하게 식민지 현실을 극복하고 사회에 참여할 것을 강조했다.

이러한 이만규의 교육사상은 해방 직후 높은 문맹률과 낮은 취학률이라는 일제 식민지 폐해를 극복하는 정책으로 강조되었다. 해방 직후 우리 민족이 당면한 최우선적인 민족적 과제는 반反식민지 반反봉건 민주주의 혁명을 완수하는 일이었다. 그러한 국가적 과업을 염두에 두고 이만규는 해방 후 신국가 건설에 합당한 건국교육의 중요성을 강조했다.

일제 식민지 잔재를 시급히 청산하고 해방된 조국에서 새로이 건설될 국가의 교육 내용에 무엇을 담을 것인가를 고민했다. 그리하여 봉

한글회관 지하 교육관에 걸린 조선어학회 사건 당시 조선어학회 33인의 모습. 한글
학자들이 당한 고문의 양상은 상상을 초월할 정도로 야만적이고 잔혹했다. 위에서
둘째 줄 왼쪽에서 두 번째 인물이 '조선어학회 사건' 당시 옥사한 환산 이윤재 선생
이고 세 번째가 야자 이만규 선생이다. (출처: 하성환)

건적 요소인 낡은 교육과 일제 식민지 교육의 폐해를 청산하는 것이
건국교육의 첫걸음임을 분명히 했다. 조선인민공화국(1945. 9. 6)의 시
정방침, 조선인민당(1945. 11)과 민주주의민족전선(1946. 2), 그리고 근
로인민당(1947. 5), 조선교육자협회의 강령 및 교육정책에서 여실히 표
현된 내용들은 그러한 고민의 구체적 산물이다. 실질적으로 이만규는
해방공간 진보적인 교육정책을 입안하고 제시한 대표적인 인물이다.

특히 해방 직후 자생적이면서도 전국 조직을 갖춘 대중적인 교사
단체 '조선교육자협회'에서 이만규의 역할은 매우 돋보였다. 1947년
2월 창립 당시 280명으로 출발한 조선교육자협회는 불과 석 달 사
이에 9,210명이라는 놀라운 조직력을 보였다. 교사의 권익 보호와 해
방 조선의 교육 청사진을 고민하며 등장한 조선교육자협회는 당시 교

원 3만 명 가운데 거의 3분의 1이 가입한 최대 교사단체였다. 오늘날로 보면 교원노동조합의 성격을 띠었다고 볼 수 있는 조선교육자협회를 실질적으로 이끌었던 인물도 이만규였다. 1947년 7월 조선교육자협회가 발표한 강령과 정책에는 이만규의 교육사상과 신념이 잘 녹아 있다.

초등 의무교육 시행, 학원 민주화를 위한 친일파와 민족반역자 숙청, 문맹퇴치 시행, 정치교육의 강화, 봉건적·국수주의적·비과학적 교육 청산, 민주주의 교육이론 수립, 남녀 공학의 점진적 실시, 부인 해방과 계몽 교육 시행, 남녀평등 교육 실현을 위한 시급한 대책 등이 모두 이만규의 교육철학에서 나온 것이다. 가히 해방 직후 교원노동조합의 선구자 격인 조선교육자협회의 당당한 면모가 아닐 수 없다.

진보적 민족주의자가 걸어간 길

1948년 이만규의 북행길 선택은 절친한 친구 여운형의 피살과 무관하지 않다. 의열단 단장 김원봉이 일제 고등계 형사 노덕술에게 체포되었다. 숱한 독립운동가를 고문하다 두 명이나 죽인 악질 경찰 노덕술에게 해방된 조국에서 체포돼 수모를 겪은 것이다. 풀려난 후 3일 동안 통곡하며 울었던 김원봉은 목숨의 위협을 느낀 나머지 북쪽을 선택했다. 이만규 역시 두 딸을 남쪽 사회에 남겨 둔 채 다른 가족을 데리고 생존을 위해 부득불 북쪽을 선택했다.

이만규 선생은 일제강점기 한글강습회 강사, 한글맞춤법 제정위원, 조선어 표준어 사정위원, 조선어학회 간사장으로 활약하며 조선어학회 사건(1942) 당시 극심한 고문을 당했다. 특히 고문으로 한쪽 귀가 심각하게 훼손되었다. 계속된 고문과 매질 속에 조선어학회 관련 인사들이 기절하거나 쇠약해지면 일제는 영양주사를 놓아 가면서 야만적인 짓을 멈추질 않았다. 이만규는 진보적 민족주의자로서 공산주의와는 거리가 멀었다. 폭압적인 이승만 반공정권 아래 극우 친일 세력의 백색테러 위협이 시시각각 엄혹해지는 상황에서 이만규는 6·25전쟁 전임에도 남북 이산가족이라는 비운을 맞게 되었다.

조선이 낳은 페스탈로치, 이만규. 다음 장면은 이만규의 따뜻한 제자 사랑을 느끼게 하는 대목이다. 1930년 들어 광주학생운동이 서울로 확산되던 시기, 일경에 체포돼 경찰서에서 취조를 받던 배화여고보 제자들이 걱정되어 이만규는 취조실 문틈으로 제자들이 취조받는 상황을 지켜보았다. 행여 일제 경찰들에게 폭행을 당하지 않을까 걱정이 되었기 때문이다. 취조가 끝나면 일제 경찰의 폭행을 감시하며 경찰서에서 검사국까지 제자들과 동행했다. 실로 조선 교육자의 귀감이자 사표가 아닐 수 없다.

조선의 페스탈로치는 교육부나 한교총이 홍보한 대로 최규동이 아니라 이만규 선

서울 종로구 혜화동 로터리 소재 여운형 선생이 피살된 지점을 알리는 표지석. 몽양 여운형은 야자 이만규 선생의 친구이자 사돈 간이며 항일독립운동가로서 해방 전후 정치적 노선을 함께한 동지이다. (출처: 하성환)

생이다. 식민지 잔재와 국가주의 잔재가 여전한 오늘날 조선의 페스탈 로치로서 이만규를 복권시키고 낡은 질서로부터 교사와 학생의 진정한 인간해방을 꿈꾸는 일은 교육자 이만규를 널리 알리는 것에서부터 시작해야 할 것이다.

4.

영화 〈밀정〉이 놓친
'독립운동가 나혜석'

_불꽃의 여자, 페미니스트 나혜석

2016년 750만여 명이 본 영화 〈밀정〉에는 중국 국경도시 단둥에서 무역회사 '이륭양행'을 운영하며 독립운동가들을 적극 도왔던 영국 국적의 아일랜드인 조지 쇼우가 잠깐 나온다. 폭탄제조 기술자 헝가리인 마자알과 상해에서 부부 행세를 한 현계옥(한지민 분)도 등장한다. 그러나 정작 등장했어야 할 '독립운동가 나혜석'은 없었다. 〈밀정〉은 1923년 의열단 제2차 대암살 파괴계획(일명 황옥 경부 사건)을 영화 전편의 시대 배경으로 한다. 텐진과 상하이에서 조선 국내로 폭탄 수십 개와 권총, 실탄 수백 발을 밀반입한다. 그리고 단재 신채호 선생과 의열단 류자명이 함께 작성한 「조선혁명선언」 수천 장을 국내로 몰래 반입하는 과정을 그렸다.

조선 남성의 이중성을 응징하다

〈밀정〉은 상당히 고증을 많이 거친 픽션이지만 정작 가장 중요하게 다루었어야 할 '나혜석'을 놓쳤다는 데 문제가 있다. 왜냐하면 의열단 제2차 대암살 파괴계획(1923)은 나혜석을 설명하지 않고선 거사를 언급하기가 매우 궁색해지기 때문이다. 짧은 지식으로 판단하건대, 시나리오 작가가 '황옥 경부 사건'을 좀 더 잘 이해했으면 하는 아쉬움이 남는다. 조선 국내로 폭탄을 밀반입하는 과정에는 영화 이상으로 가슴 조마조마한 순간들이 실제로 있었으니 말이다.

우리는 나혜석을 시대를 앞서간 여성해방론자이자 여류화가, 시인, 소설가로 기억한다. 여성에게만 정조 관념을 강요한 낡은 조선 사회의 위선을 폭로하며 여성의 몸과 여성성, 인간다움을 열망했던 인간 나혜석을 기억한다. 나혜석은 행려병자들이 가는 시립병원의 무연고자 병동에서 쓸쓸히 생을 마감한다. 그는 병든 몸으로 큰딸에게 보낸 편지에서 마지막까지 여성으로서 억울함과 원통함을 토로했다. 그러면서도 어미로서 딸에게 남겨 주고 싶었던 물건을 찾아가라고 자신의 고향인 수원시에 있는 어느 장소를 알려 주기도 한다.

나혜석은 1934년에 한때 연인이었던 최린을 상대로 소송을 제기한다. 여성을 농락하고 정조를 유린했다는 죄목인데, 소송 취하 조건으로 최린으로부터 이천 원을 받아 낸다. 오늘날 화폐가치로 환산하면 사천만 원 정도에 해당한다. 최린은 천도교 민족대표로 3·1운동 당시 33인 중 한 명으로 참여하지만 훗날 적극적 친일로 변절한 인물이다. 나혜석은 1934년 잡지 〈삼천리〉에 「이혼고백장」을 게재한다. 남편 김우영과의 결혼생활, 최린과의 관계, 이혼에 이르는 과정을 담담히 고백한다. 장발장의 도덕성과 억울함을 인용하며 가부장제 남성 중심 사회에서 여성으로서 '원통함'과 '당당함'이 무엇인지 열정적으로 항변한다.

남자가 바람을 피우면 풍류이고 여자가 바람을 피우면 화냥년이라는 이중성에 맞선다. 조선 남성들의 위선에 당당히 맞서는 그 모습 앞에 경외심을 느낀다. 당시 남성들은 자신의 근대성을 드러내는 데 신여성을 장식품처럼 이용한다. 나혜석은 그들의 이중성을 가차 없이 응징한다. 이광수, 염상섭 등 신여성을 일방적으로 동경했던 유학파 남성들의 위선과 작품 활동에 맞서서 남녀평등을 열렬히 주장한다.

남편 김우영을 비롯해 남성들은 정조 관념도 없이 기생을 집 안에까지 끌어들인다. 반면에 여성의 성적 취향을 불륜과 일탈로 매도한다. 나혜석은 그런 시대의 낡은 도덕과 이중성, 그리고 위선적인 사회의 어떠한 비난에도 굴하지 않고 당당하게 맞서 나가며 적극 고발하고 폭로한다. 단둥 시절 나혜석은 조선 여성의 계몽과 경제적 자립을 위해 야학 설립과 저축활동 등 여성의 주체성을 강조하며 실천적인 노력을 기울인다.

수원시 팔달구 행궁동 소재 나혜석 생가터. 정월 나혜석은 일제강점기 조선 남성의 이중적인 정조 관념을 비판하며 남녀평등을 위해 분투했던 1세대 페미니스트이자 항일독립운동가이다. (출처: 연합뉴스)

조선 여성의 마지막 절규

1920년 결혼 직후의 나혜석. 의열단 제2차 대암살파괴작전(1923)에서 폭탄을 국내로 몰래 반입하는 데 결정적으로 기여한 나혜석은 당시 중국 단둥시 일본 외무성 부영사인 남편의 지위를 이용해 일제의 감시를 피할 수 있었다. (출처: 한국여성독립운동연구소)

나혜석의 삶과 죽음을 보면 불온한 시대를 살아 낸 한 인간의 '주체성의 승리'라는 생각이 든다. 유부남인 최승구를 사랑한 것은 자유연애, 자유결혼의 상징처럼 회자된다. 그러나 1920년 김우영과의 결혼에서 결혼 조건으로 자신을 진심으로 사랑할 것, 첫사랑 최승구의 무덤에 묘비를 세워 줄 것, 최승구의 무덤이 있는 곳으로 신혼여행을 떠날 것을 요구한 대목은 당당함을 넘어 식민지 여성이자 낡은 가부장제 질서에 갇힌 조선 여성의 마지막 절규였다는 생각마저 든다.

나혜석은 남편 김우영의 일본 외교관 지위를 마음껏 이용하여 의열단 제2차 작전을 물심양면으로 돕는다. 의열단에 관한 역사적 진실은 지하 활동이다 보니 남아 있는 기록물이 없다. 여러 가지 가명을 쓰고 흔적을 남기지 않는 것이 지하 항일운동의 원칙이었으니까. 그래서 의열단 생존자의 회고록이나 증언, 그리고 일제에 체포돼 재판을 받았을 당시 수사, 재판 기록을 통해서 그 면면을 재구성할 뿐이다. 다만 의열단 단장인 약산 김원봉이 진술한 것을 토대로 의열단 약사 형식의 책이 해방 직후 소설가 박태원의 손을 빌려 출판된 적이 있다. 『약산과 의열단』이 바로 그 책이다.

단둥영사관 부영사로 부임한 남편 김우영의 지위를 이용해 나혜석은 1921년 10월 이후 숱한 의열단원들에게 숙식을 제공하고 권총을 보관해 준다. 폭탄과 권총, 실탄 수백 발이 든 가방에 단둥영사관이라는 직인이 찍힌 표찰을 부착해 국경을 무사 통과할 수 있게 배려한다. 나혜석이 아니었다면 폭탄의 국내 반입은 원천적으로 불가능했다. 따라서 목숨을 걸지 않고서는 할 수 없는 일이었다. 물론 이 일로 남편 김우영이 조선총독부 경무국장에게 직접 불려 가 고초를 겪었다. 그럼에도 의열단원들 십수 명이 실형을 선고받고 감옥생활을 하자 옥중에까지 찾아가 위로와 격려를 아끼지 않았다. 의열단원 유석현의 증언에 나오는 대목이다. 유석현은 경기도 경찰부 고등결찰과 소속 황옥 경부의 밀정으로 활약했던 인물인데 실제는 의열단 단원이었다.

유석현은 의열단원 박기홍(일명 이현준)과 함께 상하이, 베이징, 조선 경성을 오가던 의열단 연락책이었다. 유석현이 출옥했을 때 나혜석은 권총 두 자루를 건네주었다고 한다. 숨길 곳이 없어서 나혜석에게 맡겼던 것인데 그것을 기억해 두었다가 넘겨준 것이다. 박기홍의 권총을 자신의 베개 속에 감춰 두었다가 출옥 후 건네준 일화도 유명하다. 나혜석은 결혼 이듬해인 1921년 단둥으로 오자마자 여자 야학을 개설하여 조선 여성들의 주체성을 일깨운다. 저축 등 생활개선운동에도 앞장선다.

유석현의 증언 이외에 아나키스트 정현섭, 류자명의 증언에서도 국경을 넘나들 때 받았던 나혜석의 결정적인 도움이 속속 나온다. 정현섭은 일제가 체포하려고 혈안이 되었던 의열단원으로 현상금이 김원봉-김구에 이어 세 번째로 많았던 인물이다. 류자명은 유석현의 충주 공립보통학교 스승이었다. 그는 의열단 선전 홍보 책임자로 신채호가 「조선혁명선언」을 만들 때 일조했던 인물이다. 해방 후 농학자로 중국에 머물며 대학에서 제자들을 길러 내는 데 혼신을 다한다. 남과 북으로 갈라진 현실에서 귀국을 포기하고 중국에 살다가 운명한다. 아나키스트 류자명은 중국 인민의 존경을 한 몸에 받았던 인물이다.

나혜석의 항일운동에
의미 있는 역사적 평가가 내려지기를

무엇보다 극적인 장면은 따로 있다. 폭탄의 일부를 인력거를 통해 압록강을 건너 신의주로 무사히 옮기는 대목이다. 〈밀정〉에서처럼 기차를 이용해 삼엄한 국경 경비를 뚫고 압록강 철교를 건너기도 하지만 인력거를 동원하기도 했다. 조선일보 단둥지국(지국장 홍종우) 창설 기념연회장이 지국장 홍종우 집에서 열렸을 때 단둥영사관 경찰과 신의주 경찰서 고등경찰 최두천 경부를 일부러 초청한다. 그리고 의열단원 유석현, 황옥 경부(〈밀정〉의 송강호 분), 김시현(〈밀정〉의 공유 분)이 그 연회에 함께 참석한다. 물론 홍종우 역시 의열단원이었다.

그들은 술을 거나하게 마신 뒤에 단둥영사관 부영사 김우영의 제안으로 압록강을 건너 신의주로 2차 자리를 옮기는데, 그때 인력거를 이용한다. 그 인력거 밑에 조선총독과 고위 관료, 그리고 식민지 수탈기관을 폭살시킬 폭탄이 들어 있었던 것이다. 그렇게 폭탄 국내 반입 계획은 무사히 성공하지만, 의열단 제2차 대암살 파괴계획은 엉뚱한 데서 실패로 끝난다. 의열단원 김재진의 밀고로 물거품이 돼 버렸던 것이다. 의열단 제2차 계획은 관련된 인물만 수백 명에 이르지만 조선총독부는 사건을 오히려 축소해서 체포한 지 한 달도 채 안 된 시점에

사건 전모를 성급히 언론에 발표한다.

통상적인 독립운동 조직 사건일 경우 수개월 동안 보도통제를 하던 것과 너무나 다른 태도였다. 그것은 황옥 경부의 경계를 넘나드는 처신 때문이었던 것으로 생각된다. 황옥 경부는 체포된 직후 의열단원들처럼 수사와 고문에도 일체 발설하지 않았다. 그러나 나중에 재판 당시에는 의열단을 체포하기 위해 위장 잠입했다는 것으로 태도가 돌변한다. 황옥 경부는 세간의 비난에도 불구하고 극구 자신을 변명한다. 역사학계에서는 황옥을 일제 스파이로 보는 게 일반적이다.

그만큼 황옥 경부는 논란의 여지가 많은 인물이다. 종로경찰서를 폭파한 의열단 김상옥을 예전에 피신시킨 것이나, 제1차 의열단 암살·파괴계획(1920) 당시 체포된 김시현을 서울로 압송하여 의형제를 맺는 것이나 의문투성이였다. 의열단원 유석현을 자신의 밀정으로 조선총독부 경찰에 일부러 신고한 것도 그렇다. 마지막까지 국내로 무사히 반입된 폭탄과 전단을 지인의 집에 은닉하고 살포를 요청하는 등 심혈을 기울인 점도 그렇다. 〈밀정〉에서도 의열단에 잠입한 일제 첩자로 보기보다 민족의식을 간직한 의열단의 일원으로 묘사하며 막을 내린다.

황옥 경부처럼 의열단에 가입은 하지 않았지만 그 이상으로 독립운동가를 물심양면으로 도왔던 나혜석. 비록 늦었지만 지금이라도 나혜석을 독립운동가로 인정하는 게 옳다. 낡은 시대와 불화를 겪다가 쓸쓸히 생을 마감한 나혜석의 항일운동에 대해 좀 더 의미 있는 역사적 평가를 내려야 할 시점이다.

5.

유관순만큼
이화림도 알아야 한다

_이봉창, 윤봉길과 함께한 항일 여전사

여성 독립운동가를 이야기할 때면 사람들은 대체로 유관순을 떠올린다. 유관순에 더해 임시정부의 어머니이자 『장강일기』의 주인공 정정화 여사를 거론하기도 한다. 한 걸음 더 나아가 영화 〈암살〉에서 총을 든 저격수 여성 독립군 안옥윤(전지현 분)의 모델이 된 남자현 여사를 언급하는 게 전부일 정도이다.

그만큼 여성 독립운동가에 대한 기억은 인색하다. 독립운동이 남자들만의 전유물도 아니었을 텐데, 우리의 기억 속에 여성 독립운동가는 손에 꼽을 정도로 적다. 더구나 항일독립운동의 방편으로 사회주의를 택했던 여성에 대해선 거의 모르는 실정이다. 조선의용대 항일 여전사인 박차정이 해방 후 50년 만에 독립유공자로 공훈이 추서된 것도 가족관계 내지 이념적 멍에와 관련이 깊다.

잊혀 버린 코뮤니스트

조선의용대 항일 여전사인 이화림은 왜 아직도 망각의 늪에 빠져 있을까? 해방 70년이 지나도록 왜 독립유공자의 반열에 오르지 못했을까? 그것은 공산주의라는 이념적 멍에 때문일 것이다. 이화림은 코뮤니스트로서 항일독립운동에 열정을 다 바쳤고, 조선의용대 여성 전사로서 항일무장투쟁을 전개했으며, 중국공산당 당원으로 살다가 죽었다.

우리는 통상 항일전선의 순결한 영혼을 이야기할 때 무명의 조선독립운동가 김산(본명 장지락)을 떠올린다. 님 웨일스의 『아리랑』은 김산의 치열한 삶과 순결한 영혼을 읽기에 부족함이 없다. 바로 그 김산과 동시대의 인물이자 동갑내기인 무명의 독립운동가가 이화림이다. 본명은 이춘실, 상해 망명 후 한인애국단에 입단할 당시 이름은 이동해이다. 이화림은 이육사보다 한 살 어리고 윤봉길보다 세 살 많다.

윤봉길의 상해 홍구공원(현 루쉰공원) 폭탄 투척 사건은 만인이 기억한다. 역사 교과서에 나오기 때문이다. 윤봉길의 투탄 사건 3개월 전에 있었던 거사가 이봉창 의사의 일본 천왕 히로히토 암살 미수 사건이다. 이 사건이 성공했더라면 엄청난 역사적 파장을 일으켰을 것이다. 일왕을 향해 던진 수류탄이 빗나가 궁내대신의 마차가 뒤집히고 기수와 경호원을 다치게 했다. 이 사건은 한순간 일본 열도를 충격에 빠트렸고 저들의 간담을 서늘하게 만들었다.

적의 심장부인 동경에서 그것도 일본 군국주의의 상징인 천황을 겨눈 사건이었기 때문이다. 이봉창 의사는 당연히 한국사 교과서에 기록돼 있다. 이화림은 두 역사적 사건의 결정적인 조역이었음에도 교과서엔 단 한 줄도 기록돼 있지 않다. 한국인들의 머릿속에 이화림은 아예 존재하질 않는다.

이화림은 1905년 평양에서 태어났다. 중국 광저우 중산대학 출신으로 중국공산당원이자 조선의용군 정치위원을 역임한 진광화(본명 김창화)와 동향이다. 둘은 중산대학 시절부터 친분이 두터웠다. 진광화가 자신보다 6살 손위인 이화림에게 '누님, 아지매'라고 농을 걸 정도였다. 진광화는 1942년 5월 일제의 태항산 소탕전에 맞선 반反소탕전에서 전사한 항일혁명가이다. 그때 함께 전사한 인물이 석정 윤세주이다. 그 둘은 지금도 태항산에 나란히 묻혀 있다. 윤세주는 항일 혁명시인 이육사의 둘도 없는 친구이다. 육사의 시 「청포도」에서 "청포를 입고 찾아온다"고 노래한 바로 그 사람이다. 윤세주는 이화림을 조선민족혁명당(약칭 민혁당)에 가입시킨 인물이기도 하다.

민혁당은 1930년대 무솔리니, 히틀러, 일본 군국주의 등 파시즘이 전 세계를 위협하던 시기에 결성된 항일단체이다. 윤세주는 민혁당 조직 확대 차 1935년 늦가을에 광저우에서 연설을 했다. 이에 깊이 감명을 받은 이화림은 이듬해 1월 남경으로 직접 가서 민혁당에 가입한다. 민혁당은 김원봉의 의열단이 중심이 되어 1935년에 만든 항일단체로 이후 '조선의용대'의 근간이 된다. 그것은 민혁당(김원봉, 윤세주 등)이 중심이 되어 조선민족해방자동맹(김성숙, 박건웅 등)과 조선혁명자연맹(류자명, 유림 등)을 연합해 1937년 '조선민족전선연맹'이라는 좌파 통일전선체를 결성했고, 조선민족전선연맹의 무장부대이자 중국 관내 최초의 한인군사조직이 '조선의용대'이기 때문이다.

조선의용대는 1938년 10월 10일 창설된다. 임시정부의 한국광복군보다 무려 2년 앞서 창건된 것이다. 민혁당과 통일전선체인 조선민족전선연맹의 결성, 조선의용대의 창설은 정치이론가이자 탁월한 선전선동가인 윤세주가 존재했기에 가능했다. 윤세주는 의열단-민족혁명당-조선의용대로 이어지는 항일전선체의 정신적 지도자였다. 이화림과 윤세주의 운명적 만남은 이화림이 조선의용대(군) 항일전사로 거듭나는 전기가 되었다. 나아가 이화림이 의과대학으로 진학해 의사가 되었던 것도 조선의용대(군)와 관련이 매우 깊다.

그렇다면 이화림이 상해로 망명했을 때 백범 김구의 비서가 되어 신임이 두터웠는데 왜 둘은 다른 길을 걸었을까? 백범 김구 선생이 창단한 한인애국단의 핵심 3인방이 이화림, 이봉창, 윤봉길인데 그 둘의 거사를 가까이에서 도운 이화림을 우리는 왜 잊고 살았을까? 더구나 박차정처럼 조선의용대(군) 항일 여전사로서 무장선전과 전투에 참여할 정도로 치열하게 살았던 인물을 왜 알지 못하는 것일까? 역사 교사나 전문 연구자가 아니면 아무도 모르는 망각의 인물로 70년의 세월이 지나 버렸을까?

그것은 이화림이 공산주의자이자 여성이었기 때문이다. 같은 공산주의자이지만 여성이라는 이유만으로 무명의 김산보다 더욱 외면받고 역사에서 지워진 인물이 이화림이다. 연변 조선족 동포 사회에선 널리 알려지고 존경받는 인물이었음에도 한국 사회에선 그동안 철저히 외면당하고 남과 북에서 모두 버려진 인물이다.

우리의 기억 속으로 돌아온 이화림

중국인이 쓴 『이화림 회고록』이 2015년 우리나라에 번역 출간되면서 이화림이 소개되기 시작했다. 특히 2017년 3·1혁명 기념식에서 문재인 대통령은 그동안 망각된 여성 독립운동가들을 우리의 기억 속으로 불러냈다. 문재인 대통령은 당시 박차정, 동풍신, 윤희순을 호명했

2019년 3월 8일 세계 여성의 날을 맞아 한국여성독립운동연구소에서 여성 독립운동가들을 기념하기 위해 주최한 광화문 광장 행사 장면. 1만 5,000명이 넘는 항일독립유공자 가운데 포상을 받은 여성 독립운동가는 3%에도 미치지 못한다. (출처: 하성환)

다. 이후 서대문형무소 역사박물관에서도 항일 여성 독립운동가들에 대한 관심을 확산시키고자 기획 행사를 추진했다. 그때 러시아 혁명에 참여한 항일독립지사 김알렉산드라와 함께 중국에서 활약한 항일혁명가 이화림도 소개되었다. 이화림은 조선의용군으로 해방을 맞았고 중국 국공내전과 한국전쟁에 참전한 인물이다. 그리고 중국에서 의사로서, 공무원으로서 중국 의료보건사업에 헌신했던 인물이다. 이제 이화림의 치열한 삶의 흔적을 되짚어 보면서 우리 역사의 소중한 한 부분을 되살려 복기해 보자.

상해 망명 후 이화림은 김두봉의 도움을 받으며 1931년 백범 김구가 한인애국단이라는 비밀결사조직을 만들자 이에 가입한다. 이름도 이동해로 바꾼다. 이화림은 사격과 무술 훈련을 받고 일제의 개가 되어 돌아온 밀정을 유인, 처단하는 데 앞장선다. 상해에 체류할 때 임시정부는 극심한 재정난을 겪고 있었다. 김구조차 동포들 집을 방문하며 식사를 해결하던 시절이었으니까.

이화림은 조직의 부담을 덜어 주기 위해 스스로 나물 장사를 하고 수놓기와 삯빨래를 하면서 생계를 유지했다. 그리고 틈틈이 푼돈을 모아 독립운동 경비로 썼다. 그러던 중 1932년 1월 일왕 암살을 겨냥한 이봉창 의사의 투탄 사건을 계획하게 되었다. 그 당시 수류탄은 중국군 고급장교로 복무하던 김홍일을 교섭해 김구가 확보했다. 문제는 수류탄을 어떻게 일본으로 반입할 것인가였다.

『백범일지』에 소상히 나오듯이 이봉창은 어린 나이에 일본인 상점에서 일을 했기에 어려서부터 일본어를 잘했다. 25살이 되어 일본으로 건너가 노동일을 할 때 일본인의 양자로 기노시타 쇼조木下昌藏라는 이름으로 살았다. 따라서 일본어가 능숙했고 술에 취하면 일본 노래를 유창하게 부르곤 했다. 그래서 '일본 영감'이란 별칭을 얻었다. 처음엔 김구가 의심했으나 이후 임정에 보고한 대로 일본인이 운영하는 상해의 철공장에서 월급 80원을 받고 노동일을 했다.

이봉창은 일왕 살해라는 자신의 신념을 관철하기 위해 틈틈이 힘겨운 노동을 통해 돈을 모았다. 그리고 밥을 굶는 임시정부 청년들에게 술과 고기, 국수를 대접하며 친밀해졌다. 김구 또한 31살의 이봉창의 독립투쟁에 대한 기개에 크게 감복한다. 당시 김구는 임시정부 재무부장 겸 민단장이었는데, 임시정부 살림이 빈한하기 이를 데 없었다. 그럼에도 백범 김구는 먼 길을 떠나는 이봉창에게 300원이라는 거금을 건네준다. 이봉창은 다 해진 옷 속에서 거액을 꺼내 주는 백범 김구 선생의 신임에 크게 감복하며 눈물을 흘린다.

폭탄 수송 문제를 해결하기 위해 김구, 이봉창, 이화림 3인은 밤늦도록 고민한다. 수류탄 2개를 반입해야 하는데 가져갈 방도가 생각나질 않았던 것이다. 어느 순간 이봉창이 휴대 방안이 생각났다며 자신의 사타구니 밑을 가리켰다. 자신의 속옷에 넣어 가면 들킬 염려가 없다는 것이다. 그 순간 이화림은 너무 당황했고 부끄러웠다. 그러나 부끄러움을 떨치고 이봉창의 팬티(훈도시)에 비밀 주머니를 달아 준 이가 이화림이었다.

그렇게 일왕을 폭살할 수류탄을 몸속에 지닌 채 삼엄한 감시망을 뚫고 무사히 바다를 건넜다. 이봉창 의사가 일제에 처형당했을 때 이화림은 오열했지만, 『백범일지』에는 그 대목이 전혀 나오지 않는다. 『백범일지』에서 의도적으로 이화림을 언급하지 않았기 때문이다. 아마도 지향하는 사상 및 독립운동 노선상의 차이에서 빚어진 서운함 때문일 것이다.

이화림은 개인적인 테러만으로 제국주의 일본을 축출할 수도 없고 독립을 이룰 수도 없다고 생각했다. 두 사람 사이가 연인이란 소문이 날 정도로 백범이 가장 신임했던 비서인 이화림이 그의 곁을 떠날 때 백범의 말은 단호했다. 공산주의 사상을 좇아간다면 이젠 다시는 보지 않겠다고 완전한 결별을 선언했다. 『백범일지』에는 이봉창과 함께 윤봉길 의사가 여러 장에 걸쳐 나오지만 이봉창, 윤봉길과 함께 중심인물이었던 이화림은 한 번도 등장하지 않는다.

이화림의 회고에 따르면 윤봉길은 이봉창과 달리 얼굴이 희멀쑥하고 둥그스름하게 생겼다. 이화림과 윤봉길은 부부로 위장한 채 거사 전날 홍구공원을 답사했다. 실제로 윤봉길은 홍구공원에서 봄부터 채소 장사를 하며 기회를 엿보고 있었다. 그때 윤봉길은 일본 옷을 걸치고 게다짝을 끌고 다녔는데 유창하게 일본어를 구사해서 일본 사람들조차 조선인인 줄 몰랐다.

1932년 4월 29일 거사 당일 김구는 생각을 바꾼다. 윤봉길은 일본어에 능숙했지만 이화림은 일본어를 잘 몰랐다. 부부로 위장하다가 오히려 검문에 걸려 둘 다 위험에 빠질 수 있었다. 무엇보다 자신의 목숨을 결연히 내놓은 애국청년을 두 사람씩이나 잃고 싶지 않았다. 그리하여 윤봉길은 스프링 코트 차림으로 이화림은 양장 정장 차림으로 홍구공원에 함께 간다. 그리고 윤봉길 혼자 도시락 폭탄(자결용)과 물병 폭탄(공격 폭살용)을 휴대한 채 기념식장에 무사히 들어간다. 이화림은 그 모습을 100미터쯤 떨어진 곳에서 지켜보았다. 윤봉길이 무사히 식장으로 들어간 것을 확인한 후 이화림은 맞은편 골목길로 사라졌다.

윤봉길이 가져간 것은 도시락과 물병, 그리고 일본 국기이다. 당시 상해 주재 일본 영사관은 일일신문日日新聞을 통해 전승기념식에 참석하는 일본 거류민에게 다음과 같은 내용을 공지했기 때문이다.

> 4월 29일 홍구공원에서 천장절 축하식을 거행한다. 그날 식장에 참석하는 자는 물병 하나와 점심으로 도시락, 일본 국기 하나씩을 가지고 입장하라.

김구는 일본인들이 어깨에 메는 물통과 도시락을 사서 폭탄을 만들 것을 주문했다. 김홍일의 주선으로 폭탄제조 기술자 중국인 왕배이슈는 5센티미터 두께의 철판도 박살낼 수 있는 위력적인 폭탄을 만든다. 거사 전에 김구와 윤봉길 의사도 참관한 실험에서 폭발력은 놀라울 정도로 엄청났다. 상해 병공창 지하 토굴 내부를 초토화시켰다.

실제로 홍구공원 천장절 기념식장은 윤봉길이 던진 물병 폭탄으로 한순간 아수라장이 되었다. 상해 일본인 거류민단장과 상해 파견군 사령관 시라카와 대장을 폭살시켰다. 제3함대 사령관 노무라 중장은 실명했고, 제9사단장 우에다 중장과 시게미츠 주중공사의 다리를 날려 버렸다. 시게미츠는 종전 직후 4만 5,000톤이 넘는 미군 전함 미주리Missouri호 선상에서 항복문서에 조인했던 자이다. 당시 그는 일본 제국 외무대신의 자격으로 왼손에 지팡이를 짚고 서 있었다. 바로 홍구공원 윤봉길 거사 때 오른쪽 다리를 잃은 탓이다.

이봉창, 윤봉길과 함께

1932년 4월 윤봉길의 거사가 성공하며 식장 단상이 박살나는 모습을 보자 이화림은 저절로 탄성을 질렀다. 그 장면은 정말 꽃이 휘날리듯 아름다운 모습이었다. 이화림은 훗날 회고록에서 "마치 추풍낙엽이 지듯이 일본놈들이 우수수 떨어졌다"고 묘사했다. 윤 의사의 거사 이후 이화림은 민족적 자긍심이 용솟음쳐 가슴 가득 충만했다. 길거리 중국인들은 반일감정 때문인지 만날 때마다 통쾌하다는 듯 엄지척으로 추켜세웠다. 실제로 거사 직후 장제스 중국 국민당 총통은 "중국인 2억 명과 중국 100만 군대가 하지 못한 일을 조선의 한 청년이 해냈다"며 극찬했다. 이후 중국 육군군관학교에 한인특별반을 개설하는 등 우리의 독립운동을 물심양면으로 지원해 주었다. 모두 윤봉길의 희생이 만든 결과물이었다.

거사 한 달 뒤 5월 25일 윤봉길 의사는 상해 군사법정에서 사형을 언도받고 11월 18일 오사카로 압송된다. 그리고 사형언도 한 달 뒤인 12월 19일 가나자와 육군형무소 공병작업장에서 처형됐다. 눈을 가리고 십자가 형틀에 묶은 채 양미간을 겨냥한 총살형이었다. 윤 의사의 주검은 쓰레기 하치장에 버려졌다. 백범은 해방 후 윤 의사의 유해를 수습해 효창공원 3의사 묘에 안장했다. 죽음 앞에서도 당당했던 윤 의사의 처형 소식에 이화림은 또 한 번 오열했다. 다음은 거사 며칠 전 윤 의사가 어린 두 아들에게 남긴 유언의 일부이다.

너희도 만일 피가 있고 뼈가 있다면 반드시 조선을 위해 용감한 투사가 되어라.

태극의 깃발을 높이 드날리고 나의 빈 무덤 앞에 찾아와 한 잔 술을 부어 놓으라.

그리고 너희들은 아비 없음을 슬퍼하지 말아라. (하략)

윤 의사의 거사 후 이화림은 김구의 독립운동 노선에 회의를 품는다. 개인의 희생에 의존한 테러로는 독립을 가져올 수 없기 때문이다. 조직적인 대중투쟁과 군사조직에 기초한 무장투쟁만이 조국의 독립과 민족의 해방을 기약할 수 있다고 믿었다. 이는 당시 사회주의자들의 공통된 운동 노선이자 항일 정서였다. 1920년대 의열단이 1930년대에 들어와 조직적으로 독립군 무관을 양성하고 급기야 한인무장조직인 조선의용대를 창건하는 것은 운동에 대한 성찰의 결과였다. 더구나 백범은 사회주의 내지 코뮤니스트에 대해 매우 적대적 감정을 드러냈기에 이화림은 김구와 결별하고 새로운 길을 찾아 나서게 된다. 『백범일지』에 이화림이 전혀 언급되지 않은 이유일 것이다.

이화림은 의열단의 추천으로 혁명의 도시 광저우(광주) 중산대학에 입학한다. 중산대학은 중국 형명의 대부인 쑨원(손문)이 혁명 인재 양성을 위해 설립한 대학이다. 처음엔 광동대학이라 했는데 쑨원의 호를 따서 중산대학으로 이름을 바꿨다. 거기서 법학을 공부하다 의학으로 방향을 바꾼다. 의학은 생계를 유지할 수 있을 뿐 아니라 독립운동을 할 때 신분을 감출 수 있는 적절한 직업이었다. 중산대학에는 진광화, 이정호, 이동호, 노민 등 이미 조선인 학생 30명이 넘게 재학 중이었다. 중산대학 시절 이화림은 '용진학회'라는 항일결사조직에 가입하여 이론학습과 선전활동에 힘을 썼다.

1935년 늦가을에 민혁당 조직 확대 사업 차 윤세주가 광주에 왔다. 평소 윤세주를 흠모했던 이화림은 그의 연설에 깊은 감명을 받았다. 그리하여 이듬해 1월 이화림은 바로 남경 본부로 가서 민혁당에 가입했다. 과거 조선공산당의 상층 분열과 파벌에 실망했던 것과 달리 민혁당의 통일전선활동에 이화림은 열렬히 지지를 보냈다. 흩어진 민족운동 세력을 하나로 결집하여 대일 전선을 통일시키려는 노력에 적극 찬동했다. 이러한 현상은 당시 피 끓는 조선 청년학도들의 염원이자 열망이기도 했다. 그리하여 임정 세력이 대두하기 전에 청년 대다수가 민혁당 광동지부에 가입함으로써 한때나마 민혁당이 광동지역 중심 세력을 형성했다. 이화림은 의학을 공부한 게 인정돼 민혁당에서 의료보건사업을 맡아 활동했다. 동시에 조선인 여성들을 조직하고 중국 여성들과의 연합전선 결성에 열정을 쏟았다.

조선의용대에서 무장 선전활동을 전개한 이화림은 일본군 진지 앞에서도 두려움이 없었다. 적진 깊숙이 들어가 구호 선전과 삐라 살포

등 무장 선전에 항상 앞장섰다. 실제로 이화림은 남성과도 같은 강렬한 면모였다. 체구는 작았지만 용맹했고 작전이 시작되면 냉정했다. 조선의용군 출신 최후의 분대장이자 연변 작가였던 고 김학철 옹은 젊은 날 이화림에 대한 인상을 부끄럽게 고백한 적이 있다.

> 이화림의 타고난 결함은 여자다운 데가 없는 것이다. 아무리 몸에 군복을 입었더라도 여자는 여자다운 맛이 있어야 하겠는데 그것이 결여된 까닭에 그녀는 남성 동지들의 호감을 통 사지 못하는 것이다. 나도 워낙 속이 깊지 못하고 경박한 편이어서 덩달아 이화림을 비웃고 따돌리고 하였으니 정말 부끄럽고 면목이 없다.

이화림의 이런 모습은 항일독립전쟁에 목숨 바치기로 맹세한 상태인 데다 자연스레 몸에 밴 자세였는지도 모른다. 일부러 남자들에게 냉정하게 대했고 보통의 여자들과 언행이 달랐다. 이화림은 의열단 출신 조선의용대 총무조장 리집중(본명 이종희)과 결혼하여 아들 하나를 두었다. 리집중은 의열단 출신으로 1922년 상해 황포탄 사건 당시 다나카 대장 암살에 오성륜, 김익상, 이종암과 더불어 거사에 참여했던 인물이다. 김원봉과 함께 황포군관학교 4기 졸업생으로 해방 직전까지 김원봉과 활동을 같이 했다.

특히 1932년 중국군 장교로 복무했고 김원봉이 남경 근처에 조선혁명군사정치간부학교를 설립해 독립군 군관을 양성하자 교관으로 참여했다. 이후 조선민족혁명당 중앙집행위원과 조선의용대 총무조장을 맡았다. 리집중은 코뮤니스트라기보다 김원봉과 마찬가지로 진보적 민족주의자였다. 1939년 계림에서 만난 김학철 옹의 회상에 따르면 이 때 이미 이화림은 남편과 사이가 멀어졌던 것으로 보아 이혼한 것으로 생각된다.

고국은 그 이름 잊었어도
그 이름 천추에 길이길이 남으리

이화림은 1941년 7월 팔로군 사령부가 있는 화북지역으로 이동했다. 조선의용대 본부는 태항산에 있었는데 해발 고도 2,000미터가 넘는 고산들이 줄지어 있었다. 이화림은 식량문제를 해결하기 위해 여성 대원들을 이끌고 태항산 돌미나리를 캐어 미나리 김치를 담그곤 했다. 당시 이화림은 '미나리 타령'을 들려주며 여성대원들의 흥을 북돋웠다. 이는 '도라지 타령'의 가사를 바꿔 부른 것이다.

미나리, 미나리, 돌미나리/ 태항산 골짜기의 돌미나리/ 한두 뿌리만 뜯어도/ 대바구니가 찰찰 넘치누나/ 에헤야 데헤야 좋구나/ 어여라 뜯어라 지화자 캐어라/ 이것도 우리의 혁명이란다.

식량이 부족할 때 미나리 말린 것에 겨를 섞어 떡을 만들거나 도토리를 주워 묵을 쑤었다. 그래도 주식이 부족한 사정이라 민들레와 봄나물, 수양버들 잎사귀를 뜯어 항일 전사들의 식량문제를 해결하기도 했다. 1942년 3월 이화림은 중산대학 시절 가깝게 지낸 사이이자 같은 평양 출신인 진광화의 주선으로 간부훈련반에 들어가 무장선전활동 훈련을 받았다. 당시 진광화는 조선의용대 정치위원이었다.

이화림은 1945년 의과대학에서 수학할 때 해방을 맞았는데, 조선의용군의 명령에 따라 의학 공부를 마저 마친다. 1946년 11월 21일 이화림은 중국공산당에 가입한다. 이화림은 해방공간에서 귀국하지 않고 연변의학원에서 근무하다 하얼빈에서 의사로서 인민에 봉사한다. 한국전쟁 시기에는 조선인민군 제6군단 위생소 소장으로 복무하는데, 미군 폭격으로 부상을 입고 중국으로 다시 돌아간다. 이후 이화림은 선양의사학교 부교장, 중국 교통부 위생기술과 간부, 연변 조선족 자치주 위생국 부국장으로 의료보건사업에 남은 열정을 쏟아붓는다.

1960년대 후반 문화대혁명 당시에는 반혁명분자로 낙인찍혀 고초를 겪었다. 이후 명예를 회복했는데, 건강이 악화되자 노년기를 대련에

이봉창, 윤봉길, 백정기 의사가 묻힌 효창공원 3의사 묘. 이화림, 이봉창, 윤봉길 세 사람은 한인애국단 3인방이지만, 『백범일지』에는 이화림에 대한 이야기가 전혀 등장하지 않는다. (출처: 하성환)

서 요양하며 조선 민족의 생활수준 향상을 위해 거금을 기부했다. 특히 조선족 행사에 적극 참여하는 등 생의 마지막까지 민족을 사랑하는 마음을 잃지 않았다. 또한 검약한 생활을 실천하면서 모은 돈으로 조선족 아동문학 작가들을 위한 기금을 조성했다. 1999년 2월 10일 임종 직전에도 전 재산 5만 원을 대련시 조선족 학교에 기부했다. 이화림 여사가 운명했을 때 그 소식을 접한 시인 이윤옥은 이렇게 썼다.

이봉창, 윤봉길 도운 여장부 이화림… (중략) 태항산 거친 산림 속 마다치 않고/ 조선의용대 끌어안고 부르던 노래/ 아리랑 피 끓는 함성 속에/ 절절이 묻어나던 조국해방의 염원/ 돌미나리 민들레 수양버들 잎사귀로/ 배 채우며 쟁취한 광복/ 고국은 그 이름 잊었어도/ 그 이름 천추에 길이길이 남으리.

한반도에 평화의 봄바람이 불고 있다. 과거 적대관계였던 미국과 북한 최고지도자가 서로 악수를 했다. 비록 2차 북미 간 하노이 정상회담이 결렬됐지만, 한반도에 평화의 기운은 이제 거스를 수 없는 대세가 되었다. 독립을 위해 치열하게 살다 간 항일독립운동가들을 좌우 이념에 갇혀 편을 가르고 가치를 평가하는 것은 옹졸하기 짝이 없다. 일제강점기 사회주의를 독립운동의 방편으로 받아들인 경우는 허다하다. 따라서 항일독립운동의 숭고함에 좌우가 있을 수 없다. 항일독립운동의 공적을 사실 그대로 평가해도 대한민국은 흔들리지 않는다. 아직도 반공이라는 냉전의 낡은 틀에 얽매여 선열들의 치열한 삶을 외면하는 것은 후손들을 위해서도 바람직하지 않다.

평생을 조국의 독립과 자유를 위해 투쟁했고 의사로서 인민에 봉사했으며 이승을 떠날 땐 자신의 전 재산을 동포학교에 기부한 이화림! 이젠 이념의 멍에를 벗어던지고 그분의 고결한 삶에 찬사를 보낼 시점이다. 더더욱 여성이라는 이유만으로 독립운동사에서 치열하게 살다 간 선열들의 삶을 망각한다는 것은 지극히 잘못된 처사가 아닐 수 없다. 지금이라도 이화림을 자랑스러운 한국인으로 서훈을 추서하는 게 굴곡진 역사를 바로잡고 우리의 근현대사를 좀 더 풍성하게 만드는 길이라 생각한다.

6.

청포도 시인이 기다렸던
육사의 절친 윤세주

_조선의용대의 영혼

고등학교 검정교과서 『한국사』 교과서에는 석정 윤세주 이야기가 거의 없다. 본문으로 주요하게 다루기보다 스치듯이 지나가는 인물이다. 그러나 윤세주의 삶과 죽음을 제대로 알고 나면 온몸에 전율이 일어남을 피할 수 없다. 역사 속 다양한 사람들을 만나지만 적지 않은 인물들이 굴절된 삶을 산다. 신념을 끝까지 지키지 못한 채 희미해져 간 인물들도 많다.

　1980년대 중반 님 웨일스의 『아리랑』을 통해 '김산'이라는 무명의 조선 혁명가가 처음 소개되었다. 1980년대 군사독재 시절, 사회 변혁을 꿈꾼 이 땅의 많은 젊은이들이 김산의 삶에 전율하며 감동했다. 치열한 삶과 자기성찰의 진지함, 고결한 영혼 앞에 절로 머리가 숙여졌기 때문이다.

강도 왜적을 섬멸하고
우리의 최후 목적을 달도할 날이 있을 것이다

김산 못지않은 역사적 인물이 윤세주이다. 초등학교 시절 천장절(일본왕 생일)을 기념하여 일본인 교장이 나눠 준 일장기를 학교 변소 똥구더기에다 내다 꽂은 인물이다. 그 일로 퇴학을 당하지만 이후의 삶은 거침이 없다. 3·1운동 당시 고향인 경남 밀양 장날을 기해 수천 명이 운집한 군중 앞에서 독립선언서를 낭독했을 때 나이가 18살이었다. 윤세주는 단상에 올라 선언문을 낭독한 뒤 '조선독립만세'를 선창하며 장날 시위를 주도했던 인물이다. 이 거사를 위해 윤세주는 밀양 청년들과 야밤에 면사무소에 침입해 등사기를 몰래 훔쳐 온다. 그리고 곧바로 산에 올라가 불빛이 새어 나가지 않도록 병풍을 친 뒤 밤새 수백 장의 선언서와 태극기를 인쇄했다.

1919년 3·13 밀양 장날 시위는 경상도 만세운동의 물꼬를 튼 경상지역 최초의 만세시위였다. 윤세주는 아직 어린 나이라 일경의 감시와 체포를 피해 북만주 길림성으로 피신하는 데 성공했다. 궐석재판에서 1년 6개월이라는 가장 높은 징역형을 언도받지만, 약산 김원봉이 창단한 의열단에 18살의 가장 어린 나이로 가담한다. 윤세주는 의열단 제1차 암살·파괴계획(1920) 당시 국내 침투 공작을 맡았다. 다른 의열단원들과 함께 식민통치의 심장부인 조선총독부와 수탈기구인 동양척식회사에 폭탄을 던질 생각이었다. 다른 의열단원들이 나이가 어리다고 걱정 반 만류하자 윤세주는 단호하게 자신의 결의를 밝힌다.

"나는 다른 사람보다 더 묘한 방법으로 적탐敵探의 주의를 능히 피면避免할 수 있고, 만일 불행히 피포被捕된다 하더라도 나는 의지가 견결하므로 우리의 비밀을 누설하지 아니하겠다.”

불행히도 거사를 앞두고 경기도 경찰부 경부 김태석에게 피검돼 윤세주는 잔혹한 고문을 받는다. 그렇지만 자신의 의지대로 고문 내내 입을 굳게 다문 채 단 한 마디도 발설하지 않았다. 따라서 같이 체포된 의열단원들과 달리 윤세주가 받은 악형은 상상을 초월했다. 『아리랑』의 김산이 26살의 나이에 할아버지처럼 되어 버린 그 잔혹한 고문을 이겨 낸 것이다. 물고문, 전기고문으로 폐가 망가지고 정강이뼈가 허옇게 드러날 정도로 당시 조선인 특고 경찰들이 자행한 고문은 잔인했다. 1심 재판에서 일본인 판사가 무거운 징역형을 언도하자 윤세주는 법정이 떠나갈 듯한 웅변조로 일인 판사를 향해 준열하게 경고했다.

“우리의 제1차 계획은 불행히도 파괴되고 무수한 동지들이 피포, 판죄判罪되었지만 피포되지 않은 우리의 동지들은 도처에 있으니 반드시 강도 왜적을 섬멸하고 우리의 최후 목적을 달도達到할 날이 있을 것이다.”

윤세주는 아침마다 일본인 간수에게 해야 했던 경례를 완강히 거부할 정도로 수형생활 내내 당당했다. 반면에 절도, 강도, 살인 등 조선인 죄수들에겐 한없이 너그러웠고 그들을 교화시켰다. 7년의 형기를 다 채우고 1927년 2월 만기 출소했을 때 조선인 죄수들 가운데 항일 독립운동가로 거듭나겠다고 찾아온 이가 있을 정도였으니 그 인품이 어떠했는지 가늠할 수 있다. 출소 후 친지들에게 밝힌 소회는 그의 일면을 보여 준다.

“옥중 실상을 보고 민족의 비애를 느꼈다. 옆에는 변기를 두고 곰팡내 나는 묵은 조밥에 냄새나는 콩을 섞어 주는 밥이 역겨워 못 먹으면, 뒤에 들어온 죄수는 그것도 모자라서 서로 더 먹겠다고 아우성이

'밀양 의열 거리'에 붙은 석정 윤세주 초상화. 윤세주는 육사가 목숨처럼 소중하게 생각했던 항일 혁명지사이자 친구로 그의 시 「청포도」의 주인공이다. (출처: 하성환)

어서 순식간에 없어지더라."

　윤세주는 감옥생활 동안 철저한 자기수련과 독서를 통해 자신의 세계관을 정립하고 식견을 넓혀 나갔다. 출옥 후 26살이 되었을 때 곧바로 밀양청년회 활동과 신간회 밀양지회 건설에 열정적으로 참여했다. 거기에는 의열단장 김약산의 고모부인 백민 황상규의 정신적 영향력이 컸다. 황상규는 밀양 동화중학교 시절 자신의 스승이기도 했고, 안동 못지않은 경상도 독립운동의 메카인 밀양 항일지사들의 정신적 지주이자 멘토였다.

　윤세주가 가슴에 평생 새기고 간직했던 말씀은 일제에 의해 강제 폐쇄될 무렵 동화중학교 전홍표 교장 선생님으로부터 들은 훈화였다.

　"일제로부터 해방되기 전까지 우리는 언제나 부끄럽고 슬프고 또 언제나 참담하다."

고달픈 몸으로 청포를 입고 찾아오는 손님

윤세주가 밀양에서 청년활동, 신간회 활동, 중외일보 기자 등 언론 활동을 할 때 대구에선 절친 이육사가 똑같은 활동을 하고 있었다. 이육사의 수필집 『연인기』에 '목숨만큼 소중한 친구'로 묘사된 인물이 윤세주이다. 국내 침투 공작을 앞두고 상하이에서 최후의 만찬, 작별의 순간에 육사가 가장 아끼던 비취인장을 건네받은 친구가 바로 윤세주이기 때문이다.

> 그 뒤 나는 상해上海를 떠나서 조선으로 돌아오게 되었고, 언제 다시 만날는지도 모르는 길이라 그곳의 몇몇 문우들과 특별히 친한 관계에 있는 몇 사람이 모여 그야말로 최후의 만찬을 같이 하게 되었는데, 그중 S에게는 나로부터 무엇이나 기념품을 주고 와야 할 처지였다. 금품을 준다 해도 받지도 않으려니와 진정을 고백하면 그때 나에게 금품의 여유란 별로 없었고, 꼭 목숨 이외에 사랑하는 물품이라야만 예의에 어그러지지 않을 경우이라 나는 하는 수 없이 그 귀여운 비취인 한 면에다 '贈 S, 1933. 9. 10. 陸史'라고 새겨서 내 평생에 잊지 못할 하루를 기념하고 이 땅으로 돌아왔다.

육사에게 비취인장은 가족이 그리울 때나 고향이 그리울 때 항상 몸에 지닌 채 꺼내 보곤 했던 목숨만큼 소중한 존재였다. 거기에는 그만 한 사연이 존재했다. 육사의 모친 허길 여사의 회갑연 때 육사의 5형제가 모시칠월장이 새겨진 병풍을 바친 것도 비취인장의 모시

칠월장과 관련이 깊다. 그만큼 소중한 물건을 국내 침투 공작을 앞두고 언제 다시 만날지 모르는 기약 없는 이별의 순간, 육사는 친구 석정에게 애지중지한 비취인장에 자신의 필명을 적어 징표로 건네준 것이다.

1932년 김약산이 남경 교외에 세운 의열단 군관학교 '조선혁명군사정치간부학교' 제1기생으로 석정과 육사는 나란히 입교한다. 물론 석정의 강력한 권유에 따른 것이었다.

간부학교 생도 시절 육사와 석정은 정치학, 유물론 철학, 사회발전사, 세계정세 등 이론을 공부했다. 그리고 통신법, 선전법, 연락법, 탄약, 뇌관, 도화선 등 폭발물 취급 및 투척법, 요인 암살, 사격술, 위장 및 변장술, 무기운반법, 철로폭파법, 서류은닉법 등 군사실기를 함께 공부했다. 졸업 후 육사는 국내 침투 임무를 부여받았고, 석정은 '조선혁명군사정치간부학교' 교관이 되어 조선혁명운동사를 가르쳤다.

항일 혁명시인 육사의 시 가운데 가장 널리 알려진 작품이 「청포도」이다. 시에서 "내가 바라는 손님은 고달픈 몸으로 청포를 입고 찾아온다"고 했는데 그 손님은 과연 누구일까?

최근 도진순 교수(창원대 사학과)는 '청포를 입고 고달픈 몸으로 찾아오는 손님'을 윤세주일 가능성이 높다고 분석적으로 규명했다. 육사의 시 「광야」에서 '백마 타고 오는 초인'은 1930년대 항일무장투쟁의 백미인 동북항일연군 제3로군 참모장 허형식 장군을 가리킨다. 육사가 만주 전투지구에서 만난 허형식(본명 허극, 일명 이희산)은 어머니 허길 여사의 종형제로 육사와는 외당숙이다. 마찬가지로 '청포를 입고 고달픈 몸으로 찾아오는 손님'은 육사 자신이 목숨만큼 소중히 생각했던 윤세주였다.

육사의 시와 평론들은 대부분 그가 30~39세 사이에 완성한 작품들이다. 하나같이 항일 지하 공작활동과 혁명 활동 속에서 빚어낸 보석 같은 문학 작품이자 항일혁명운동으로 점철된 삶의 결정체들이다. 1937년도 작품 「노정기路程記」 역시 육사의 신산한 삶을 가장 집약적으로 표현한 대표작이다. 긴장과 불안의 연속이자 절체절명의 시대 인식 속에서 "서해를 밀항하는 정크와 같다"고 고백한 대목이 그러하다. 또한 "목숨이란 마-치 깨어진 뱃조각", "남들은 기뻤다는 젊은 날이었건만", "쫓기는 마음! 지친 몸"으로 쫓기는 삶을 형상화한 대목이 그러하다.

그런 육사에게 윤세주는 정신적 나침반이자 혁명 의지를 함께 나눈 강력한 동지였다. 도진순 교수의 분석을 인용하면 아래와 같다. 일제가 한글로 작품을 발표하지 못하게 하자, 1942년 여름날 밤 육사는 별을 바라보고 석정을 생각하며 한시 한 수를 읊조린다. 28자의 짧은 7언 절구 「주난흥여酒暖興餘」가 바로 그 작품이다.

　　酒氣詩情兩樣, 斗牛初轉月盛欄, 天涯萬里知音在, 老石晴霞
　使我寒.
　　초여름 밤하늘 빛나는 별을 보니 이역만리 멀리 떨어진 중국 화북지방에서 목숨 걸고 일본군과 치열하게 무장투쟁을 벌이는 오랜 친구石正 윤세주가 생각나고 그의 평소 '맑고 곧은 기상晴霞'을 생각하니 '술이 확 깨고 정신이 번쩍 들었다使我寒'.

도진순 교수는 여기서 '老石'의 '石'은 석정石正 윤세주를 가리킨다고 보았다. 오래된 벗 윤세주의 평소 '맑고 곧은 기상晴霞'을 생각하니

'술이 확 깨고 정신이 번쩍 들었다使我寒'는 내용이다. 이 역시 육사의 모친 허길 여사의 별고와 1942~1943년 별자리 분석을 통해 밝혀낸 도진순 교수의 최근 연구 결과이다.

육사의 작품 가운데 윤세주를 생각하게 하는 시가 또 있다. 식민지 가혹한 현실 속에서 항일지사의 꺾일 줄 모르는 정신을 노래한 시, 육사의 「교목喬木」이다. 이 시 역시 석정에게 바친 작품이다.

푸른 하늘에 닿을 듯이/ 세월에 불타고 우뚝 남아 서서/ 차라리 봄도 꽃피진 말아라/ 낡은 거미집 휘두르고/ 끝없는 꿈길에 혼자 설레이는/ 마음은 아예 뉘우침 아니리/ 검은 그림자 쓸쓸하면/ 마침내 호수 속 깊이 거꾸러져/ 차마 바람도 흔들진 못해라.
- 「SS에게」

여기에서 'SS'는 윤세주를 가리킨다는 데 이론이 없다.

의열단, 민족혁명당, 조선의용대의 영혼

윤세주는 밀양 출신으로 의열단을 창단한 약산 김원봉과 두세 살의 나이 차이에도 불구하고 길 건너편에서 살았던 오랜 죽마고우였다. 석정은 약산과 친형제처럼 입과 입술의 관계가 되어 약산의 오른팔이자 의열단의 2인자였다. 약산이 실천적이고 투쟁적인 혁명가였다면 석정은 이론과 실천을 겸비한 항일 전사였다.

의열단과 1930년대 중반 통일전선체인 조선민족혁명당, 그리고 1938

조선의용대가 머물던 장소를 찾은 역사탐방단 2기 활동 모습. '왜놈의 상관을 쏴 죽이고 총을 메고 조선의용군을 찾아오시오'라는 구호가 인상적이다. (출처: 석정 윤세주 열사 기념사업회)

년 10월 10일 조선 최초의 자주적인 무장부대 조선의용대의 창설 주역이자 살아 있는 정신이 윤세주였다. 조선의용대는 중경 임시정부의 한국광복군보다 무려 2년이나 앞서 창설된 군사조직이었기에 한국 근현대사에서 그 역사적 의의가 매우 크다.

석정은 훈련을 받을 때나 학습을 할 때나 항상 솔선수범했다. 이론에 밝았고 상대방을 설득시키는 온화한 성품과 대화술이 탁월했다. 조선의용대 대원 누구나 그와 이야기하기를 좋아했고 그를 따랐다. 석정의 해박한 지식과 탁월한 이론, 예리한 정세분석, 그리고 동료들에 대한 따뜻한 인간애는 당원과 대원들의 귀감이 돼 정신적 지주로 자리매김하기에 충분했다. 1941년 산시성 타이항산 북상 길에 올랐을 때도 조선의용대 화북지대 정치위원으로 조선 청년들의 정신적 지도자로서 역할을 수행했다.

그러나 불행히도 1942년 일제 관동군 40만 대군의 소탕전에 맞서 싸우다 윤세주는 장렬히 전사한다. 허벅지 다리에 총상을 입고 6일간 사투 끝에 쓸쓸히 운명한다. 그가 총상을 입자 분대장 하진동, 최채 등 부하대원들이 적정을 살피며 매일 밤 석정의 주위에 와서 시중을 들었다. 그러자 윤세주는 엄격한 눈빛으로 명령한다.

"셋이 함께 있다가는 다 죽을 수 있소. 혁명에 바친 몸 죽음 따윈 두렵지 않소. 승리의 그날을 위해 자신을 돌보는 일이 중요하니 셋이 갈라지도록 하오."

윤세주가 1942년 반反소탕전에서 전사하고 한 달 뒤 조선의용대 화북지대는 조선의용군으로 조직이 개편된다. 약산의 황포군관학교 동기생이자 조선의용대 화북지대장으로 군사지휘관이었던 박효삼은 부사령관으로 밀려난다. 조선의용군 사령관은 중국공산당원이자 팔로군 포병연대장인 무정이 차지한다. 윤세주의 죽음이 조선의용대를 중국공산당 팔로군에 예속시키는 분기점이 돼 버린 것이다. 조선의용군은 1945년 일제 패망 후 중국 국공내전에 참전하고 이후 6·25전쟁 당시 조선인민군의 주력부대를 형성한다.

조선인민군 보병 부대의 47%를 구성할 정도였으니 연안파 공산주의 계열인 조선의용군이 없었다면 김일성은 베트남의 호치민이나 중국의 마오처럼 무력통일을 꿈꾸었을까? 윤세주가 반反소탕전에서 전사하지 않았다면 조선의용군이 그렇게 호락호락 중국공산당 팔로군에 예속되었을까? 중국공산당원이 아니었고 약산처럼 민족주의 좌파였던 윤세주와 민족주의 좌파로서 약산의 최측근 군사지휘관이었던 박효삼이 일제 패망 후 조선의용군을 실질적으로 계속 지휘했더라면 한반도에 씻을 수 없는 상처를 안긴 6·25전쟁이 과연 일어났을까?

조선의용대 총대본부는 1942년 한국광복군 제1지대로 편입돼 해방 후 국군의 상징이 되고, 조선의용대 화북지대는 인민군 주력부대가 되어 서로 총부리를 겨누는 6·25전쟁의 참상은 일어나지 않았을지도 모른다. 윤세주가 죽지 않고 조선의용대를 실질적으로 지도하는 정신적 영도자로서 해방을 맞았다면 민족의 참화인 6·25전쟁은 원천적으로 불가능했을지도 모른다. 역사에는 가정이 없지만 의열단, 민족혁명당, 조선의용대의 영혼 윤세주의 삶과 죽음, 그 망각의 기억을 복기할 때 오늘날 우리에게 주는 역사적 의의는 너무나 크다.

7.

문재인 대통령이 호명한
항일 여전사 박차정

_들꽃처럼, 불꽃처럼 살다 간 조선의용대 여전사

99돌을 맞는 3·1절 기념식에서 문재인 대통령은 독립운동가들 이름을 하나씩 불렀다. 그중엔 세간에 알려지지 않은 낯선 이름도 있었다. 박재혁, 최수봉, 동풍신, 윤희순, 남자현, 정정화, 박차정이 그들이다. 그나마 정정화 여사와 남자현 여사는 대중에게 조금은 알려진 인물이다. 정정화 여사는 독립군자금 모금을 위해 수차례 국내에 잠입했던 항일독립지사이다. 임시정부를 뒷바라지한 독립운동가의 어머니로 『장강일기長江日記』를 남긴 분이다. 남자현 여사는 영화 〈암살〉의 저격수 안옥윤(배우 전지현)의 모델로 매스컴을 탔던 열혈 투사이다. 그렇지만 다른 독립운동가들은 전문가나 역사 교사가 아니면 무척 생경한 인물들이다. 동풍신은 3·1 만세운동 당시 함경북도 명천 시위를 주도한 항일지사이고 윤희순은 최초의 여성 의병장이다.

　박재혁, 최수봉, 박차정은 모두 의열단 단원들이다. 그들의 공통점은 불꽃처럼 살다가 짧은 생을 민족해방에 바쳤다는 사실이다. 박재혁은 의열단 제1차 암살·파괴계획(1920)이 변절자의 밀고로 실패하자 부산경찰서장을 폭살시킨 인물이다. 당시 거사에 참여한 의열단원 대부분이 피검된 장소가 부산경찰서였다. 그리하여 의열단 동지들이 받앞을 악형과 수모를 되갚아 주기 위해 하시모토 경찰서장을 현장에서 준열히 꾸짖고 폭살시켰다. 선혈이 낭자한 폭살 현장에서 중상을 입고 체포된 박재혁은 일제가 주는 물과 음식을 일절 거부한다. 그리하여 물 한 모금 밥 한 술 뜨지 않은 채 그대로 곡기를 끊고 절명한다. 박재혁 열사가 순국할 당시 나이는 26살이었다.

피 묻은 속적삼과 함께 돌아온 여전사의 유해

부산경찰서장을 폭살시킨 지 3달 뒤엔 밀양경찰서에 또다시 폭탄 투척 사건이 발생한다. 최수봉은 의열단 동지들을 고문한 일제 경찰과 제국주의 일본을 응징하기 위해 폭탄을 던진다. 그러나 살상에 실패한 채 일경에 체포돼 27살에 대구형무소에서 처형된다. 최수봉은 1심 재판 당시 검사의 사형구형에 '좋소'라고 웃으며 담대했던 인물이다. 검사의 사형구형에도 1심에서 무기징역이 선고되자 일본인 검사는 불복하여 항소한다. 항소심 일본인 판사의 사형언도에 최수봉은 미소를 지으며 의열단의 기개를 잃지 않았다. 제국주의 일제 타도, 민족해방을 위한 장도에서 대의를 위해 죽음조차 두려워하지 않는 열혈 청년들의 기개에 탄복하지 않을 수 없다.

박차정 역시 조선의용대 대원이자 부녀복무단장으로서 일본군과의 교전 도중 어깨에 총상을 입고 부상 후유증으로 순국한다. 전장에서 입은 총상을 제대로 치료받지 못한 채 계속 근거지를 이동하다가 상처가 악화되면서 마지막 귀착지인 충칭에서 순국한다. 해방 1년을 앞두고 유명을 달리한 박차정의 나이는 34살이었다. 그러나 일제가 패망

'밀양 의열 거리'에 붙은 김원봉·박차정 열사. 박차정은 광주학생운동 당시 서울 시위를 주도한 항일독립운동가이자 의열단, 조선의용대 항일 여전사로 한 손엔 메가폰, 다른 한 손엔 총을 들고 적진 깊숙이 선무공작을 수행한 인물이다. (출처: 하성환)

한 지 50년이 지난 1995년에 가서야 박차정에게 훈장이 추서된다. 유관순이 받은 훈장인 건국훈장 독립장으로 여성 독립운동가로서는 유관순에 이어 두 번째이다. 그만큼 박차정의 삶은 불꽃처럼 치열했다.

광복되던 해에 약산 김원봉은 아내 박차정의 유해와 피 묻은 속적삼을 지닌 채 환국한다. 밀양 출신 의열단장 김원봉은 조국의 영웅으로 추앙받으며 밀양시민의 열렬한 환대를 받는다. 그러나 약산은 마음속으로 울고 있었다. 머나먼 이국땅에서 일본군과 전투 중 입은 아내의 총상을 제대로 치료해 주지 못한 것에 대한 통한의 눈물이었다. 약산은 자신의 고향 밀양군 부북면 감전리 뒷산에 아내의 유골을 묻으며 통곡했다. 1945년 12월 어느 날이었다. 유해가 안장되던 그 순간 약산의 얼굴은 슬픔으로 가득했다. 유해 안장 후 핏덩이가 말라붙은 속적삼을 갖고 약산은 아내 박차정의 고향 부산을 찾았다. 5남매의 막내이자 박차정의 바로 아래 동생인 박문하에게 속적삼을 고이 건

넀다.

한국사 교과서에 실려 있지 않은 박차정은 과연 누구일까? 보통 사람들에겐 망각의 인물이다. 역사를 공부한 사람들에겐 의열단장 약산 김원봉의 아내로 기억한다. 그러나 그보다 식민지 시절 여성해방과 민족해방을 위해 자신의 삶을 불꽃처럼 불살랐던 인물로 우리는 박차정의 삶을 복기하고자 한다. 1930년대 들어 일제의 만주 침공과 무솔리니, 히틀러, 프랑코 등 파시스트 세력이 전 세계적으로 확산된다.

따라서 중국 관내 항일 독립운동세력도 그즈음 통일전선체 결성에 머리를 맞댄다. 김원봉의 의열단을 중심으로 한국독립당, 조선혁명당, 대한독립당, 신한독립당이 통합돼 1935년 7월 조선민족혁명당(약칭 민혁당)이 결성된다. 당시 박차정은 민혁당 부녀부 주임 겸 서기부장으로서 이청천의 부인 이성실과 함께 남경조선부녀회를 조직한다. 박차정은 남경조선부녀회 성명서를 통해 "조선의 여성해방이 봉건적 속박으로부터 벗어나기 위해서 제국주의 일본을 타도해야 한다"고 역설한다. 그리하여 "조선의 혁명은 일본 제국주의 타도를 통해 정치, 경제, 사회 각 방면에서 진정한 자유와 평등의 해방이 되어야 한다"고 강조한다. 그러할 때 조선 여성의 진정한 해방이 가능하다고 천명한다.

여성해방과 민족해방에 바친 삶

박차정은 나라가 망하던 해인 1910년 부산 동래에서 태어났다. 아버지 박용한은 개화기 지식인으로 신식 근대문물을 접한 항일 우국지사였다. 보성전문학교를 졸업한 후 대한제국 탁지부 소속 주임 측량

기사였다. 그러나 일제의 토지조사사업 등 식민지 수탈정책이 가속화하자 자신이 하던 일에 심각한 회의를 품게 된다. 더구나 조선 민중들의 싸늘한 눈초리 속에 측량기사로서 하던 일을 중단한다. 아버지 박용한은 3·1운동이 일어나기 1년 전에 유서 한 통을 남기고 자결한다. 망국의 슬픔과 일제의 식민통치에 비분강개한 나머지 죽음으로써 항거한 것이다. 1918년 1월 아버지의 죽음은 8살 어린 박차정에게 크나큰 충격이었다. 무엇보다 17살 큰오빠 박문희가 받은 충격은 상상을 초월했다. 독립운동가 박문희의 신학교 진학에는 그런 가족사의 아픔이 배어 있다.

어머니 김맹련 여사 역시 남편의 죽음으로 인한 충격에도 불구하고 5남매를 강하게 키웠다. 삯바느질로 생계를 어렵게 이으며 항일독립운동가 집안의 지조와 정신을 잃지 않았다. 김맹련의 고종사촌 동생이 백연 김두봉이다. 주시경의 수제자로서 한글학자이자 김일성대학 초대 학장을 지낸 분이다. 1940년대 초 항일정치단체인 조선독립동맹 의장이자 해방 후 북한 임시인민위원회 위원장으로 개혁을 이끌었던 인물이다.

김원봉과 의형제를 맺은 약수 김두전은 6촌 동생이고 모두 부산 동래 출신들이다. 따라서 김두봉은 박차정에게 외당숙이고 김약수는 외재종숙인 셈이다. 박차정의 외가 쪽 가계가 항일운동가 집안으로 어린 시절 박차정에게 민족의식으로서 항일의식을 자연스럽게 심어 주었음을 추정할 수 있다. 1924년 14살의 박차정이 조선소년동맹 동래지부에 가입하여 활동한 것은 그런 영향이 컸다고 볼 수 있다.

친가 쪽도 마찬가지다. 부산, 동래지역 청년운동, 사회운동, 노동운동의 이론가이자 실천적 지도자였던 박공표(일명 박일형) 역시 박차정에게 숙부로서 친척이었다. 박차정에게 정신적으로 영향을 미친 박일형은 당시 부산, 기장, 동래지역을 대표하는 사회주의 이론가였다. 20살 박차정에게 변증법적 유물론 등 사회주의 사상을 소개했던 실천적인 항일투사로 박차정에겐 사회·민족운동의 귀감이 되었다.

박차정이 부산, 경남지역 항일민족교육의 중추이자 요람인 일신여학교를 졸업한 것은 1929년 3월이다. 일신여학교는 부산 경남지역 최초의 근대 여성 교육 기관이자 해방 직전까지 부산 경남지역 최고의 여학교였다. 일신日新, Daily-New이라는 이름은 '매일 날마다 새로워진다'는 의미이다. 개화기 여성 교육이 홀대받던 시절 여성들도 교육을 받고 나날이 새로운 삶을 살아갈 수 있다는 신념에서 호주 여성 선교사 멘지스B. Menzies가 1895년 설립한 학교이다.

1893년 3명으로 시작한 고아 소녀들이 1895년 13명으로 늘어나자 호주 여선교사들은 부산시 동구 좌천동에 소학교 과정의 학교를 설립했다. 3년 과정의 부산진 일신여학교의 출발은 그렇게 시작되었다. 1909년 총독부 학부의 허가를 받아 3개년의 고등과가 개설되었고, 1925년에는 동래 일신여학교로 이전했다. 따라서 박차정은 동래 일신여학교를 졸업한 것이다. 일신여학교 스트라이크, 바로 맹휴 사건에는 항상 박차정이 있었을 정도로 맹휴 사건과 박차정은 떼려야 뗄 수 없는 중심인물이었다.

1929년 3월 박차정은 일신여학교 고등과를 우등으로 졸업한다. 4회 졸업생 21명 중 우수한 성적을 거둔 것이다. 졸업 직후 박차정은 숙부 박일형의 권유로 동래청년동맹 집행위원, 동래노동조합 조합원, 신간회 및 근우회 동래지회 회원으로 가입하여 열정적으로 활약한다. 특히 1929년 5월 경북지방에 심각한 가뭄 재해가 발생하자 신간회 동래지회와 근우회 동래지회, 그리고 동래청년동맹과 동래노동조합 등 4개 단체로 경북기근구제회가 발족된다. 여기서 박일형은 서무 업무를 맡고 박차정은 재무 업무를 전담할 정도로 졸업 후 박차정은 곧바로 사회활동에 성큼 뛰어들었다.

언니는 이 소리 듣지 못하고 어디 갔을까!

1929년 6월 근우회 제2기 대의원대회에서 근우회 전형위원, 중앙집행위원, 중앙상무위원으로 선임돼 근우회 본부의 핵심 인물로 급부상한다. 근우회 2기는 사회주의 여성들이 주도권을 잡은 시기이자 지회의 영향력이 절대적으로 확장된 시기였다. 박차정은 부산, 동래지회에서 맹활약한 활동 경력에 힘입어 근우회 중앙집행위원으로 선출된 것이다. 그리고 근우회 본부에서 조직선전부와 출판부 업무를 담당하면서 활동무대를 서울로 옮긴다.

어린 시절 박차정에게 정신적으로 가장 큰 영향을 미쳤던 인물은 큰오빠 박문희이다. 박문희는 일본 유학 후 부산 동래 지역 민족운동의 핵심 인물로 등장한다. 박문희는 기독교 민족주의자로서 항일운동에 매진한다. 1927년 민족협동전선체인 신간회 본부 중앙집행위원을 역임할 정도였다. 박문희는 의열단 국내 비선책으로 활동하기도 한다. 일제의 감시를 피해 몰래 중국으로 가서 의열단장인 매제 김원봉과 여동생 박차정을 만나고 돌아온다. 그리고 1932년 의열단이 세운 의열단 군관학교인 조선혁명군사정치간부학교(난징 근교) 입교생 모집에 적극적으로 참여한다. 부산지역 청년운동과 노동운동가 5명을 의열단

군관학교인 조선혁명군사정치간부학교로 입교시킨 인물이다. 이 일로 박문희는 1934년 1월, 일경에 체포돼 징역 2년을 선고받고 감옥생활을 한다.

박차정의 삶과 투쟁에서 가장 큰 전환점을 갖게 한 인물이 세 살 많은 둘째 오빠 박문호이다. 박문호는 의열단원으로서 서대문경찰서와 서대문형무소에서 극악한 고문을 받고 27살에 순국한 항일투사이다. 일찍이 중국 베이징에서 조선공산당 재건 동맹과 부설교육기관인 레닌주의 정치학교에 깊숙이 관련된 인물이기도 하다. 박차정은 박문호의 권유로 1930년 3월경 중국 망명을 기획한다. 박차정이 의열단에 입단하고 의열단 의백 김원봉과 결혼하게 된 계기에는 둘째 오빠 박문호의 영향이 절대적이었다.

박차정은 어린 시절 항일의식을 작품으로 표현해 교지에 실은 적이 있다. 일신여학교 교지 『일신日新』 제2집에 실려 있는 「철야徹夜」라는 단편소설이 바로 그것이다. 이 작품은 독립투사인 아버지가 감옥에서 죽은 이후 주인공 남매가 경제적 빈곤과 사회적 냉대 속에서도 추운 겨울 밤을 이겨 낸다는 내용이다. 작품 내용 가운데 등록금을 내지 못한 남동생이 풀이 죽은 채 이불 속에서 읊조리는 대사가 나온다. "내일까지 등록금 안 내면 담임 선생님이 퇴학시킨대…." 이는 민족이 처한 고난의 현실을 상징화한 작품으로 당시 박차정의 나이 15살 때였다. 자신의 어린 시절 고단한 생활을 민족의 고난과 연결 지은 자전적인 작품이다. 「철야」는 불굴의 항일 의지를 형상화한 작품으로 15살 박차정의 문학적 재능을 보여 주기에 부족함이 없다.

문학소녀로서 박차정의 문학적 감수성은 18살 때 쓴 작품 「개구리 소리」에서도 돋보였다. 언니 박수정이 사범학교를 나와 사천, 양산 등 경남지역 교사생활을 전전하다 젊은 나이에 병사한다. 박차정은 언니의 죽음 앞에 가눌 길 없는 슬픔을 시 한 편으로 승화시킨다. 1928년 일신여학교 교지에 남긴 「개구리 소리」가 바로 그 작품이다.

天宮에서 내다보는 한 조각 半月이 고요히 大地 위에 비칠 때 우리 집 뒤에 있는 논 가운데는 뭇 개구리 소리 맞춰 노래합니다. 이 소리 들을 때마다 내 記憶이 마음의 香爐에서 흘러넘쳐서 悲哀의 눈물이 떨어집니다. 未知의 나라로 떠나신 언니, 개구리 소리 듣기 좋아하더니 개구리는 노래하건만 언니는 이 소리 듣지 못하고 어디 갔을까!

젊은 나이에 홀연히 세상을 떠난 언니를 그리워하면서 쓴 시인데 문학적 감수성이 돋보인다.

무엇보다 박차정은 조직과 선전 활동에 뛰어난 자질을 간직했던 것 같다. 일신여학교 맹휴 당시 일경의 집요한 감시를 뚫고 야밤에 노파로 변장한 채 집집마다 방문하여 맹휴를 조직, 지도했던 유명한 일화가 있을 정도이다. 1929년 6월 근우회 2기 집행부 구성 당시 박차정이 중앙집행위원 겸 중앙상무위원 그리고 조직선전부장과 출판부장의 직책을 맡은 것도 그러한 능력을 인정받았기 때문이다. 1929년 11월 발생한 광주학생운동이 서울지역으로 시위가 확산되자 박차정은 적극 개입한다. 근우회 중앙집행위원 겸 상무위원으로서 1930년 1월에 발생한 서울지역 2차 학생시위(일명 근우회 사건)를 핵심적으로 지도한 배후 인물이었다.

당시 근우회 중앙지도부가 서울지역 학생시위에 대해 소극적인 태

2019년 3월 8일 광화문 광장에서 세계 여성의 날을 맞아 한국여성독립운동연구소가 주최한 여성 독립운동가 그림 전시회. (출처: 하성환)

도를 보이자 박차정은 허정숙과 함께 서울지역 학생시위를 직접 지도한다. 근우회 조직선전부장 박차정과 서무부장 허정숙은 서울지역 학생시위가 서울 전역으로 들불처럼 확산되도록 사전에 치밀하게 조직했다. 그리하여 두 사람은 "대중적 위력으로 민족적 항의를 보여 줌으로써 구속 학생을 석방하고 민족적 기치를 높이 들기 위해 시내 각 여학교의 시위를 적극적으로 지도하자"고 결의한다.

그리하여 박차정은 일신여학교 후배인 이화여고보 기독교학생회 회장 최복순을 비밀리에 만나 서울지역 2차 시위를 기획한다. 1930년 1월에 발생한 서울지역 2차 학생시위는 여학생이 중심이 되었다. 이날 시위에는 이화여고보 310명, 동덕여고보 190명, 배화여고보 200명, 경성여자상업학교 282명, 숙명여고보 406명, 정신여학교 93명 등 서울지역 11개 여학교 전교생이 대부분 참여했다. 이는 1929년 12월 서울지역 1차 학생시위가 남학생 중심이었던 것에 대한 깊은 반성의 결과였다.

일제 경찰은 서울지역 2차 시위의 배후로 박차정과 허정숙을 지목한다. 결국 근우회 본부 상부 지도층이 풀려났음에도 박차정과 허정숙은 보안법 위반으로 구금된다. 박차정은 서대문경찰서에서 경찰 신문을 받을 당시 임신 불능 상태가 될 정도로 극악한 고문과 악형을 받았다. 서대문경찰서에서 풀려났지만 한 달 동안 병자처럼 누워 지낼 수밖에 없을 정도로 몸이 심하게 상한 상태였다.

석방과 구금이 반복되면서 박차정은 요양 차 오빠 박문희의 집과 부산 동래를 오간다. 다시 동래에서 체포돼 서울로 압송되면서 박차정의 몸 상태는 20살 나이라고 믿기지 않을 정도로 피폐해진 상태였다. 그 와중에 박차정은 둘째 오빠 박문호가 보낸 의열단 관련자와 비밀리에 접촉하게 된다. 박차정은 일제의 집요한 감시와 사찰 속에 국내에서 민족운동의 한계를 절감하고 중국 망명을 기획한다.

울어도 소용없는 눈물 거두고
결의를 굳게 하여 모두 일어서라!

1930년 3월 어느 날 박차정은 급히 옷가지 몇 벌과 간단한 채비로 일경의 감시를 따돌리고 제물포항을 통해 중국 상하이 망명에 성공한다. 제물포항에서 인육시장으로 팔려 가는 여인들 틈에 끼어 상하이를 거쳐 베이징에 도착한다. 박차정은 외당숙 김두봉과 둘째 오빠 박문호의 열렬한 환영을 받는다. 그리고 곧바로 조선공산당 재건설 동맹 중앙부 위원으로 선임된다. 망명 전 국내에서 활동한 박차정의 항일 투쟁 전력을 높게 인정받았기 때문이다. 제국주의 식민통치 시절 박차정은 일제의 첩보망을 피하기 위해 박철애, 임철애, 임철산 등 가명을 사용했다.

철애는 박차정이 일신여학교 시절 썼던 단편소설 「철야」의 주인공 이름이다. 자전적 소설이라는 점에서 박차정 자신을 가리키는 이름이기도 하다.

중국 항일전선에서 박차정은 한동안 와병 중이었다. 조선공산당 재건 동맹 부설학교인 '레닌주의 정치학교' 일을 도와주는 것 이외에 박차정은 1930~1931년 사이에 뚜렷한 행적이 없다. 고문의 후유증을 앓고 있었거나 심각한 상태는 아닐지라도 와병 중이었음은 분명하다. 1930년 2월 서대문경찰서에 피검돼 받은 고문의 악형 때문이었다. 석방 후 한 달 동안 누워 지낼 정도였다.

이러한 사실은 의열단 군관학교 출신으로 상해에서 공작을 벌이다 체포된 의열단 상해파견 책임자 김공신의 경찰신문조서에서 확인된다. 김공신은 1934년 8월 20일경 남경으로 가서 김원봉을 만나 상해 상황을 공식 보고한다. 그리고 와병 중이던 박차정의 간병을 며칠간 맡으며 남경에 머물렀다는 경찰 신문조서가 그러하다. 당시 경찰신문조서를 그대로 믿을 수 없다는 점을 감안하더라도 박차정의 모친이 직접 상해를 방문하여 김공신의 도움으로 와병 중이던 박차정을 만나는 극적이고도 감격스러운 장면이 매우 사실적으로 묘사돼 있기 때문이다.

중국으로 망명한 지 1년이 지난 1931년 3월 박차정은 베이징에서 의열단장 김원봉과 결혼한다. 이후 박차정은 건강이 허락되는 한, 남편 김원봉과 혁명사업을 함께했다. 김원봉이 1932년 중국 장제스 국민당 정부의 지원을 받아 세운 조선혁명군사정치간부학교에서 제1기 여자부 교관으로 여성 독립군의 정치교양과 군사훈련을 담당했다. 당시 박차정은 임철애라는 가명으로 여성 독립군을 양성했는데 조선혁명군 사정치간부학교 교가도 작사했다. 다음은 조선혁명군사정치간부학교 교가의 일부이다.

조선에서 자란 소년들이여! 가슴이 피 용솟음치는 동포여!
울어도 소용없는 눈물 거두고 결의를 굳게 하여 모두 일어서라!
한을 지우고 성스러운 싸움으로 필승의 의기가 여기에서 뜬다.

1937년 일본 제국주의가 중국 본토에 대한 침략을 시작하면서 중일전쟁이 발발한다. 제2차 국공합작과 함께 중국 관내 항일운동단체의 통일전선체 결성 움직임 또한 활발하게 전개된다. 조선민족혁명당은 '조선민족해방운동자동맹'(김성숙), '조선혁명자연맹'(류자명)과 연대하여 1937년 12월 한구에서 '조선민족전선연맹'을 결성한다. 박차정은 한구에서 개최된 만국부녀대회에 한국 대표로 참석한다. 그리고 임시정부 특사로 중국국민협회에 파견되어 라디오 선전활동을 수행한다. 라디오 선전활동은 '일제의 제국주의 전쟁이 동아시아 평화를 깨뜨리는 만큼 민족협동전선의 강화와 한중연합에 의한 항일 역량의 집중, 그리고 중국, 일본, 조선의 민중이 단결하여 국제적 반일세력과의 연대를 강화하자'는 내용이었다.

1937년 중일전쟁 이후 일제가 난징을 함락하자 김원봉의 조선민족전선연맹은 무한으로 옮겨 군대를 창설한다. 역사적인 조선의용대의 창설로 중국 관내 최초의 항일무장 군사조직이 탄생한다. 1940년 창설된 중경 임시정부 산하 한국광복군보다 2년 앞선 1938년 10월 10일에 창건되었다. 조선의용대가 창설되자 박차정은 조선의용대 부녀복무단장을 맡아 여성대원 모집과 여성대원 교육을 전담한다.

당시 박차정이 지휘, 통솔했던 조선의용대 부녀복무단 소속 여성대원은 22명이었다. 박차정은 조선의용대 각 지대를 지원 방문하여 물품조달과 함께 대원들의 사기를 진작시켰다. 일제와의 전투에서 박차정은 항상 총검과 확성기를 손에 쥐고 선봉에 섰다. 민족해방전쟁의 도상에서 자신에게 엄격했지만 대원들을 친동생처럼 그리고 때론 친언니처럼 따뜻하고 자상하게 돌보았다.『20세기 신화』,『해란강은 말하라』,『격정시대』를 쓴 '최후의 분대장' 김학철은 조선의용대 시절을 회상하며 박차정의 인간적인 면모를 떠올렸다.

들꽃과 같은 삶을 선택한 독립운동가를 기리며

해방된 지 50년이 지나서야 박차정에게 뒤늦게 건국훈장 독립장이 추서되었다. 여성 독립운동가로서는 유관순 열사에 이어 두 번째이다. 그렇게 된 연유에는 민족 분단이라는 정치 환경이 그동안 사회주의계열 독립운동가를 독립유공자로 포상하는 데 인색했기 때문이다. 무엇보다 박차정의 남편 약산 김원봉이 걸출한 독립운동가임에도 북을 선택한 월북자라는 딱지가 작용한 때문이다.

해방된 지 50년 되던 해인 1995년 박차정은 조선의용대 항일 여전사로 세상에 알려지기 시작했다. 2001년 3월 부산시 금정구 만남의 광장(동래여고 옆)에 박차정 열사의 동상이 세워졌다. 2005년 7월엔 동래구 칠산동에 박차정 열사의 생가가 복원되었다. 2008년엔 부산 동래문화회관에서 〈항일 여성 독립운동가 뮤지컬 박차정〉이 공연되었다. 2010년은 박차정 열사 탄생 100주년이 되는 해였다.

'박차정 의사 숭모회'에서는 대대적인 기념행사를 계획했지만 부산시와 금정구청의 관심 부족과 예산 문제로 공식적인 추모행사도 없이 흐지부지 지나가 버렸다. 2008년부터 추진된 박차정 의사 기념관 건립 공사 역시 70억 원에 달하는 공사비를 마련하지 못해 진척이 없다. 박차정 열사의 조카 박의영 목사(72세, 부산 가나안 교회 목사)는 고모인 박차정 열사를 "조국 광복을 위해 자신의 행복보다는 거친 들꽃과 같은 삶을 선택한 항일 여전사였다"고 회고했다. 그나마 2018년 4월 보훈청은 박차정 의사 생가를 현충시설로 지정했다는 소식이다. 불행 중 다행이 아닐 수 없다. 2020년은 박차정 열사 탄생 110주년 되는 해이다. 박차정 열사를 기리는 기념학술대회나 기념관 건립 정도는 있어야 부끄럽지 않을 것 같다.

'딸깍발이' 선비 이희승에 대한 비판적 시각

_일석(一石) 이희승을 바라보는 또 하나의 눈

감격할 일이다. 정음 반포 493년 되는 지난해(필자 주: 1938년) 7월 비로소 숨은 독학자 청람 문세영 씨의 10년 연한의 결정으로써 우리로서는 처음 가져 보는 역사적인 대저가 세상에 나왔으니 그는 곧 조선어사전이다. (중략) 조선어사전 초판 1천 부가 나온 지 불과 순일에 다 없어지고 다시 재판이 세상에 나오게 되었으니… (중략) 10만여의 어휘로 엮어진 범 1천7백여 페이지의 거대한 저술 그것이 개인의 힘으로 이루어졌다는 것부터 놀랄 일이 아닐 수 없다. (중략) 중학 시절부터 조선말에 대한 관심이 컸으나 어디 하나 책으로 밝혀 준 것이 없음에 은연히 발분하여 동양대학 시대부터 이것을 이루어 보겠다는 결심을 굳게 하여 한 가지 두 가지 어휘를 모으기 시작한 것이… (중략) 배재고보 교편까지 버리고 재산 전부를 팔아서 은행에 넣고 감 꼬지 빼어 먹듯하며 3년을 작정하고 들어앉아서는 하루 평균 4시간의 수면으로 제때에 못 먹고 오로지 일심 정력으로 다해야 한다는 것이 예정의 시일을 넘어 범 5년이 걸리어 끝났으나 누구 하나 선뜻 나서서 출판해 줄 이가 없어 2중의 고난을 당했다. (중략) 우리도 조선말사전을 갖게 되었다는 것부터가 감격하지 않을 수 없으며 이 기쁨을 얻기 위하여 10년 동안 고난의 길을 밟아 온 저자에게 우리는 무한한 경의를 표하지 않을 수 없다.

1939년 1월 1일 자 동아일보 15면에 실린 한글학자 문세영과의 대담이다.

하루 4시간만 자고 밥도 제때 먹질 못한 채 꼬박 5년이 걸려 사전을 만들었다는 것이다. 그것도 단 두 평 되는 마루에서 열 몇 시간씩 쪼그리고 앉아 우리말로 풀이를 단 『조선어사전』을 만든 것이다. 문세영의 『조선어사전』은 최초의 우리말 사전으로 사전 편찬사에 길이 남을 빛나는 업적이다. 문세영은 우리말로 된 사전 편찬을 위해 안정된 직장 배재고보와 근화학교 교사도 사직했다. 그리고 전 재산을 은행에 넣어 두고 감 꼬지 빼어 먹듯 하며 두 평 마루에 앉은뱅이책상을 놓고 5년을 고군분투한 것이다. 1928년 근화학교를 사직하고 1929년부터 사전 편찬에 몰두했으니 1938년 발간까지 10년이 넘게 걸렸다. 실제로 문세영이 사전 편찬을 마음먹고 우리말을 카드에 적어 닥치는 대로 낱말을 수집하기 시작한 것은 일본 유학 시절부터였다. 1917년 도쿄 동양대학에 입학해 1921년에 졸업했으니 문세영의 사전 편찬 기간은 적게 잡아도 20년이 넘게 걸린 셈이다.

한글학자 문세영의 『조선어사전』

조선어사전 편찬 작업을 본격적으로 시작한 것은 1928년 근화학교를 사직하고 1929년부터였다. 매일 열 몇 시간씩 앉은뱅이책상에 쪼그리고 앉아 우리말 낱말 카드를 만들고 어휘를 주해했다. 그렇게 고생해서 작업을 하다 보니 사전 편찬 작업을 시작한 지 4년째 되던 1932년에는 왼쪽 넓적다리에 마비 증세가 왔다. 문세영은 일을 할 수 없어서 반 년 동안 병석에 누워 지내며 한방 치료를 받았다고 한다. 그런 초인적인 고행 속에 10만 어휘가 넘는 『조선어사전』의 1차 원고를 1936년에 완성할 수 있었다.

이후 문세영은 자신이 회원으로 있던 조선어학회에 출간을 문의했으나 어떤 이유에서인지 거절당한다. 그러자 조선어학회 핵심 간부였던 환산 이윤재가 문세영의 『조선어사전』 초고를 일일이 교정하며 세심하게 지도해 주었다. 그 일은 환산 이윤재가 수양동우회 사건으로 피검돼 옥고를 치르기 직전인 1937년 6월까지 이루어졌다. 문세영의 『조선어사전』 초고가 나온 1936년부터 수양동우회 사건으로 체포되기 직전인 1937년 6월까지 이윤재의 도움을 받은 것이다. 당시 가까운 거리에서 문세영과 이윤재 간 토론 과정을 지켜보았던 조선어학회 사전 편찬원은 두 사람의 토론 과정이 진지하기 그지없었다고 증언했다.

문세영의 『조선어사전』(1938)은 해방 후 이윤재의 『표준 조선말 사전』(1947)과 함께 경쟁하면서 1950년대까지 우리말을 대표하는 국어사전이었다. 그러나 1957년 이희승의 문세영에 대한 비판이 나오면서 상황은 달라진다. 이희승의 문세영 비판은 한글학회와의 대립, 긴장관계 속에서 나온 것이다. 주시경 선생의 뜻을 이어받은 외솔 최현배 선생의 한글전용에 맞서서 일석一石 이희승은 국한혼용을 주장했기 때문이다. 거기엔 주시경 학파의 언어민족주의 대 경성제대-서울대로 이어지는 관학아카데미즘의 직접적 충돌이 있었다. 그리고 국어학계 학문 권력을 둘러싼 경성제대-서울대로 이어지는 '과학적' 국어학의 반격이 존재했다. 그런 배경에서 이희승은 1957년 작심하고 문세영의 『조선어사전』을 비난한 것이다. 이미 수집한 이윤재의 어휘 카드를 문세영이 빼돌려서 만들었다는 이희승의 주장이다. 이는 문세영의 인격에 대한 직설적 공격이었다.

언어민족주의 대 관학아카데미즘

한글학회의 『큰 사전』 발간을 앞두고 이희승은 한글학회에 대항하기 위해 1년 전인 1956년부터 사전 편찬에 들어갔다. 그리하여 1961년 이희승의 『국어대사전』(1961)이 출간되면서 상황은 180도 달라진다. 1950년대까지 여러 판을 거듭하며 인기가 있었던 문세영의 사전은 서서히 퇴색되어 갔다. 그리고 오늘날 대중의 기억 속에서 문세영은 완전히 사라졌다. 바로 이희승의 문세영 비판이 가져온 결과이다. 이희승의 문세영 비판은 문세영의 『조선어사전』이 지닌 역사적 의미를 퇴색시키는 데 결정적으로 작용한 것이다. 이희승이 1957년과 1976년 두 번에 걸쳐 문세영을 비판한 내용의 핵심은 이렇다. 문세영이 만든 『조선어사전』은 실제로 '이윤재의 어휘 카드를 도용하거나 훔친 것'이라는 주장이다. 그리고 이윤재가 문세영의 사전 편찬과 관련하여 크게 분노했다는 주장이다.

1957년 이희승이 이런 주장을 했을 당시 그는 서울대 국문학과 교수이자 서울대 문리대 학장 신분이었다. 무엇보다 1957년은 한글학회에서 숙원 사업이던 『큰 사전』 6권을 완간한 해이기도 하다. 이희승

자신과 대립, 긴장 관계에 있던 한글학회가『큰 사전』발간을 눈앞에
두고 있을 때 이희승은 100명이 넘는 인력의 도움으로 1956년『국어
대사전』편찬 작업에 들어간다. 그리고 1961년에 25만 어휘의『국어
대사전』을 출간한 것이다. 이는 11만 어휘를 수록한 문세영의『조선어
사전』과 16만 어휘를 담은 한글학회의『큰 사전』을 뛰어넘는 것이다.
이희승의 문세영 비판은 그런 대결과 흐름 속에서 나온 비상식적이고
근거 없는 발언이었다.

이희승의『국어대사전』은 일본 국어사전을 베낀 것이라는 이야기
도 있다. 또한 불필요한 한자어와 외국어를 대거 수록한 결과라는 비
판도 컸다. 흔히 국어 교사들이 우리말의 70%는 한자어라는 속설의
시발점이 바로 이희승의『국어대사전』에서 비롯되기 때문이다. 실제로
이희승의『국어대사전』은 한자어를 70% 이상 수록할 정도로 한자어
를 대거 집어넣었다. 이는 이후 국한혼용, 바로 한자 섞어 쓰기 운동의
주된 근거로 작용했다. 2015년 초등 교과서 한자병기를 주장하며 교
과서 국한혼용을 강조했던 실체가 이희승, 이숭녕 등 경성제대-서울대
로 이어지는 학문적 후예들이다.

이희승은 왜 문세영을 비난했을까?

이희승의 '딸깍발이 선비상'과 경성제대-서울대로 이어지는 관학아
카데미즘, 바로 '과학적' 국어학을 분석적으로 비판해 온 김영환 교수
(부경대)의 연구 논문들에 따르면 이런 이야기도 나온다. 수록 어휘
수를 늘리기 위해 이희승의『국어대사전』에는 한자숙어도 올렸다. 심

'딸깍발이 선비'로 알려진 일석 이희승. 이희승은 해방 후 관학 아카데미즘과 언어민족주의 등 국어학계의 분열을 가져온 장본 인이다. (출처: 위키백과)

지어 '언행군자지추기言行君子之樞機' 같은 한문마저 올렸는가 하면 '예스, 굿 모닝, 고잉 마이 웨이' 같은 외국어도 수록했다. 외래어와 외국어의 구별 자체를 허물어 버린 것이다. 한마디로 1957년 한글학회 가 완간한 『큰 사전』과 대결하기 위해 이 희승은 감정적인 집념으로 『국어대사전』 을 만들었다는 것이다.

이런 배경에서 이희승은 당시까지 판 을 거듭하며 인기가 높았던 문세영의 『조 선어사전』을 비난한 것이다. 문세영 연구 의 독보적 권위자인 박용규 교수(고려대 한국사연구소)는 그런 이희승 의 근거 없는 문세영 비판을 실증적인 사료들을 제시하며 조목조목 비판했다.

그러면 이희승은 왜 문세영을 인격적으로 비난하는 발언을 작심하 고 감행했을까? 그 배경에 주목할 필요가 있다. 1938년에 『조선어사전』 이 발간되었는데 20년 가까이 흐른 뒤에 왜 문세영의 인격에 치명적인 발언을 도발적으로 시도했을까? 박용규 교수의 『조선어학회 33인』과 『조선어학회 항일투쟁사』에 따르면 1957년은 문세영이 이미 사망한 지 5년이 지난 시점이다. 이윤재 역시 일제강점기 조선어학회 사건 당 시 고문으로 옥사했다. 이윤재의 『표준 조선말 사전』(1947)은 유고작으 로 조선어학회 회원이자 이윤재의 사위인 김병제가 출간한 것이다. 따 라서 1957년은 피해 당사자들이 존재하지 않는 시점이다. 그런 상황 에서 가해자인 이희승은 없는 이야기를 지어내 문세영의 인격을 공격한 것이다. 이희승이 그렇게 행동하게 된 근원적 동기는 무엇일까? 그 것은 일제강점기 시절부터 존재해 왔던 주시경 학파의 '언어민족주의' 대 경성제대-서울대로 이어지는 '과학적' 국어학의 대결이다.

주시경 학파의 언어민족주의는 언어와 민족을 한 몸으로 보는 언어-민족 일체관이다. 근대 제국주의 침략 시기인 19세기 말 주시경은 한자 세계를 한글세계로 바꾸는 혁명적 변화를 시도했다. 중국 글자인 한자 와 한문을 통해 조선 사회를 지배해 온 봉건 사대부 계층의 지배언어 를 폐기하는 것을 넘어서서 한문망국론을 주장한다. 19세기 식민지로 전락할 위기 속에서 당대의 선각자들은 하나같이 한문망국론을 주장 했다. 주시경이 교정을 본 독립협회 기관지『독립신문』1897년 8월 5일 자에는 다음과 같은 논설이 실려 있다.

> 백 배나 나은 조선 글을 내버리고 어렵고 세상에 경계 없이 만든 청국 글을 기어이 배워 그 글을 숭상하기를 좋아하니 대단 히 우습고 개탄할 일이라 (중략) 조선에서 사람들이 한문 글자를 가지고 통정하기를 장구히 할 것 같으면 독립하는 생각은 없어질 듯하더라.

단재 신채호 선생 역시 당대 지배계층의 언어인 한자, 한문망국론 을 주장한다. "공자의 조선만 있고 조선의 공자는 없다"며 개탄한 것 이다. 즉 조선의 성리학이 폐쇄적인 지배계층의 사고체계이자 비주체 적인 학문임을 통렬히 비판한다. 그리하여 우리 민족이 위기에 빠진 것이 편리한 우리말과 글을 버리고 한문을 숭상한 폐단에서 비롯되었 다고 강조한다. 따라서 19세기 말 식민지로 전락하는 풍전등화의 위기

속에서 당대의 선각자들은 우리 역사, 우리말과 글에 대한 연구와 보급에 심혈을 기울였다. 주시경 선생은 '주보따리'로 불릴 정도로 항상 국어책이 가득 담긴 보따리를 옆에 끼고 분주히 한글 보급에 앞장섰다. 지방 출장도 마다하지 않았다. 나랏말, 즉 민족어인 '우리 한글이 쇠락하면 나라가 망한다'고 역설하면서 밤낮으로 한글을 연구하고 널리 보급했다. 이러한 한힌샘 주시경의 뜻을 제대로 이어받은 수제자가 북쪽엔 히못 김두봉 선생이고 남쪽엔 외솔 최현배 선생이다.

한글학자들의 피어린 투쟁

남산 자락에 위치한 상동감리교회 내 조선어강습원 출신들인 김두봉, 최현배, 김윤경, 권덕규 등은 방학을 맞아 한글강습에 여념이 없었다. 모두 다 스승인 주시경 선생의 뜻, 바로 언어-민족 일체관을 받든 것이다. 외솔 최현배 선생은 우리말과 글 생활에서 평생을 '한글로만 쓰기'에 목이 쉬도록 외쳤던 분이다. 창씨개명과 조선어학회 활동 탄압에 항거하다 통분 끝에 자결한 신명균 선생 역시 마찬가지다. 강도 같은 일본 제국주의 탄압 아래 우리말과 글을 지키기 위해 숱한 고난을 감내했던 것이다. 바로 그 결정판이 1942~1943년 조선어학회 사건이다. 특히 배재고보 제자인 김석묵(창씨 명 시바타)은 취조를 맡은 고등계 형사였는데, 스승인 이윤재를 고문할 때 '이 선생님', '이놈의 자식아!'라고 채찍과 몽둥이로 내리치면서 희롱을 일삼았다. 이윤재 선생은 6번의 물고문과 매일 무차별 구타를 당했다. 물고문, 비행기태우기, 화롯불에 달궈진 쇠젓가락으로 지지기, 펄펄 끓는 물 몸에 붓기,

추운 겨울날 얼음물 끼얹기 등 갖은 고문과 악형은 참혹하기가 상상을 초월했다. 결국 한징 선생과 이윤재 선생 두 분은 고문의 후유증으로 재판이 열리기도 전에 옥사한다.

해방이 되고 이틀째인 8월 17일 들것에 실려 나온 분은 일제강점기 조선어학회의 실질적 지도자인 고루 이극로 선생이다. 징역형을 6년으로 가장 세게 받았던 분이다. 다음으로 징역형을 세게 받은 분이 외솔 최현배 선생이다. 역시 8월 17일 함흥형무소에서 출감한다. 출감 직후 외솔 선생은 상한 몸을 돌보지도 연희전문학교로 돌아가지도 않았다. 오히려 한글전용과 한글 보급, 그리고 한글 교과서 편찬에 전심전력을 기울였다. 그리하여 미군정청 학무국 편수국장이 되어 일상적인 우리 말글 생활에 한글이 뿌리 내리도록 총력을 기울였다. 조선어학회 장지영, 이병기 등과 함께 한글 교과서 편찬에 심혈을 기울였던 것이다.

해방 직후 남과 북에서 한글세계로 문자세계가 통일되고 우리말글 생활이 하나로 통일된 것에는 주시경 학파의 언어민족주의 한글학자들의 피어린 수고의 결실이 있었기에 가능했다. 바로 김일성대학 초대 학장을 지내고 『조선말본』을 쓴 김두봉 선생, 이극로, 이만규, 정열모 등 주시경의 직계 제자 내지 한글전용에 온 힘을 기울였던 국어학자들이다. 남쪽 역시 주시경의 직계 제자인 최현배, 김윤경, 장지영 등이 한글전용을 부르짖었다. 일제강점기 '한글맞춤법 통일안'을 발표하고 '외국어 표기법', 조선어 표준어 사정 등 우리말과 글을 통일시키기 위한 수고의 결실이 오늘날 분단된 지 73년이 지나도록 남북이 같은 언어를 쓸 수 있게 된 것이다. 오롯이 주시경 학파의 한글학자들이 흘린 피와 땀의 결과물을 우리 후손들이 누리고 있는 것이다. 2018년 4·27 남북정상회담에서 처음 만난 두 정상이 통역 없이 의사소통을 자연스럽게 할 수 있었던 것은 모두 주시경 학파의 피어린 노력의 결실 때문임은 자명하다.

'과학적' 국어학의 실체

그렇다면 경성제대-서울대로 이어져 온 '과학적' 국어학은 어떤 모습일까? 이희승은 경성제대 조선어문학과 재학 당시 오구라 신페이의 제자였다. 오구라 신페이는 도쿄제대에서 근대 부르주아 언어학인 소쉬르의 일반언어학을 공부한 인물이다. 언어학자는 언어의 자료를 수집, 분석하여 그 특징을 비교하고 해석하는 사람이지 언어에 가치를 부여하여 언어생활을 창조하고 말글운동을 하는 자가 아니라는 주장이다. 소쉬르의 언어의 사회성을 강조하여 언어는 사회적 약속이기에 학자들이 우리말과 글을 만들어 내고 말 다듬기 운동을 하는 것은 학자 본연의 할 일이 아니라고 강조한다. 이희승 역시 자신에게 '은사', '좋은 스승'이었던 오구라 신페이의 학설을 그대로 신봉했다. 그리하여 간간이 주시경 학파, 특히 외솔 최현배 선생의 우리 토박이말 살리기나 외국어를 우리말로 만들어 내는 활동에 대해 비판한 적이 있다.

그럼에도 이희승은 일제강점기엔 최현배 선생과 직접적으로 대결하거나 긴장관계를 드러낸 적은 없다. 1930년 조선어학회 가입 당시 최현배의 권유로 가입했을 뿐 아니라 당시 조선어학회 회원 다수가 이희승의 가입을 싫어했음에도 최현배 선생의 도움이 컸던 것으로 생각된다. 해방 직후 조선어학회가 '한글전용 촉진회'를 만들었을 때도 이희승은 부회장을 역임했다. 그리고 한자를 점진적으로 폐지하고 한글전

'주시경 공원'에 있는 미국인 헐버트 기념상. 언어학자이자 선교사로
서 육영공원에서 영어를 가르치며 조선의 독립을 도왔던 헐버트는
'한글과 견줄 문자는 세상 어디에도 없다'고 극찬했다. (출처: 하성환)

용을 하자고 부르짖었다.

그러던 그가 1949년 우리말본(최현배), 국어문법(이희승) 파동을 겪으면서 밑으로부터 갈라서기 시작한 것이다. 이후 국회에서 통과된 한글전용법 폐기를 주장하고 한자 섞어 쓰기를 강조한다. 심지어 한글학회와 대립하는 '한국어문 교육연구회'를 만들어 19년 동안 회장을 역임한다. 그 '한국어문 교육연구회'를 중심으로 1984년 전두환 정권에 청원하여 학술원 산하 임의단체로 '국어연구소'를 설립한다.

이후에도 꾸준히 국어학계, 국어교육학계, 국문학계와 연대하면서 정치력을 발휘해 1991년 '국립국어연구원'(오늘날 국립국어원)을 설립한다. 한편으로 '한국어문 교육연구회'는 자매기관인 '한국어문회'를 1991년 설립한다. 초대 회장은 이희승의 제자이자 '한국어문 교육연구회' 회장 출신인 남광우가 맡았다. 한글전용 폐기 청원 및 관련 소송을 내는 등 한자 섞어 쓰기에 열광했다. 그리하여 『어문생활』, 『어문연구』, 『어문교육교재』 등 기관 매체들을 통해 '한자교육이 국어교육을 바로잡는 지름길'임을 지속적으로 강조하고 있다. 오늘날 한자능력검정시험을 주관하는 한 단체이기도 하다.

이희승의 '과학적' 국어학의 학풍은 일제강점기 오구라 신페이의 제국대학 식민관학의 학풍을 그대로 이어받은 것이다. 오구라 신페이의 언어학은 가치중립적인 학문을 지향한다. 언어학자는 언어를 새롭게 만들어 내거나 다듬는 존재가 아니라고 주장한다. 주어진 실증적인 언어 자료를 비교 분석해서 객관적으로 연구하는 중립적인 존재라는 것이다. 경성제대 출신들인 이희승, 방종현, 이숭녕, 조윤제 등이 모두 그러한 일제강점기 학문의 영향하에 놓인 인물들이다. 이는 마치 식민사학자 이병도가 와세다 대학 유학 시절 쓰다 소키치의 '삼국사기 초기 기록 불신론'을 정설로 받아들여 우리 역사학계에 식민사관을 널리 퍼뜨린 것과 대동소이하다.

우리 민족의 주체적 역사관을 부정하기 위해 만든 한사군 통치, 임나일본부설, 삼국사기 초기 기록 조작설 등을 마치 사실인 것처럼 주입함으로써 우리 민족의 타율적 역사관을 부각시킨 것이다. 이는 일제의 식민통치에 대한 저항을 정신적으로 마비시키기 위한 학문적 왜곡이자 고도의 식민통치술이 아닐 수 없다. 문제는 해방 이후에도 일제 식민 관학자들이 퍼뜨린 학설들을 정설로 받아들인다는 데 있다. '삼국사기 초기 기록 불신론'이 대표적이다.

그런 점에서 주시경 학파의 언어민족주의는 당대 한글학자들이 걸어갔던 올바른 길이다. 우리말과 글을 지킴으로써 우리 민족을 살리는 길이었음은 명약관화하다. 문제는 오늘날 국어학계 전반에서 이희승, 이숭녕의 관학아카데미즘이 학문 권력을 장악했다는 데 있다. 심지어 민족학회인 한글학회조차 한때 한글운동을 부정하며 국어학자들의 일개 학술단체로 전락하는 지경에까지 이른 적이 있다. 2015년 초등 교과서 한자병기 움직임은 한글학회의 반대 운동으로 좌절되었지만 이희승, 이숭녕의 '과학적' 국어학의 후예들이 도발한 반격으로 볼 수 있다. 국어학계 학문 권력에서 이희승의 '과학적' 국어학으로 기울어진 측면을 생각하면 '초등 교과서 한자병기' 움직임은 또다시 부활할 가능성이 크다. 추후에 이를 막아 내기가 쉽지 않다는 것이 '한자병기 반대 운동'이 처한 고민이자 위기 상황이다.

9.

밀양 출신 독립운동가들의
정신적 멘토, 황상규

_초대 의열단 단장을 찾아서

경북 안동지방은 한국독립운동의 메카이다. 나라가 망하자 가족과 함께 집단 망명을 단행해 신흥무관학교를 세우고 상해 임시정부 국무령을 지낸 석주 이상룡, 의열단 군관학교인 '조선혁명군사정치간부학교'를 졸업한 청포도의 시인 이육사, 일왕 폭살을 위해 동경 이중교에 폭탄을 던지고 체포돼 잔혹한 고문과 옥중 단식투쟁 끝에 순국한 의열단 김지섭, 영화 〈밀정〉의 소재가 된 의열단 제2차 암살·파괴계획(일명 황옥 경부사건)의 주인공 김시현은 모두 경북 안동 출신이다.

마찬가지로 경남 밀양은 경북 안동과 비견될 정도로 한국독립운동의 메카이다. 오늘날 화폐가치로 환산했을 때 200억~300억 원이라는 최고의 현상금이 내걸렸던 의열단장 김원봉, 시인 육사의 절친으로 민족혁명당의 정신적 지도자이자 조선의용대의 영혼 석정 윤세주, 밀양경찰서에 폭탄을 던지고 대구형무소에서 처형된 의열단 최수봉, 항일독립지사이자 대종교 3대 교주인 윤세복 모두 경남 밀양 출신이다. 밀양지역 항일민족주의 교육의 요람인 동화중학교 교장 전홍표를 비롯하여 의열단 창단의 핵심 인물인 황상규, 김대지, 윤치형, 김상윤, 한봉근, 한봉인 등 70명이 넘는 독립투사들이 모두 경남 밀양 출신들이다.

용감한 대중의 벗, 백민

더구나 우리나라 3대 아리랑 가운데 하나인 밀양아리랑은 진도아리랑, 정선아리랑과 달리 1930년대 '독립군아리랑'으로 애창되었다. 1940년대 한국광복군에겐 밀양아리랑이 '광복군아리랑'으로 애창되며 공식적인 3대 군가 중 하나가 되었다. 심지어 6·25전쟁기 밀양아리랑은 '파르티잔아리랑'으로 중공군 군가집에도 실릴 정도였다. 그만큼 밀양아리랑은 일제에 대한 저항과 독립의 의지를 드러낸 저항의 노래이자 민족성을 담은 노래로 불렸다. 밀양아리랑이 군가로서 애창된 이유 중에는 따라 부르기 쉬운 음악적인 요소도 있겠지만 무엇보다 중국 만주지역에서 투쟁한 항일독립투사들 가운데 밀양 출신들이 유독 많았기에 채택되었을 가능성이 크다 할 것이다. 실제로 1919년 11월 의열단 창단 멤버 13명 중에서 밀양 동화중학교 출신이 김원봉, 윤세주, 한봉근, 한봉인, 김상윤 등 5명에 이를 정도였다. 따라서 밀양을 한국독립운동의 성지로 부르는 데 이견을 다는 사람은 없다.

밀양 출신 독립운동가들은 셀 수 없이 많다. 그 가운데 백민 황상규를 망각 속에서 끄집어내어 오늘의 역사적 인물로 기억하고자 한다. 황상규는 밀양 출신 독립운동가들의 정신적 대부이자 정신적 지주이기 때문이다. 황상규의 삶을 가만히 추적하다 보면 놀라운 사실들을 발견하게 된다. 그것은 41세의 짧은 삶을 오롯이 민족독립운동에 바쳤다는 것과 일생을 항일투쟁과 독립의지로 견결하게 일관했다는 것이다. 나아가 널리 알려진 역사적 사건이나 유명한 독립운동단체에서 주요한 역할을 수행한 중심인물이라는 것이다. 비록 오늘의 역사책에 기록되지 않았고 대중의 기억 속에 잊힌 망각의 인물이지만 황상규의 삶과 죽음은 보는 이로 하여금 처연한 마음을 갖지 않을 수 없다. 대중의 벗으로 항일독립운동의 공적이 출중했으며 성격이 지극히 강직하고 용감했다. 삼국지 관우의 풍모를 닮았다고 별명이 관운장일 정도로 기개가 웅장했다.

　실제로 황상규는 의열단 제1차 암살·파괴계획(1920) 당시 30살의 나이로 젊은 의열단원들과 함께 몸소 국내로 잠입해 거사에 참여한다. 식민통치의 심장부인 조선총독부를 직접 폭파하겠다는 열정으로 20대 초중반 의열단원들과 행동을 같이한 것이다. 불행히도 황상규는 거사 며칠을 앞두고 경기도 경찰부 형사과장 김태석 경부에게 피검된다. 구영필 등 내부 밀고자와 대한민국 임시정부에서 7가살七可殺의 대상으로 지목해 처단하고자 했던 악질 친일 경찰 김태석의 촉수에 걸려든 때문이다. 조선인 고등계 형사들의 고문 과정은 상상을 초월했다. 1949년 반민특위 재판 당시 조선인 경찰 황옥은 김태석의 잔인함을 증언한 적이 있다. 황상규가 입을 열지 않자 혀를 3촌寸이나 잡아빼는 악형을 저질러 거의 초주검을 만들었다. 황상규는 혀를 깨물고 죽을지언정 김태석의 잔혹한 고문에도 일절 발설하지 않았다. 결국 황상규의 피의사실은 다른 의열단 관계자들을 취조하여 얻어 낸 것으로 거의 백지 기소한 셈이 되었다. 평소에도 황상규는 독립운동을 하다 죽을지언정 집안에서 평안히 죽지는 않겠다고 독백처럼 되뇌었던 강직한 인물이었다.

사진 앞줄 가운데 앉은 이가 황상규. '육탄 혈전으로 조국의 독립을 완수하라'고 절규했던 백민 황상규. 의열단의 의열투쟁은 대한광복회 시절 황상규의 작탄투쟁의 연장선상에서 이해할 수 있다. (출처: 공훈전자사료관)

조국의 산처럼, 물처럼, 별처럼 살라

백민 황상규는 의열단 단장 약산 김원봉의 고모부이다. 약산이라는 아호도 황상규가 지어 준 것이다. 약산이 중앙고보 시절 절친한 선배인 약수 김두전과 의형제를 맺게 해 준 이도 황상규였다. 김원봉, 김두전, 이명건 세 친구에게 '조국의 산처럼若山, 물처럼若水, 별처럼如星' 조국의 독립을 위해 살라는 뜻에서 아호를 지어 준 이가 황상규였다. 세 친구 모두 식민지 치하에서 지조를 지켰고 각기 민족해방운동에 투신했다. 그러나 불행히도 세 친구 모두 공산주의자가 아님에도 월북한다. 이승만 정권의 백색테러가 횡행하는 엄혹한 정세 속에 목숨을 부지할 수가 없었기 때문이다.

해방공간 김약산은 진보진영의 통일전선체인 민주주의민족전선 공동의장을, 김약수는 국회부의장을, 이여성은 여운형과 함께 조선인민당-사회노동당-근로인민당 등 중도좌파의 정치노선을 걸었다. 그러나 모두 남쪽에선 친일 세력들에 의해 거꾸로 청산을 당했다. 김원봉은 친일 경찰의 대명사 노덕술에게 체포돼 뺨을 맞고 모욕을 당했으며, 국회부의장 김약수는 조작된 공안 사건인 국회 프락치 사건으로 피검된다. 이여성 역시 백색테러의 대상이 되었다. 월북 후 세 친구 모두 북쪽에서 김일성 정권에 의해 숙청당함으로써 남과 북 모두에게서 버림받은 비운의 인물이 된다.

황상규는 빈궁한 농촌 집안에서 정규 교육을 제대로 받질 못했다. 초등교육을 몇 년 수학하다가 동화중학교로 편입한 것이 정규 교육의 전부였다. 강직한 항일독립지사였던 전홍표 교장 등 동화중학교에서 수학한 경험은 황상규의 생애에 지대한 영향을 미쳤다. 동화중학교는 밀양지역에서 내로라할 정도로 민족교육을 실천했던 대표적인 사립학교였기 때문이다. 이후 황상규는 독학하여 지식을 섭렵해 나갔다. 황상규는 18살 때 밀흥야학교 교장인 김주익의 누이동생과 결혼한다. 그리고 19살의 나이에 밀흥야학교 체조교사로 부임한다. 밀흥야학교 교장 김주익은 김원봉의 아버지이다. 따라서 김원봉은 황상규에겐 처조카인 셈이다. 황상규는 동화중학교 졸업 후 동화중학교에서 역사를 가르쳤다. 바로 황상규의 제자들이 의열단원인 김원봉, 최수봉, 김상윤, 윤세주 등이다. 황상규는 의열단원들의 정신적 멘토였고 의열단을 기획하고 창단시킨 주체였다.

오늘날 의열단 창단의 주체나 의열단 초대 단장으로 김원봉을 꼽는 것이 일반적이다. 그것은 일제 경찰의 신문 자료에 의존한 것이거나 해방공간 소설가 박태원이 쓴『약산과 의열단』때문이다. 그러나 일제 경찰 자료는 1차 사료이긴 하나 그대로 받아들이기엔 문제점이 있다. 또한 해방 직후 나온『약산과 의열단』은 전적으로 김원봉의 진술에 의존하여 기술된 책이다. 해방공간 정치지형과 김원봉의 위상을 생각할 때 감안해서 읽어야 할 부분이 없지 않아 보인다. 실제로 의열단 창단 당시 김원봉의 나이는 고작 21살이었다. 무엇보다 독립운동에서 이렇다 할 투쟁 경력이 거의 전무하던 시기였다.

의열단 제1세 단장 황상규의 삶

반면에 김원봉의 스승이자 고모부인 황상규는 일합사-풍기광복단-대한광복회-대한독립의군부 조선독립군정사(길림군정사) 재무부장-

대한독립선언(무오독립선언) 서명자-상해 임시정부 재무위원-대한군정서(북로군정서) 길림지부 회계과장을 역임하는 등 1910년대 투쟁경력이 출중했다. 특히 1919년 2월 만주 길림에서 조직된 대한독립의군부에서 최연소 간부를 맡았다. 이미 20대 시절 황상규의 투쟁 경력은 김원봉과 비교가 불가할 정도로 화려함을 넘어서 출중했다. 1931년 9월 5일자 조선일보에는 황상규 사망 소식을 전하면서 황상규를 의열단 초대 단장 또는 의열단 제1세 단장이라고 언급한 기사가 나온다.

더구나 황상규는 우리나라 최초의 독립선언서로서 조용은(소앙)·조용주 형제가 기초한 무오독립선언서의 39인 서명자들 가운데 한 사람이다. 선언서에 서명한 39인은 하나같이 명망 있는 걸출한 독립지사들이었다. 신채호, 김규식, 이동휘, 김동삼, 김좌진, 이시영, 안창호, 유동열, 이승만, 조소앙 등이 그렇다. 39인 서명자 중 황상규가 포함된 것은 당시 독립운동 진영에서 그의 위상을 가늠해 보게 하는 사건이 아닐 수 없다. 사실 김원봉도 황상규의 부름에 길림으로 갔고, 적의 심장부에 폭탄을 던지는 작탄·의혈투쟁을 제안받게 된 것이라고 볼 수 있다. 본래 김원봉은 일제와 무장투쟁을 하기 위해선 군사력을 양성하는 것이 급선무라 생각하여 본인 스스로 군사학을 배우기 위해 독일인이 세운 덕화학당을 다녔었다. 그러나 군대 양성은 많은 시일이 걸리므로 황상규의 지도에 설득되었을 것이다.

분명한 것은 7,000명이 일경에 의해 피살된 3·1운동의 참담한 현실 앞에 운동 일각에 패배주의가 적잖이 스며든 게 현실이었다. 따라서 황상규는 3·1운동 이후의 패배주의를 넘어서서 조선 민족의 독립을 향한 의지와 항일의식을 지속적으로 표출하는 무장투쟁을 요구한 것이다. 그것은 황상규 자신이 20대 젊은 시절 풍기광복단-대한광복회 활동을 통해 일관되게 견지해 온 투쟁 방침이었다. 적의 심장부를 강타하여 조선 민중이 살아 있음을 만천하에 알리는 일이었다. 식민통치의 핵인 조선총독부와 식민지 수탈의 첨병인 동양척식회사에 폭탄을 던져 파괴함으로써 조선 민중이 죽지 않았음을 확인시키고 조선 민중에게 항일 의지를 더욱더 고취시키고자 했다. 따라서 1919년 11월 의열단의 결성은 국내외 정세를 분석한 황상규의 기획 아래 추진된 작품이었다. 김원봉은 황상규의 지시에 따라 신흥무관학교에 입교해 젊은 열혈 동지들을 규합하는 역할을 수행한 것이다. 그리고 황상규는 언행일치의 수범을 보이기 위해 의열단의 첫 작품인 제1차 암살·파괴 작전(1920)에 따라 폭탄 반입을 위해 국내에 침투함으로써 몸소 실행에 옮겼던 것이다.

황상규는 1913년을 전후하여 밀양에서 결성된 일합사에 가입한다. 일합사는 '조국의 독립을 위해 청춘의 일편단심을 합한다'는 뜻으로 항일 비밀결사체였다. 밀양을 중심으로 대구-마산과 연계된 조직이었다. 밀양의 3·1 만세시위는 경상도 최초의 만세운동으로 일합사가 존재했기에 가능했다. 황상규는 활동의 범위를 넓혀 1914년 같은 밀양 출신 김대지와 함께 대한광복단(일명 풍기광복단)에 가입한다. 풍기광복단은 채기중이 중심이 되어 유창순, 한훈, 강순필 등 일제와 의병전쟁을 벌이다가 1909년 남한 대토벌 작전에 쫓겨 경북 산간 오지인 풍기로 흘러 들어온 의병 출신들로 구성된 비밀결사체였다. 군자금 수합과 무기 구입을 통해 작탄 의혈투쟁, 즉 일제와 무장투쟁을 꿈꾸었던 항일조직이었다. 풍기광복단은 1915년 대구에서 박상진이 주도해 만든 조선국권회복단과 결합해 대한광복회를 결성한다. 대한광복회는 경상도, 충청도, 전라도, 경기도, 강원도, 평안도 등 함경도를 빼고 전국적

밀양 표충사. 대한광복회 총사령 박상진은 의병장 왕산 허위의 제자이다. 김원일의 대하소설『늘 푸른 소나무』(1993)에 대한광복회의 활동과 표충사, 박상진의 활약상이 소개되어 있다. (출처: 하성환)

으로 조직된 항일 비밀결사조직이었다. 대한광복회는 공화주의를 지향하는 비밀결사체로 '국권을 되찾기 위해 죽음으로써 결심하고 원수 일본을 완전히 구축하기로 천지신명에게 맹세'한 선언문을 채택하고 회원들끼리 혈맹을 맺었다.

그리하여 대한광복회 4대 강령인 비밀, 폭동, 암살, 명령을 묵묵히 실행에 옮겼다. 대한광복회 회원들은 행형부行刑部를 두어 수시 수처에서 일본 고관과 민족반역자를 처단하고 무장력을 갖추는 대로 일제를 섬멸키 위한 살육전을 준비했다. 친일부호로부터 군자금을 모으고 일본인이 불법 징수한 세금을 탈취하는 등 군자금 모금과 무기 구입을 하고, 만주 신한촌 독립군 양성기관인 신흥무관학교를 지원했다. 그런 측면에서 대한광복회는 신한촌의 국내 조직이었고, 대한광복회의 해외 분신이 신한촌이기도 했다. 대한광복회는 군대 조직을 갖췄는데 총사령에 박상진이 추대되었다. 박상진은 구한말 의병장 왕산 허위의 제자로서 왕산이 서대문형무소에서 일제에 의해 최초로 처형당하자 박상진은 스승의 시신을 손수 거두기도 했다. 그는 일찍이 양정의숙에서 근대학문인 법률을 공부하여 판사시험에 합격하였으나 그만두었다. 그리고 신흥무관학교 등 만주기행을 하고 중국의 신해혁명을 성공시킨 손문을 만났다. 대한광복회가 추구한 정체가 공화주의임을 이해할 수 있는 대목이다.

밀양지역 민족운동과 사회운동의 중심에서

황상규는 대한광복회 총사령 박상진의 심복일 정도로 열정적으로 활동했다. 황상규는 20대 젊음을 오롯이 조국 광복에 바쳤다. 그러나 1917년 경북 칠곡의 친일부호 장승원(미군정기 수도경찰청장 장택상의 부친) 처단의 배후로 박상진이 체포되고 대한광복회 실체가 노출된다. 1918년 1월 충청도 아산 도고면장 박용하를 대한광복회원들이 처단한 지 3일 뒤 대한광복회 충청도 지부 책임자인 장두환이 전격 체포된다. 충청도 지부는 대한광복회 조직 가운데 가장 활발하게 활동했던 지부이자 대한광복회 산하 가장 중요한 조직이었다. 충청도 지부 책임자 장두환이 피검되면서 지도부가 연이어 피검되고 대한광복회는 와해된다. 황상규는 대한광복회 주요 인물들이 일경에 피검되고 수배 대상이 되자 1918년 2~3월 사이 북만주 길림으로 긴급 피신한다. 이른바 망명길에 오른 것이다. 국내 독립운동이 실질적으로 불가능한 상황에서 대한광복회 만주지부(광복회 부사령 김좌진)로 피신한 황상규는 일제와의 무장투쟁을 준비했다. 1919년 2월 여준, 조소앙, 박찬익과 함께 대한독립의군부의 결성은 그러한 결실이었다. 황상규는 최연소 간부로서 재무부장의 직책을 맡는다.

대한독립의군부는 대종교 계통의 대한정의단과 통합하면서 대한군정서(일명 북로군정서)를 탄생시킨다. 우리가 익히 알고 있는 김좌진의 청산리 전투를 승리로 이끈 북로군정서가 바로 그 단체이다. 황상규는 북로군정서 길림분서(길림군정서) 재무부장의 직책을 맡아 군자금 출납 업무를 담당했다. 황상규의 20대는 일합사-풍기광복단-대한광복회-대한국권회복단-대한군정서(북로군정서)로 이어지는 무장투쟁으로 일관한다. 의열단 1차 암살·파괴계획이 좌절되고 황상규는 징역 7년을 언도받고 6년을 복역한다. 그렇게 황상규는 30대 전반기를 감옥생활로 보내고 1926년 4월 출소한다. 출소 후 황상규는 고향 밀양으로 내려가서 가족들과 해후한다. 그러나 불행히도 차녀 기화가 1918년 3월에 죽었고 차남도 영양실조와 제때 병원 치료를 받지 못해 어린 나이에 죽는다. 뒤늦게 이 사실을 알게 된 황상규는 아비로서 참담한 심정이었다. 황상규는 차녀의 사망신고를 1928년에 한다. 호주제 사회에서 독립운동을 하던 아버지의 부재가 가져온 항일독립운동가 집안의 비극이었다.

그럼에도 황상규는 마음을 추스르고 출소한 지 1년이 채 지나지 않은 시점인 1927년 3월 밀양청년회 집행위원으로 선출된다. 밀양지역 민족운동과 사회운동의 중심으로 성큼 발을 옮긴 것이다. 1927년 5월 밀양 청년운동의 대부 김병환과 밀양군청 이전 반대 대책위원으로 활동한다. 그리고 다수 군민들의 이해와 편리보다는 일본인과 조선인 지주들의 편익을 위해서 밀양 역전으로 군청을 이전하려던 계획을 끝내 철회시켰다. 밀양 농잠학교 맹휴사건이 발생하자 교섭위원으로 활동하기도 한다. 또한 밀양 여자청년회에서 운영한 밀양여자야학 공간을 확보하기 위해 활동하는 등 밀양지역 민족운동, 사회운동에 열정적으로 참여했다. 특히 중외일보가 열악한 재정난으로 힘든 시간을 보낼 때 항일민족언론으로 키워 내려는 백산 안희제의 중외일보 주식회사 전환운동에 동참했다. 황상규는 밀양지역에서 유일하게 중외일보 주식을 사서 항일언론투쟁에 직접 참여하는 실천적인 태도를 보여 주었다.

이후 1927년 12월 신간회 밀양지회 창립을 통해 밀양지회장으로 선출된다. 신간회 밀양지회 부지회장이 밀양 청년운동의 대부 김병환이고 윤치형, 윤세주 등 의열단 관련자들이 대거 신간회 밀양지회 지도부를 구성한다. 신간회 밀양지회는 다양한 지역운동, 민족운동을 전개했다. 1907년 국채보상운동 등 1900년대 밀양지역 민족운동의 중심은 밀양지역 양반 사족 문중들이었다. 그렇지만 1910년대와 1919년 3·1 만세운동을 거치면서 일제와 비타협적인 투쟁을 이끌었던 의열단 등 신진 항일세력들이 밀양지역의 여론주도층으로 부상한 것이다. 1920년대 들어서서 적어도 여론주도층의 변화에서 봉건적인 사족 양반 계층의 쇠퇴와 신진 항일세력의 진출이라는 뚜렷한 대조를 보여 준다.

황상규가 신간회 밀양지회장으로 선출된 후 며칠 지나지 않아서 회원 수는 50명에서 130명이 넘게 증가한다. 황상규는 밀양협동조합을 창립하여 지역 주민의 소비경제활동의 편의를 도모하면서 지역 주민과의 소통과 신뢰, 협력을 쌓아 갔다. 그리고 봉건적인 잔존 유림 세력들의 밀양읍주지 간행 등을 혁신유림 세력들과 연대해 저지시킨다. 반면에 1928년 4월 지역 현안으로 떠오른 국농소 소작쟁의 사건을 대중노선에 입각하여 적극적으로 지도해 내질 못했다. 국농소 분쟁이 지주와 소작인 간 발생한 분쟁이기보다 신·구 소작인 간 발생한 복잡한 성격을 지닌 탓도 있었다. 1928년 신간회 밀양지회는 관북 이재민 동포 구제회를 조직하고 모금운동을 전개했다. 응당 운동의 중심은 황상규였다. 곧 이어 황상규는 신간회 제2회 정기대회 사회를 보았고 2주년 창립기념식 행사까지 치렀다. 신간회 밀양지회장 황상규로서는 연일 강행군이었다. 창립대회 직후 밤 10시~12시까지 진행된 신간회 신임간사회의를 주재하는 등 강도 높은 활동을 지속했다.

신간회 밀양지회는 경제-역사-한글강습 등 일상적인 교양강좌를 개설한 것 외에 경북 한재 구제 모금운동 차원에서 음악회를 개최한다. 밀양지역 청년·농민·여성·노동운동을 추스르고 지역 부문 운동과 연대하면서 1920년대 후반 밀양지역 민족운동의 중심에 우뚝 섰다. 1929년 들어 일제의 탄압으로 신간회 전체 대회를 개최할 수 없게 되자 신간회 중앙본부는 복대표대회를 통해 이를 대체하고자 했다. 이에 황상규는 신간회 양산지회, 밀양지회, 울산지회를 대표하는 1인 복대표로 선출된다. 1929년 6월 28~29일 서울 YMCA에서 개최된 복대표대회에 참석하고 신간회 전형위원으로 선출된다. 또한 압도적 득표로 신간회 제2기 중앙집행위원회(위원장 허헌) 서기장으로 당선된다. 황상규는 고문 후유증에 따른 신병을 앓고 있었기에 중책을 고사하지만 받아들여지지 않았다. 제2기 허헌, 황상규 집행부는 140개가 넘는 다양한 지회의 요구사항을 처리하고 전국 현안에도 즉각 대응했다.

황상규는 본부 집행부 차원에서 지방 순회강연에도 참여했다. 1929년 7월에는 일제가 의도적으로 방화한 갑산 화전민 방화사건 보고대회가 일제의 탄압으로 무산되자 항의 차 총독부 항의위원으로 참여하기도 한다. 그러던 중 신간회 밀양지회와 밀양 청년동맹 간에 갈등이 폭발하자 급히 밀양으로 내려가 이를 조정하는 등 분주한 나날을 보낸다.

독립운동의 거목, 밀양에 지다

이미 황상규는 결핵성 복막염이 악화되어 고통을 겪고 있었다. 와병 중임에도 황상규는 신간회 중앙집행위원, 서기장, 서무부장 등 1인 3역을 소화하느라 자신의 몸을 돌볼 겨를이 없었다. 그러던 중 1929년 11월 광주학생 사건은 황상규로 하여금 돌이킬 수 없는 길을 걷게 했다. 광주학생운동이 발발하자 신간회는 즉각 진상조사단을 광주로 급파했다. 허헌(위원장), 황상규(서기장), 김병로(재무부장) 3인으로 진상조사단을 구성해 11월 9일 광주로 내려갔다. 광주에서 광주고보 학부형과 광주경찰서, 광주지검을 방문해 광주중학교 일본인 학생들을 훈방 조치한 반면 광주고보 조선인 학생들을 구속한 처사에 대해 울분을 토하며 항의했다. 진상조사를 마치고 상경한 뒤 곧장 황상규는 20차 중앙상무위 회의에서 사건 진상을 보고했다. 그리고 진상보고서 작성 발표와 광주학생 사건을 대하는 일제의 민족 차별적 태도를 비판하고 광주학생운동을 전국적으로 확산시키기 위한 연설회 개최 준비에 여념이 없었다. 그 와중에 광주·전남지역 학생 맹휴와 시위가 계속되었고, 12월에 접어들자 서울에서도 격문 살포와 학생시위가 촉발

되었다. 광주학생 사건을 대하는 일제의 불공평한 태도가 지속되자 학생들은 '식민지 노예교육 반대', '일본인 교사 축출', '민족 차별교육 철폐'를 외치며 광주학생운동을 항일민족운동으로 승화시키는 전기를 맞는다.

그리하여 신간회 본부는 12월 14일 안국동 네거리에서 민중대회를 개최하기로 결정한다. 그러나 일제의 불허로 민중대회는 개최되지 못했고, 대회 전날 새벽에 허헌을 비롯해 신간회 지도부와 회원 수십 명이 경찰에 연행된다. 당시 황상규는 체포를 면했다. 그것은 병세가 뚜렷하게 악화된 12월 5일 황상규는 밀양으로 이미 낙향했기 때문이다. 황상규는 고향으로 내려가 투병생활을 지속하지만 낙향한 지 1년 9개월이 지난 시점인 1931년 9월 2일 밤 자택에서 운명한다. 제1차 의열단 암살·파괴계획 당시 받았던 고문 후유증인 폐결핵과 복막염이 악화되면서 결핵성 질환으로 운명한다. 황상규가 운명한 직후 집안에는 일흔이 넘은 노모와 출가한 장녀, 그리고 아버지의 대를 이어 항일독립운동에 뛰어든 장남과 6살 막내아들을 가진 부인만 남겨졌다. 궁색할 정도로 궁핍한 가정형편과 함께.

장례 당일 수많은 만장 속에 1만 명이 넘는 조문행렬로 인산인해를 이루었다. 밀양 13개 사회단체 연합장으로 치러진 황상규의 영결문 낭독 때엔 조문객들이 대성통곡했다. 독립운동의 거목이자 밀양지역 민족운동의 정신적 지주가 무너진 슬픔과 상실감 때문이었으리라. 일본 제국주의는 밀양경찰서 전 병력을 동원한 것도 모자라 경북도경에 병력 증원을 요청할 정도였다. 장례행렬이 어느 순간 시위행렬로 전환될 수도 있는 상황이어서 일제 경찰은 군중봉기에 대해 전전긍긍했다. 장례 이튿날 서울 천도교 수운회관에서도 안재홍, 권동진, 김병로 등

200명이 넘는 항일지사들이 모여 엄숙히 추도식을 거행했다.

한국독립운동사에서 일합사-풍기광복단-대한광복회-북로군정서-신간회 활동 등 뚜렷한 족적을 남긴 걸출한 인물임에도 한국사 교과서 어디에도 황상규에 대한 언급은 한 줄도 없다. 지조와 신념, 그리고 강직한 풍모를 지닌 선비형 용장으로 한국독립운동사에 큰 획을 긋는 인물임에 틀림없다. 그럼에도 대중의 기억 속에서 잊힌 인물이다. 의열단 단장 약산 김원봉의 스승이자 석정 윤세주 등 밀양 출신 독립운동가들의 정신적 멘토인 백민 황상규의 위상을 오늘날 재조명하는 것은 그런 점에서 자못 역사적 의의가 크다고 할 것이다.

10.

'가고파'의 문인,
노산 이은상의
분열적 자화상

_독재자를 찬양한 나약한 지식인의 초상

봄처녀 오시누나 새 풀 옷을 입으셨네

하얀 구름 너울 쓰고 구슬 신을 신으셨네

꽃다발 가슴에 안고 누굴 찾아오시는고

노산 이은상이 22살에 쓴 「봄처녀」(1925)의 가사이다. 한때 음악 교과서에 실려 우리에게 매우 친숙한 작품이다. 문체 또한 유려하여 국민 대중이 애창했던 곡이다.

부끄러워 부끄러워 숨어 피다

노산이 29살 때 쓴 「진달래」는 또 어떤가? 연분홍 수줍음을 드러내며 부끄러워하는 그 모습은 산골 소녀의 순박함을 연상시킨다. 순박함과 평화로움, 수줍음은 우리 민족의 정서를 상징한다. 연분홍 수줍음의 꽃! 진달래는 그래서 우리 민족을 상징하는 꽃이다. 진달래를 통해 우리 민족의 서정성을 시심으로 묘사한 아름다운 작품이다.

수줍어 수줍어서

다 못 타는 연분홍이

부끄러워 부끄러워

바위틈에 숨어 피다

그나마

남이 볼세라

고대 지고 말더라

김소월의 「진달래」가 한恨의 정서를 담고 있다면 이영도의 「진달래」는 4월 혁명의 핏빛을 떠올린다. 그런가 하면 젊은 시절 노산의 「진달래」는 그의 문학적 재능이 돋보이는 매우 아름다운 동시이다. 역시 한때 초등학교 교과서에 실린 작품이다.

흔히 노산 이은상을 평가하기를 우리나라 전통 시조문학을 현대화한 현대 시조문학의 대가로 꼽는다. 〈성불사의 밤〉, 〈장안사〉, 〈그 집 앞〉, 〈옛 동산에 올라〉, 〈가고파〉 등 노산의 작품은 하나같이 국민 대중의 사랑을 받았던 애창곡이 되었다. 실제로 노산 이은상의 작품은 한국 사회 어느 시인의 작품보다 가장 많이 음악곡으로 만들어졌다. 더구나 충무공 이순신에 대해 깊이 있는 연구와 저작으로 주목을 받았다.

그러나 노산 이은상은 해방 후 30년이 넘게 이승만-박정희-전두환으로 이어지는 독재 시절, 그들을 미화하고 찬양한 오점을 남겼다. 이승만과 이기붕을 당선시키기 위해 김말봉, 박종화와 함께 문인유세단을 조직해 전국을 순회 유세하며 돌아다녔다. 노산은 당시 시국을 '임진왜란'에 비유하며 이승만을 '성웅 이순신'과 같은 인물이라며 높이 추어올렸다.

3·15 부정선거(1960)에 항의하다 얼굴에 최루탄이 박힌 채 죽은 김주열 군 시신이 27일 만에 4월 11일 마산 중앙부두 앞바다에 떠올랐다. 그러자 제2차 4·11 마산의거가 분노의 포도처럼 거세게 일었다. 비가 억수같이 퍼붓는 속에서도 마산상고, 마산고 학생들은 항의시위를 벌였다. 16살 김주열 군이 4·19혁명의 도화선이자 4월 혁명의 대명사가 된 이유이다.

김주열 군의 시신이 떠오르고 마산 제2차 의거가 있은 지 며칠 지나지 않은 날

4월 혁명의 대명사 김주열. 16살 김주열 군이 오른쪽 눈에 미제 최루탄이 박힌 채 27일 만에 주검으로 떠오르자, 4월 11일 마산 제2차 의거가 일어나고 이는 전국으로 확산되며 4·19학생혁명의 도화선이 되었다. (출처: 민주화운동기념사업회)

노산은 망언을 했다. 1960년 4월 15일 조선일보 인터뷰 기사에서 '지성을 잃어버린 데모', '무모한 흥분', '불합리, 불합법이 빚어낸 불상사'라며 학생들의 정의로운 외침과 희생을 공개적으로 비난했다. 심지어 이승만 정권의 불순한 발표대로 배후에 공산당이 있는 듯이 '적을 이롭게 하는 것'으로 '자중하길 바란다'고 당부했다. 게다가 "고향 마산에서 발생한 일이기에 더욱 걱정이 크고 분개한다"고도 일갈했다.

'성북동 비둘기' 시인 김광섭은 독재자 이승만을 '세기의 태양'으로 찬미했다. '나그네'의 시인 박목월은 '평생을 한결같이 몸 바쳐 오신 고마우신 대통령'으로 이승만을 찬양했고, 이은상은 '성웅 이순신과 같은 위인'으로 이승만을 극찬했다. 당대 한국 문단 내 지식인을 대표하는 위치에 있었음에도 지극히 반지성적이고 반민주적인 행태를 거침없이 자행한 점에서 서정주가 걸어갔던 길을 이은상도 똑같이 걸어갔다.

역사의 흐름을 거슬러 간 지식인

4월 혁명을 군홧발로 짓밟고 들어선 박정희 쿠데타 세력에 노산 이은상은 처음부터 호의적이었다. 노산이 문교부로부터 받은 지원금을 쿠데타 세력이 사용하도록 지원해 주고 박정희의 공화당 창당선언문까지 작성해 주었다. 박정희의 충무공 성역화 사업은 불순한 정치적 의도가 담겨 있었다. 정권의 정당성이 없었던 박정희는 이순신을 자신과 동일시하려고 애썼다. 이순신을 숭모했던 노산은 박정희의 충무공 성역화 사업에서 든든한 정신적 배경이 돼 주기도 했다. '한국적 민주주의'로 표현된 유신체제를 적극 지지하고 박정희를 '민족의 영도자'로 비문에 남겼다. 박정희를 '이순신과 세종대왕을 합친 위인'으로 잘못된 신념을 드러내기도 했다. 심지어 '서울의 봄'(1980)을 기만하고 5월 광주를 피로 물들이면서 등장한 살인마 전두환을 '한국의 특수 상황에서 강력한 지도자'가 필요하다는 취지로 잡지에 기고까지 했다. '정치적 무뇌아' 서정주, 김춘수와 하등 다를 게 없었다.

무엇보다 한글학회 회원으로서 자신의 저서인 수필집 『노변필담』(1953)에서 밝혔듯이 "우리 문학이 나아갈 진정한 길은 한자를 완전히 버림으로써 발전할 수 있다"고 강변했던 인물이다. 그런데 노산은 이희승처럼 한글전용론에서 국한문 혼용으로 생각을 바꾼다. 1930년대 후반 일제강점기 말기는 조선어교육을 폐지하고 창씨개명을 강요했으며 일본어를 국어로 상용하게 했던 시절이었다. 당시 조선어학회는 우리말 연구와 우리말 사전 편찬에 온 힘을 기울였다. 영화 〈말모이〉는 이를 상징적으로 형상화한 빼어난 작품이다. 바로 그 주시경 학파의 정신을 그대로 간직하여 외솔 최현배 선생은 한글만 쓰기를 피를 토하듯 역설했다. 그러나 노산은 이희승처럼 국한문 혼용으로 생각을 바꾼다.

노산은 1903년에 태어나 1982년 전두환 정권 초기에 작고했다. 거의 팔십 평생을 살면서 뛰어난 기행문학과 시조 작품을 선보였다. 반면에 해방 후 반지성적이고 반민주적인 삶으로 역사의 흐름을 거스르며 역사의 전진을 저해했다. 해방 이후 노산의 삶은 문단권력을 행사한 여느 문인들처럼 '어용 지식인의 표상'으로 일그러져 갔다. 지성은 온데간데없고 권력을 좇는 부나비처럼 맹목적이었다. 당대 빼어난 문인이었음에도 자기성찰의 부재와 역사의식의 빈곤은 노산으로 하여금 민족사의 흐름에 역행하는 삶을 살게 했다.

마산과 창원지역 출신이거나 그곳에서 삶을 일궜던 문인들 가운데 노산 이외에 노산의 스승인 이윤재도 있고, '귀천'의 천상병과 카프 KAPF 계열의 권환도 있다. 특히 환산 이윤재는 창신학교 시절 어린 노산에게 조선어와 조선역사를 가르치며 민족의식을 심어 줬던 인물이다. 노산의 삶에 정신적으로 가장 깊숙이 영향을 미쳤다고 해도 지나치지 않다. 노산이 일본 유학에서 귀국 후 계명구락부 시절 조선어사전 편찬사업과 이후 조선어학회, 그리고 진단학회에 참여하게 된 계기는 모두 스승 이윤재의 권유에 따른 것이다. 그만큼 노산이 국학에 관심을 두고 우리말과 글과 역사에 대한 애정을 평생 수많은 작품으로 선보이며 열정을 쏟은 것도 모두 스승 이윤재의 영향이 절대적이었다.

역사적 인물에 대한 평가는 공정해야 하고 균형을 잃지 않아야 한다. 과거 정치권력의 양지에서 노산 이은상이 과대평가된 측면이 있다면 이제 바로잡아야 할 것이다. 그것은 자라나는 다음 세대를 위해서도 필요하다. 역사 정의가 무너진 한국 사회에서 사회 정의를 바로 세

이은상. 노산 이은상은 독재자 이승만을 '성웅 이순신 같은 인물', 박정희를 '세종대왕과 이순신을 합친 인물', 전두환을 '한국의 특수 상황에 필요한 강력한 지도자'로 찬양하는 등 지성이 실종된 어용 지식인의 표상이 되었다. (출처: 공훈전자사료관)

우는 일은 너무도 힘겨운 싸움이다. 21세기 오늘날 노산에 대한 평가는 좀 더 객관적이고 균형감 있고 공정하게 이루어져야 할 것이다.

13년 전 마산 시민들이 치열한 역사전쟁 끝에 '조두남 기념관'을 '마산기념관'으로 바꾸고 '노산문학관'을 '마산문학관'으로 바꾼 것은 그나마 다행스러운 일이다. 인생의 마지막 순간까지 노산은 전두환을 찬양하고 죽기 1년 전엔 5공 국정자문위원으로 독재 권력을 옹호했다. 5월 항쟁 주간을 맞아 역사의 칼날 위에 서기보다 반평생을 권력이 내려준 시절에 안주하며 지식인으로서 자기성찰이 부재했던 노산의 삶을 이제는 재평가해야 할 시점이라고 생각한다.

11.

코뮤니스트
항일독립운동가 김찬

_불꽃처럼 살다 간 순결한 영혼

우리는 얼마나 식민지 학문에서 벗어나 있을까? 해방된 지 올해로 74주년인데 아직도 일제가 썼던 '만국평화회의'를 그대로 쓰고 있다는 것은 참으로 부끄러운 일이 아닐 수 없다.

국회도서관에 『사랑할 때와 죽을 때』가 꽂혀 있었다. 휴머니즘 가득한 레마르크의 소설이 아니라 조선 항일혁명가의 삶과 죽음이 기록된 책이었다. 항일혁명운동의 전설적 인물이자 망각의 인물, 김찬을 그렇게 만났다. 1930년대 혁명적 노동조합운동의 상징적 인물 코뮤니스트 '김찬'이 바로 그 사람이다.

1930년대 혁명적 노동조합운동의 상징적 인물

역사 교사들이 익히 아는 또 다른 김찬이 있다. 바로 조선공산당 창당 인물 김찬이다. 1925년 4월 17일 서울 중국집 아서원에서 조선공산당이 창당되는데, 그 창당 인물 가운데 일경에 체포되지 않는 인물이 김찬이다. 그 김찬은 일제강점기 사회주의 운동가들 사이에선 변절자로 낙인된 인물이다. 역사의 진실은 변절자가 아님에도 그들의 시각에선 그렇게 기록했다. 조선공산당 창당 인물 김찬은 당시 신문기자였다.

일제강점기 항일운동가 중엔 기자들이 유독 많았다. 우리가 아는 이육사와 육사의 절친 윤세주도 중외일보 기자 출신이다. 조선공산당 창당에 관련된 절대다수의 인물들 바로, 김찬을 비롯해 이봉수, 홍덕유, 김단야, 박헌영, 임원근, 홍남표 등이 신문기자들이었다. 그래서 일제의 삼엄한 감시를 피하고자 조선공산당을 창당하는 날에 '전 조선 기자대회'를 서울에서 개최한다. 기자대회 개최는 일경의 눈길을 돌리기 위한 위장 전술이었던 셈이다.

조선공산당 창당 인물 김찬이 아니라 17살이나 어린 혁명적 노동조합운동의 전설적 인물이 또 다른 김찬이다. 당시 나이가 약관의 나이였다. 20살에 자신의 고향인 진남포에 잠입하여 어린 여공들을 대상으로 야학을 개설한다. 그리고 진남포 청년동맹 청년들과 함께 소모임을 하는 등 민중교육에 앞장선다. 그러다가 제분공장에 위장 취업하여 노동자 조직화에 심혈을 기울인다. 그런 노력의 결실이 1930년대 혁명적 항일노동운동의 크나큰 발자국으로 남았다.

전위정당으로서 1920년대 초기 조선공산당 활동가들은 대중운동 속에서 단련되고 검증된 인물들이 아니었다. 그런 측면에서 1930년대 조선공산당 재건운동은 당대 사회주의 혁명가들에겐 크나큰 노선 전환으로 다가왔다. 1930년을 전후해 열혈 공산주의자들이 고무공장, 제사공장, 목재공장, 시멘트 공장에 노동자로 취업하고 철도, 부두 노동자로 현장 속으로 들어간 것은 12월 테제를 충실히 실천하기 위한 노력이었다. 1930년 하반기에서 1931년 말까지 평양, 신의주, 함흥, 홍남, 인천, 부산, 서울, 수원, 광주, 목포 등 전국 각지에서 혁명적 노동조합운동이 전개되었다. 당시 혁명적 노동조합운동의 당면 구호가 '활동의 중심을 공장과 기업소로!'였다는 사실은 이를 반증한다. 항일혁명의 일환으로서 1930년 초 혁명적 노동조합운동은 그런 시대 배경을 바탕으로 등장한다.

1930년대 초 혁명적 노동조합운동을 전개했던 코뮤니스트 김찬. 약관의 나이에 혁명운동에 뛰어든 김찬이 일제에 피검돼 45일 동안 극악한 고문을 견딘 사실은 일제 경찰조차 놀랄 정도였다. (출처: 이원복 기자)

혁명적 노동조합운동의 주역은 당연히 코뮤니스트들이었다. 그들은 혁명적 노동조합 활동을 통해 조선공산당 재건운동에 신명을 바치고자 분투했다. 토종 코뮤니스트 이재유를 비롯하여 흥남 질소비료공장과 평원 고무공장에서 파업을 지도한 모스크바 공산대학 출신의 정달헌, 원산과 평양에서 혁명적 노조활동을 전개한 이주하, 전주공산당, 함남공산당 재건 사건의 정백, 마산공산당 재건 운동의 핵심이자 당대 노동운동 조직에서 뛰어난 능력을 보인 김형선 등이 그렇다.

조선공산당 재건을 획책한 공산주의 3거두

1930년대 초 진남포와 평양에서 혁명적 노동조합운동을 펼친 열혈 항일독립지사 김찬 역시 마찬가지다. 김찬은 스무 살 약관의 나이에 자신이 태어난 고향 진남포로 귀향한다. 자신이 태어난 진남포 억양기리에서 여동생 김순경의 친구들을 대상으로 독서회 활동을 시작했다. 노동청년들을 대상으로 민중야학도 개설하여 이를 기반으로 항일운동을 전개했다. 김찬과 조우했던 진남포 청년들은 대부분 '진남포 청년동맹' 맹원들이었다. 따라서 자연스럽게 사회주의 사상을 전파할 수 있었으며 혁명적 노동조합운동은 현장에 뿌리를 내리게 된다.

일제강점기 뛰어난 공산주의 조직 활동가인 김형선이 김찬의 바로 윗선이었다. 김형선은 상해에서 공산주의 사상을 선전하는 팸플릿 「콤뮤니스트」를 발간하며 '콤뮤니스트 그룹'을 이끌었던 조선공산당 재건운동의 지도자 김단야(본명 김태연)의 지시를 받았다. 따라서 진남포 출신 김찬은 '콤뮤니스트 그룹'에 속했던 항일혁명운동가였다. 20대 초반 젊은 나이임에도 김찬은 진남포와 평양을 중심으로 경성과 신의주까지 포괄하는 선전활동을 펼쳤다.

당시 동아일보 기사를 보자면 젊은 나이임에도 김찬의 위상이 매우 높았음을 가늠하게 해 준다. 1933년 6월 2일 자 석간에 「조선공산당 재건을 획책한 공산주의 3거두巨頭-그 내력과 활동경로」라는 제목이 눈길을 사로잡았다. 교과서에 전혀 등장하지 않는 인물이자 역사 전문가들조차 전혀 생소한 인물이기 때문이다. 실제로 역사 교사와 역사학자들에게 김찬은 대부분 1925년 4월 17일 조선공산당 창당 당시 창립을 주도한 인물로 기억된다. 한자도 '빛날 찬燦'으로 똑같다. 그러다 보니 일부 사학자 가운데는 17살 차이임에도 불구하고 진남포 출신 김찬을 명천 출신 김찬(본명 김낙준)과 동일 인물로 생각한 적도 있었다. 그만큼 연구의 불모지이자 이데올로기 대결이 초래한 독립운동사 비극이 아닐 수 없다.

따라서 진남포 출신 혁명적 노동조합운동의 항일독립투사 김찬은 그동안 역사 전문가들에게조차 알려지지 않았던 인물이다. 지금은 고인이 된 조선족 출신 최용수 교수(중국공산당 중앙당교)가 중국 내 항일혁명가 가운데 망각된 조선인 출신들을 연구, 발굴해 왔다. 취재 차 중국을 다녀온 원희복 기자(경향신문)를 통해 13년 전 최초로 언론 매체에 일부 내용이 소개되었을 뿐이다. 김찬-도개손 부부의 아들인 김연상 씨를 만난 원희복 기자의 노력으로 광복 70주년 되는 2015년에 항일혁명운동의 빛나는 별 김찬이 단행본 『사랑할 때와 죽을 때』로 그 치열한 삶과 원통한 죽음이 소개된 것이다. 중국 현지에서는 님 웨일스의 『아리랑』의 주인공 '김산'보다 더 유명한 인물로 '김찬'을 인정한다고 한다. 그리고 김찬보다 중국인 아내인 항일혁명가 도개손이 더 높게 평가받는 분위기라고 한다.

다시 동아일보 1933년 6월 2일 자 신문에 눈을 돌려 보자. '조선공산당 재건을 획책한 거두巨頭'로 홍남표, 조봉암, 김찬을 차례로 소개하며 세 사람의 사진과 함께 활동 내력을 상세히 소개하고 있다. 지면에 기술된 내용을 전하면 이렇다.

조선공산주의자의 거두巨頭로 조직된 조선공산당 재건운동과 국제당(필자 주: 코민테른) 승인을 목표로 상해에 근거를 두고 조선에 공장지대와 광산지대 등에 (조공)재건설을 목적한 동지 획득이 진행되다가 경찰당국의 열렬한 활동으로 체포돼 공판에 회부된 조봉암, 홍남표, 김찬, 김명시 등 17명에 관한 치안유지법 위반, 출판법 위반사건은 신의주 지방법원에 회부되어 공판 개정을 기다리게 되었다. 그리고 예심 중에 피고인 김승락은 33세를 일기로 옥중에서 사망했다.

일제에 의해 '조선공산당 재건 사건'으로 명명된 이 사건은 피검된 인물만 총 17명이었다. 이 가운데 조봉암, 홍남표, 김찬, 김명시 4명만 인신 구속된 상태에서 재판을 받았다. 다만 일제 경찰이 억지로 조봉암을 엮다 보니까 강하게 저항한 조봉암의 경우 사건을 병합 심리하려다가 분리시키는 등 지연되기도 했다. 김찬의 행적은 일제 심문조서나 당시 보도통제가 풀리면서 알려진 신문기사를 통해 추정해 볼 수 있다. 1933년 6월 2일 자 동아일보는 '김찬 내력'이라는 큰 글씨와 함께 김찬이 국내로 잠입하여 활동한 흔적을 이렇게 소개하고 있다.

중대한 사명을 띠고 북평(필자 주: 북경)을 거쳐 조선에 들어오다가 붙잡힌 김찬은 어려서부터 부모와 함께 북평에 가서 살다가 상해로 가서 중국공산당원 김형선을 만나 공산주의 사상을 주입 받아 협력해서 조선 안에 들어와 동지를 다수히 획득하는 동시에 장차 조선 내에 ○○○○○(필자 주: 조선공산당)을 건설할 것을 약정하고 소화 6년 1월에 조선에 잠입하여 동지를 다수히 획득했다. 진남포와 평양에서 농민조합과 적색노동조합을 조직하였으며 여자당원의 획득도 꾀했다. 그 후 6월에 김찬은 평양의 '콘스타치' 회사에 들어가 활동하고, 동년 12월에는 안종각을 통하여 숭실학교를 중심으로 학생 측에 잠입을 꾀하고, 소화 7년 4월에 경성에 들어와 김형선을 밀회하여 5월 1일 메이데이를 앞두고 격문 300매와 「콤뮤니스트」 20부를 가지고 평양으로 돌아가 평남, 평양 등 78고무공장과 소야전小野田세멘트, 삼성정미공업소 등에 각각 격문과 팜플레트를 발송하고 동시에 학생들에게도 역시 팜플레트와 격문을 반포했었던 것이라 한다. 그러다가 다시 북평에 건너가 많은 군자금을 손에 쥐고 안동을 경유하여 국경을 넘어 들어오려다가 평북 선천 모 여관에서 9월 15일에 평북 경찰부에 체포된 것이라 한다.

고문에도 꺾이지 않은 노동자들의 동지

김찬은 1911년에 진남포의 거부이자 독립운동가인 김병순의 5남매 중 막내아들로 태어났다. 따라서 조선공산당 창당 멤버인 명천 출신 김찬(본명 김낙준)이 1894년생이니까 17살 나이 차이를 보인다. 진남포 출신 김찬의 가족은 1919년 3·1운동에 참여하고 독립운동 자금을 댄 아버지 김병순이 일제의 감시를 받게 되자 1921년 중국 북경으로 이사한다. 김찬은 북경 노하중학교 시절 12살의 어린 나이에 공산청년단에 가입한다. 1928년 노하중학교 고등과를 졸업한 김찬은 1년 뒤 1929년에 상해에서 중국공산당에 가입한다. 공산당 가입 당시 김찬의 나이는 18살이었다. 1929년 세계 대공황이 발생하고 1930년 코민테른의 지시를 받은 김단야가 상해로 오자 김찬은 김단야의 지시로 혁명적 노동조합 건설 임무를 띠고 진남포로 잠입한다. 그때가 1931년 1월 한겨울이었다. 1931년 4월엔 어린 여공들을 중심으로 독서회를 꾸리고 민중야학을 개설하는 등 대중 속으로 성큼 발을 들여놓았다. 그리고 1931년 6월엔 김찬 스스로 평양에 있는 제분공장 콘스타치 회사에 취업하여 공장 내 노동조합 건설을 위해 열정을 쏟았다.

1931년 9월 김찬은 경성에서 자신의 바로 윗선인 김형선을 만나 현장 조직을 확대시키는 방안에 대해 논의한다. 경성에서 김형선을 만

김찬의 윗선이었던 조선공산당 핵심 인물 김단야의 모스크바 동방 노력자 공산대학 졸업 사진. 앞줄 왼쪽에서 두 번째가 김단야(본명 김태연), 그 오른쪽이 박헌영, 맨 뒷줄 오른쪽 첫 번째 인물이 베트남 독립영웅 호치민의 젊은 시절 모습이다. (출처: 독립기념관)

났던 장소는 놀랍게도 수구파 집안인 홍어길(배화여고보 교원)의 집이었다. 이후 조카인 친일작곡가 홍난파가 살았고 오늘날 홍난파 기념관(서울 홍파동 소재)으로 바뀌었다. 김찬은 진남포와 평양을 오가며 공장 노동자와 학생들을 대상으로 현장 조직과 선전에 열과 성을 다했다. 그 결과 완벽한 공장핵이 존재했던 인천만큼은 아니지만 진남포와 평양도 현장 조직이 갖춰졌다.

현장 조직을 기반으로 지역위원회를 구성하고 지역 당 조직을 건설할 의도였다. 지하서클인 독서회 열성 청년들로 하여금 공장핵을 구성하게 하고 파업투쟁이 전개되면 자연스레 파업지도부를 구성하도록 했다. 진남포 삼성정미소 동맹파업을 김찬이 지도한 것처럼 1931년 5월 1일 평양출판노동조합원 100여 명이 참여한 메이데이 기념식, 그리고

6월 28일과 7월 28일, 8월 13일에 벌인 평양 고무공장 여공들의 임금 인하 반대 동맹파업 등도 김찬의 혁명적 노동조합활동과 관련이 깊었을 것이다.

1932년 북경에서 김찬은 모처럼 가족과 만났고 도개손과도 기쁜 만남을 가졌다. 당시 도개손은 공산청년단 북경시 지부 선전부장으로 맹활약하고 있었다. 김찬은 짧은 북경 생활을 뒤로한 채 1932년 9월 11일 조선 내에서 혁명적 노동조합 건설이라는 공작을 다시 시작하기 위해 상해를 출발했다. 그러나 노련한 김형선은 평안북도 경찰부의 눈을 속여 검거망을 피해 잠입하였으나 김찬은 평안북도 선천군 모 여관에서 일제 경찰에 체포되고 만다. 국경접선책인 독고전이 변절함으로써 신분이 노출되었기 때문이다. 더구나 여관 주인조차 경찰 대질 신문에서 김찬 본인임을 확인시켜 주었다. 김찬은 잔혹한 고문과 악형을 45일 동안 버티며 이겨 냈다. 그사이 동지들이 피할 수 있는 시간을 벌었고 간신히 조직을 지킬 수 있었다. 45일간의 고문을 버텨 낸 것은 당시로선 극히 드문 일이 아닐 수 없다.

보통 공산주의 등 사상범 취조에는 몇 개월씩 언론을 보도 통제하고 심문시간을 다투었기 때문에 첫날 고문은 상상을 초월했다. 보통 하루도 버티기 힘든 고문을 김찬은 무려 45일 동안 버텼으니 그 기개가 실로 놀라울 따름이다. 2차 조선공산당 책임비서 강달영은 5일 동안 버텼다. 그럼에도 고문 끝에 자백한 사실로 조직이 와해되고 숱한 동지들이 체포된 것에 스스로 고통스러워했다. 고문을 이겨 내기 위해 강달영은 책상에 머리를 찧고 자해를 시도했다. 결국 강달영은 정신이상 증세를 보이며 출소 후 폐인처럼 지내다 해방 3년 전 운명했다. 박헌영은 일제에 피검돼 심문투쟁 와중에 정신이상 증세를 연기하여 정신병자로 인정받았다. 그 길이 자신의 신념을 지키는 길이며 동지들을 팔지 않는 유일한 방법이라고 믿었던 때문이다

형극의 시간, 원통한 죽음을 기억해야

동아일보 1933년 6월 2일 자에도 기사화되었듯이 17명 검거된 사람들 중에 2명이 예심 판결이 나기도 전에 옥사했다. 고문의 악형 때문이었다. 함께 재판을 받고 징역 7년형을 선고받은 조봉암은 고문의 상처가 낫기도 전에 신의주 한겨울 추운 감방에서 동상에 걸려 손가락 7마디를 모두 잘라 낼 정도로 고통을 겪었다. 일제강점기 감옥생활은 그야말로 옥중투쟁의 연속이었다. 식사도 형편없이 질이 나빠 멀건 죽에 가끔 배추 건더기가 하나둘 들어 있을 정도였다. 거기다 10시간 이상 강제노동에 시달려야 했다. 감방은 영하의 날씨임에도 차가운 땅바닥에 얇은 겉옷이 전부였다. 오들오들 떨면서 겨울을 나야만 목숨을 이어 갈 수 있는 형극의 시간이었다.

혁명적 노동조합운동을 통해 항일운동의 빛나는 금자탑을 쌓은 김찬은 현행 한국사 검정교과서 8종 어디에도 실려 있지 않다. 심지어 교보문고에 널려 있는 한국 근현대사 교양서적 어디에도 나와 있지 않다.

김찬의 죽음은 너무나 억울하고 원통했다. 『아리랑』의 주인공이자 무명의 조선독립운동가 김산(본명 장지락)보다 더 비극적인 죽음을 맞았기 때문이다. 그것도 중국인 항일혁명가이자 부인인 도개손과 함께 중국공산당 보안책임자 캉성에 의해 처형당했다. 『아리랑』의 김산을

죽인 바로 그 캉성에 의해서 말이다.

처형할 명분이 없던 중국 공안당국은 처형 시기를 1년 동안 미루면서 음모를 꾸민다. 부인 도개손에게 김찬의 혐의를 인정하면 살려 주겠다고 회유했다. 도개손은 캉성의 음흉하고도 교활한 제의를 단호히 거부했다. 처형장으로 끌려가는 트럭 위에서 항일혁명가 부부는 서로를 의지하며 뜨거운 눈물을 흘렸다. 베이징대학 최초로 입학한 여학생 도개손은 남편 김찬과 함께 총살형을 당했다. 원통하고 너무나 비극적인 사건이자 오랫동안 감춰진 항일운동사의 슬픈 장면이다. 게다가 트로츠키주의자나 반혁명분자, 일제 특무, 간첩 혐의라는 누명을 덮어씌워 처형했다.

김산이 처형당할 때 나이가 33살, 김찬은 28살, 도개손은 27살이었다. 1930년대 항일독립운동의 빛나는 별 김찬의 죽음이 김산과 함께 한국사 교과서에 오롯이 기록되길 바란다. 나아가 김찬이 항일독립운동가로 당당히 추서되고 세인들 머릿속에 또렷이 기억되길 또한 고대한다.

12.

비극적 항일독립운동가
김립을 회상하다

_김립의 죽음과 백범 김구

일제강점기 항일독립지사들은 일본제국 경찰이나 그 앞잡이인 밀정의 손에 의해서만 목숨을 잃은 것이 아니다. 뜻을 같이하는 항일혁명지사들끼리 죽고 죽인 경우도 적지 않다. 북만주 항일민족교육의 효시가 된 서전서숙을 이상설, 이동녕과 함께 세운 이가 정순만이다. 정순만은 이상설과 호형호제할 정도로 절친한 관계이자 이상설의 심복이었다. 이상설이 헤이그 특사로 파견될 때 정순만은 1만 8,000원을 모금해 여비를 대 주었던 인물이다. 바로 해외 항일근거지인 연해주 블라디보스토크 한인들과 미주 교포를 대상으로 정순만이 수고한 결실이었다. 현재 시세로 환산하면 2억 원이 넘는 돈이다. 그러나 정순만은 1910년대 기호파-서북파 등 한인 노령사회의 파벌과 갈등 속에 생명을 위협받았다. 그때 이상설은 자신의 집에 정순만을 숨기며 지켜 주었다. 그러나 결국 상대 파벌에 의해 정순만은 참혹하게 도끼로 죽임을 당했다.

이념과 오해가 부른 참극들

코뮤니스트와 아나키스트 간 살육전은 끔찍할 정도였다. 일제가 내건 현상금 액수에서 세 번째로 많이 내걸린 인물이 정화암(본명 정현섭)이다. 정화암은 무정부주의자로 북경에서 신채호, 이회영, 류자명과 함께 항일독립운동을 했던 인물이다. 정화암이 쓴 회고록『어느 아나키스트의 몸으로 쓴 근세사』에는 끔찍한 살육전이 이렇게 서술되어 있다.

해림을 중심으로 한족총련지역(필자 주: 아나키스트 본거지)과 영안현을 중심으로 공산지역은 항상 팽팽한 대결상태에 있었다. 어쩌다 잘못하여 상대방 지역으로 들어가게 되면 서로 죽고 죽이는 비극이 벌어지기도 했다. 한번은 경비를 돌던 교민이 20세가량의 청년공산당원을 잡아 왔다. 하얼빈 쪽에서 공산당 본거지인 영안현으로 가려면 해림을 통과해야 했기 때문에 가끔 공산당원들이 해림역에서 체포되어 오는 수가 있었다. 체포되어 온 사람들은 거의 사살해 버렸다. 자루에 산 채로 묶어 넣고 다리 위에서 얼음이 언 강 위로 떨어뜨려 익사시키는 방법, 땅에 구덩이를 파고 사람을 묶어 그 구덩이에 세워 놓고는 흙으로 묻어 죽이는 방법, 넓은 벌판으로 데려가 도망치게 하고는 뒤에서 총으로 쏴 죽이는 방법 등 서로가 잔인한 행동을 서슴없이 자행하는 경우도 있었다. (중략) 공산당원이라고 잡혀 온 그 청년도 순진하고 총명하게 생겨 아까웠다. 언제부터 공산주의자가 되었는지 모르지만 나는 청년을 설득하여 내 사람으로 만들어 볼 결심이었다.

그런데 내가 산시山市의 대표자 회의에 참석한 사이 그 청년은 사살되어 버렸다. 그 뒤에 또 한 사람이 잡혀 왔다.

거꾸로 청산리 전쟁으로 유명한 백야 김좌진 장군은 공산주의자 청년 박상실에게 피살되었다. 김좌진은 아나키스트 독립운동단체인 한족총연합회 주석이었다. 김좌진의 사촌동생이자 무관학교를 졸업한 시야 김종진 역시 아나키스트 본거지인 해림역 근처에서 공산주의자들에게 납치돼 피살되었다. 너무나도 안타까운 일이지만 생각의 차이, 곧 이념과 오해는 슬프게도 참극에 또 다른 참극을 낳았다. 민족의 독립, 식민통치로부터 해방이라는 같은 목표를 위해 목숨을 걸고 분투했지만 항일지사들 간 비극을 피하진 못했다. 항일독립군끼리 수백 명의 비극을 자초한 '자유시 참변'(1921)은 그 대표적인 사건으로 기록돼 있다.

1920년 일제는 봉오동 전투와 청산리 전쟁에서 참패를 당했다. 그러자 일제는 독립군 토벌에 나섰다. 그러나 독립군들은 이미 일제의 손길이 미치지 않는 중·소 국경지역이나 러시아령 자유시로 집결했다. 그곳에서 군권 다툼 끝에 독립군들끼리 수백 명이 죽고 죽이는 참변을 겪는다. 자유시 참변 이면에는 고려공산당 상해파와 이르쿠츠크파 간의 파벌과 군권 다툼이 있었다. 결국 간악한 일제는 독립군 토벌에 실패하자 그 화풀이 대상을 만주 일대 조선인 마을을 표적으로 삼았다. 만주 화룡현, 연길현 일대 조선인 마을을 대상으로 닥치는 대로 집을 불태우고 남녀노소 가리지 않고 학살하는 만행을 저질렀다. 1920년 경신참변! 바로 그 유명한 간도대학살이 그것이다. 조정래의 대하소설 『아리랑』에는 조선인 마을 소학교 교사를 잡아다가 얼굴 껍

질을 벗겨 죽이는 잔인한 장면이 묘사돼 나온다. 여성을 능욕한 뒤 어린아이와 함께 가족 전체를 불태워 죽이는 등 마을 전체를 초토화시켰다. 일제의 만행으로 한순간에 마을 전체가 사라지고 지옥으로 변한 천인공노할 참극이었다. 님 웨일스의 『아리랑』에도 김산에게 호의를 베풀었던 목사 가족 전체를 몰살시키는 대목이 나온다. 그러한 일제의 만행은 1937년 남경대학살 당시 다시 그 잔혹성과 야만성이 재연되었다.

김립, 한국 최초의 사회주의 정당을 만들다

오늘 소개하는 항일독립지사 김립의 죽음 또한 같은 항일독립지사들에 의해 저질러진 비극이었다. 너무나 안타깝지만 엄연한 역사적 사실이다. 더구나 항일독립운동의 상징적 인물, 백범 김구 선생에 의해 벌어진 일이라고 생각하니 더욱 가슴이 답답하고 안타깝기 그지없다. 김립은 이동휘의 최측근으로 일찍이 한국 최초의 사회주의 정당인 한인사회당을 만든 인물이다. 김립은 상해 임시정부가 수립될 때 참여를 반대했던 이동휘를 설득하여 임시정부에 참여하게 한 인물이었다. 이동휘가 국무총리, 김립이 차관급인 국무원 비서장의 직위를 맡았다. 당시 국무원 비서장은 외무차장, 내무차장, 법무차장, 재무차장, 군무차장 등 각부 차장(차관)회의를 주재하는 위치였다. 다시 말해 상해임정의 실질적 업무인 인사와 재무를 통괄했던 지위였다.

실제로 항일독립지사 김립은 국제정세에 탁월한 감각을 지녔던 인물이다. 뿐만 아니라 조선독립운동의 방략에 대해 당대 손에 꼽을 정

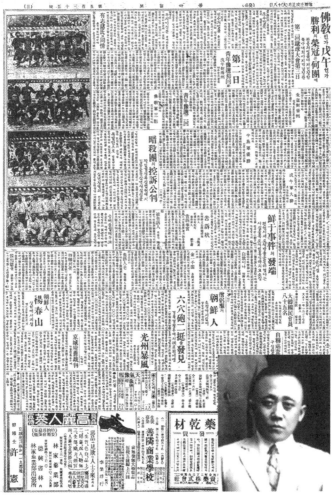

'朝鮮人 楊春山 상해에서 피살' 사건을 보도한 동아일보 1922년 2월 18일 자 3면 기사. 양춘산(楊春山)은 김립의 중국 이름이다. 오른쪽 아래 사진은 김립(본명 김익용). (출처: 독립기념관)

도의 전략가였다. 월슨의 민족자결주의가 제1차 세계대전 당시 승전국인 제국주의 논리임을 일찍이 간파했던 인물이다. 승전국인 미국과 영국, 그리고 그들과 동맹국인 일본이 조선의 식민지 상태를 해결해 주지 않을 것을 이미 알고 있었기 때문이다. 그리하여 김립은 처음부터 파리강화회의에 기대를 걸지 않았다. 김립은 오히려 러시아 혁명 이후 임시정부 승인 문제를 중요하게 생각해 대소외교를 중시했다. 그리하여 식민지 약소민족 해방운동을 공개적으로 지지하던 레닌으로부터 운동 자금을 지원받고자 했다.

김립은 상해 임시정부 특사 자격으로 한인사회당 출신 한형권을 러시아로 파견했다. 그 결과 금괴 40만 루블을 상해로 옮겨오는 데 결정적으로 역할을 수행했다. 물론 여기에는 한인사회당 출신 항일독립운동가 박진만의 역할이 컸다. 한형권과 박진만은 러시아 볼셰비키 권력자 레닌과 직접 대담하며 상해 임시정부 인정과 함께 레닌으로부터 거액의 운동 자금을 약속받았다. 박진만은 조선독립운동사에서 망각의 존재이지만 사회주의 계열 항일운동가로서는 대단한 지위에 올랐던 인물이다. 코민테른에 조선의 상황을 보고하고 기관지에 투고하였으며 대중연설을 단행했던 인물이다. 임정 특사 한형권과 함께 한인사회당 당원으로서 상해 임시정부를 소비에트 러시아가 승인하도록 만든 주역이었다. 그는 항일혁명가 가운데 유일하게 코민테른(국제공산당) 집행위원으로 활동했던 거물이었다. 한인사회당 출신 한형권과 박진만은 모두 러시아어에 능통했다. 상해 임시정부 대표 자격으로 러시아 모스크바를 방문한 한형권은 국빈대우를 받으며 외무차관 카라얀의 환대를 받았다. 실제로 모스크바를 찾아가는 길목마다 한형권은 북을 울리며 태극기 물결 속에서 성대한 환영을 받았다고 한다.

상해 정계에서 김립을 능가할 인물은 없었다

역사학자 계봉우는 1920년대 초 '상해 정계에서 김립을 능가할 인물은 없었다'고 평가했다. 그만큼 김립은 국제정세에 탁월할 정도로 밝았고 항일운동과정에서 조직과 선전에 뛰어났다. 1922년 2월 피살 당시 김립은 머리와 가슴에 12발의 총격을 받고 즉사했다. 시신은 처참했고 중국인 복장이어서 김립의 피살 소식을 맨 처음 전한 중국 『차이나 선』지에선 40대 중국인 양춘산으로 보도했다. 양춘산은 김립의 가명이었다. 그러나 며칠 지난 뒤 피살된 중국인이 상해 독립운동의 거물 김립으로 드러났다. 상해 주재 일본영사관은 김립 피살 소식을 긴급히 본국 외무대신 앞으로 타전했다. 「공산당 수령 김립 살해에 관한 건」이라는 기밀문서를 보낼 정도로 일제는 촉각을 곤두세웠다. 일제 첩보자료에도 김립을 '공산당 수령'으로 묘사하거나 '배일흥한排日興韓'의 대표적 인물로 적시했다.

일찍이 김립은 1900년대 동향인 항일 변호사 허헌과 함께 조선에 전제군주제를 폐지하고 입헌군주제 실현을 꿈꾸었다. 그리하여 김립은 김립의 '립立'과 허헌의 '헌憲'에서 입헌立憲을 생각하며 자신의 본명인 김익용을 김립으로 바꿨던 인물이다. 1910년 2월 보성전문학교 졸업 후에는 이갑, 안창호, 유동렬, 윤해 등과 함께 서북학회에서 활동했다. 서북학회는 구한말 대중연설 등 언변에 능한 청년 논객들의 애국계몽기관이자 허수아비 정부를 비판하며 혁명을 꿈꾼 정치조직이었다. 그러나 그해 8월 한일병탄으로 나라가 망하자 김립은 핵심활동가 이갑, 안창호, 윤해 등과 해외 망명을 단행했다.

망명 후 김립은 연해주에서 항일운동단체 권업회 총무가 되어 활동했다. 1911년 김립은 북간도 연길현에 항일민족교육을 전담할 길동기독학당을 세웠고, 1912년엔 이동휘와 함께 군사훈련까지 가르친 광성학교를 세워 독립군 양성을 기도했다. 당시 광성학교는 용정 명동학교 못지않을 정도로 북만주 항일민족교육의 본산이었다. 1913년엔 왕청현 라자구에 동림무관학교를 세워 독립군 무관들을 양성했다. 이후 김립은 연해주 한인 청년들을 규합해 적위대와 함께 항일빨치산 활동을 전개했다. 그리고 1918년엔 김알렉산드라의 도움으로 한국 최초의 사회주의 정당인 한인사회당을 창당했다. 김알렉산드라 페트로브나 스탄케비치는 1917년 10월 러시아 혁명에 참여한 조선인 여성 항일혁명가다. 한인사회당 창당 당시 국제주의 정신에 입각해 러시아 볼셰비키와 조선인 독립운동가들을 연결시켜 준 인물로 당시 하바롭스크 당서기였다.

김립은 과연 파렴치한 공금횡령범인가

김립이 이동휘를 설득해 상해 임시정부의 중책을 맡았던 기간은 1919년 11월에서 1920년 9월이다. 그 기간에 러시아 혁명 정부는 임시정부에 대한 지원을 아끼지 않았다. 당시 상해 임시정부는 통합정부로서 국내외 항일혁명역량을 집중시키고 항일독립운동의 총본산 역할을 수행해야 할 위치에 있었다. 그러나 상해 임정은 이 임무를 방기한 채 무기력하게 외교독립론으로 일관하는 모습을 보였다. 거기다 이승만의 기호파와 안창호의 서북파 간 대립이 지속되고 있었다. 이에 김립 등 사회주의자들은 깊은 절망감에 빠졌다. 상해 임정은 3·1운동의

1920년대 초반 상해파 고려공산당 간부들 사진. 이극로, 이동휘, 박진만, 김립(앞줄 왼쪽부터), 김철수, 계봉우, 미상(뒷줄 왼쪽부터). 박진만은 코민테른 집행위원을 역임한 인물이다. (출처: 독립기념관 소장)

희생 속에 탄생된 소중한 망명정부였지만 제 기능을 수행하지 못하고 있었기 때문이다.

결국 상해 임정은 1922년 논란 끝에 국민대표회의를 소집하기로 결정한다. 어렵게 소집된 국민대표회의조차도 1923년 상반기 내내 개조파-창조파-임정고수파로 분열된 채 지리멸렬한 상태에 빠져들었다. 국민대표회의는 1923년 1월부터 6월까지 6개월 동안 거의 70여 회에 이를 정도로 회의를 소집해 논쟁을 벌였다. 그렇지만 개조파와 창조파의 분열, 그리고 무장투쟁노선과 외교독립노선의 간극을 좁히지 못한 채 암투와 분열로 세월을 보냈다. 그러자 러시아 볼셰비키 정권은 상해 임정의 분열된 모습에 실망하여 독립운동 자금 지원을 중단한다. 『백범일지』의 김구의 회상에서도 언급되듯이 1924년부터 러시아 혁명정부와 상해 임시정부는 완전히 관계가 단절된다. 문제는 국민대표회의가 열린 6개월 동안 항일독립지사들의 숙식비의 대부분이 러시아 볼셰비키 정권에서 지원한 독립운동 자금으로 충당됐다는 사실이다. 한형권이 2차 자금으로 가져온 20만 루블에서 충당한 것이다.

상해 임시정부는 김립과 한형권을 죽이려고 경무국 비밀 경호요원들을 중심으로 테러단을 만들어 이를 실행에 옮겼다. 그리고 김립을 살해하고도 성에 차지 않았는지 한형권이 베를린 주재 소련대사관을 거쳐 2차 자금으로 가져온 20만 루블을 빼앗기 위해 의열단 김상옥을 사주해 항일독립지사 윤해를 죽이려 저격했다. 김립의 죽음에 대해 『백범일지』에는 '파렴치한 공금횡령범'으로 규정했다. 그리하여 1922년 1월 26일 자로 '대한민국 임시정부 포고 제1호'를 발표했다. 그 포고문의 일부 내용을 보면 이렇다.

김립은 이동휘와 서로 결탁하여 마침내 국가 공금을 횡령하여 개인주머니를 살찌우고, 같은 무리를 불러 모아 공산이란 미명 하에 숨어서 간악한 음모를 꾸미고 있다. 그 죄가 극형에 처할 만하다.

나남출판사 『백범일지』에는 '김립'의 죽음에 대한 기술이 빠진 채 김립의 죄악상만 서술돼 나온다. 김립이 러시아에서 받은 자금으로 광동廣東 출신 중국인 첩을 두고 향락에 빠진 인물로 나오기 때문이다. 다시 말해 독립운동 자금을 부당하게 유용한 매우 지저분한 공금횡령범으로 '김립'을 묘사했다. 이는 김립의 처단을 언급하지 않은 채 항일독립지사를 살해한 이유를 합리화하려는 의도라고 생각된다

항일독립운동의 가치를 평가하는 데 좌우가 따로 없다

돌베개 출판사의 『백범일지』에는 김립에 대한 내용이 매우 사실적으로 묘사돼 나온다. 김립의 죽음에 대해 백범 김구는 '통쾌하다'는 세간의 평가와 함께⋯.

마침내 한(필자 주: 한형권을 가리킴)이 모스크바에 도착하니 러시아 최고지도자인 레닌 씨가 친히 맞이하며 독립자금은 얼마나 필요로 하느냐고 물었다. 한은 입에서 나오는 대로 200만 루블을 요구했다. 레닌은 웃으면서 반문했다. "일본을 대항하는 데 200만으로 될 수 있는가?" 한은 본국과 미국에 있는 동포들이 자금을 조달한다고 답변했다. 그러자 레닌은 자기 민족이 자기 사업을 하는 것은 당연하다고 말하고, 즉시 러시아 외교부에 명령하여 현금으로 200만 루블을 지급하게 하였으나 외교부는 금괴 운반 문제 때문에 시험적으로 제1차 40만 루블을 한형권에게 주었다. 한이 시베리아에 도착할 시기에 맞추어 이동휘는 비서장인 김립金立을 밀파해 한형권을 종용하여 금괴를 임시정부에 바치지 않고 중간에서 빼돌렸다. 김립은 이 금괴로 북간도 자기 식구들을 위하여 토지를 매입하였고, 이른바 공산주의자라는 한인, 중국인, 인도인에게 얼마씩 지급했다. 그러고서 자기는 상해에 비밀리에 잠복하여 광동 여자를 첩으로 삼아 향락하는 것이었다. (중략) 정부의 공금 횡령범 김립은 오면직, 노종균 등 청년들에게 총살당하니 사람들이 통쾌하게 생각했다.

김립을 살해한 노종균, 오면직은 백범 김구와 같은 황해도 출신 28살의 동갑내기 열혈 항일애국지사들이다. 그들은 일찍이 3·1운동에 참여하였고 조선일보, 동아일보 황해도 안악지국에서 활동했던 인물이다. 1921년 임시정부 군자금 모집 건이 일제에 발각돼 상해로 망명한 상태였다. 당시 상해 임정 경무국(경무국장 김구)은 김립을 처단할 방안을 세워 두었지만 실행에 옮기지 못하고 있었다. 노종균과 오면직이 상해로 망명해 오자 백범 김구는 이들을 비밀경호요원으로 채용하여 김립 처단이라는 특수임무를 수행하게 했다.

결국 '김립'의 죽음은 러시아 혁명 정부로부터 받아 온 독립운동 자금에 대한 오해에서 빚어졌다. 그 오해는 민족주의자와 사회주의자 간의 갈등으로 표출되어 민족적 비극이자 참극으로 끝났다. 그러나 오늘날 뒤늦게 밝혀진 사실이지만 '김립'은 『백범일지』의 표현처럼 지저분한 항일운동가가 아니었다. 김립이 피살되자 김립에 이어서 한인사회당 재정부장을 맡은 김철수는 모스크바 운동 자금이 임시정부 공금이 아니라고 회고한 적이 있다. 김철수는 상해파 공산주의자로 강달영의 제2차 조선공산당이 와해된 뒤 제3차 조선공산당 책임비서를 역임한 인물이다. 실제로 기밀 해제된 코민테른 보고서에는 모스크바 운동 자금의 수령자와 정산 책임자를 한인사회당의 후신인 상해파 고려공산당으로 기록하고 있기 때문이다.

김립은 1910년대와 20년대 초를 대표하는 걸출한 항일독립지사이자 사회주의자였다. '김립의 죽음은 실제로 항일독립운동계의 크나큰 손실이자 이후 상해 임시정부가 쇠락해 가는 계기로 작용했다. 21세기 냉전이 해체되고 마지막 냉전의 고도孤島로 남아 있던 한반도에 서서히 평화의 봄바람이 불고 있다. 일제강점기 항일독립지사들에게 사회주의, 공산주의, 무정부주의는 독립운동의 방편으로 채용한 경우가 대부분이다. 항일독립운동의 가치를 평가하는 데 좌우가 따로 있을 수 없다. 비록 늦었지만 항일혁명가 김립의 억울한 죽음이 알려진 만큼 그의 명예가 회복되고 훈장이 추서되길 고대한다.

13.

실천적 교육운동가,
한국의 페스탈로치
이오덕 선생

_이오덕 선생 16주기를 기리며

사람들이 기억하기를 이오덕 선생은 초등교육자, 어린이(아동) 문학가, 어린이(아동) 문학평론가, 우리말 연구자, 국어운동가이다. 글쓰기 교육을 통해 '아이들 삶을 위한 교육'을 실천했던 참교육자로 기억하기도 한다. 글쓰기 교육이 아이들 스스로 자기 자신을 돌아보고 정직하게 스스로를 성찰하며 성장을 경험하는 뛰어난 교육 방식이라고 강조했던 분이다. 착한 심성과 고운 마음이 글쓰기 교육을 통해서 자기 삶의 주체가 되는 건강한 어른으로 살아갈 수 있다고 믿었다.

　글쓰기 교육이 아닌 글짓기 교육은 어른들 말을 흉내 내어 그럴듯하게 쓴 글이라 했다. 글을 좀 쓴다고 모인 문예반 아이들 글이나 백일장, 글짓기 대회에서 대상을 받은 아이들 글이 그런 부류라 했다. 어린 시절 자신의 삶을 정직하게 표현할 줄 모르고 억압당한 채 어른들 시키는 대로 자신을 겉으로 꾸미는 글짓기 교육은 어른들이 쓰는 언어 기교만 흉내 낼 뿐이라 했다. 그런 아이들은 남을 제쳐 상을 타고 우쭐거릴 뿐 커서도 남을 속이고 자신의 이익만을 좇는 '괴물 엘리트'로 살아간다고 탄식했다.

아이들을 살리는 참교육을 이야기하다

이오덕 선생은 글쓰기 교육을 통해 학교교육을 일대 혁신할 수 있다고 믿었다. 학교현장에 글쓰기 교육 혁명을 일으켜 교육 방식의 변화를 통해 참교육을 실천하고자 분투했다. '참교육'도 이오덕 선생이 처음 쓴 표현이다. 전교조에서 펴낸『참교육 한길로: 전국교직원노동조합운동사1』(2011)에는 성래운 교수가 1980년대 초반 '참교육'이라는 용어를 처음 썼다고 나와 있다. 성래운 교수는 이오덕 선생과 함께 이 땅의 교육민주화운동을 위해 '민주교육실천협의회'(1986)를 만든 인물이다.

그런데 이무완 선생은『교사, 이오덕에게 길을 묻다』(2018)에서 달리 주장했다. 이오덕 선생이 1970년대 말『이 아이들을 어찌할 것인가』(1977)에서 '참된 교육'이라는 용어를 썼고,『삶과 믿음의 교실』(1978)에선 '참교육'이라는 말을 가장 먼저 썼다고 기술하고 있다.

오직 물질적인 풍요만을 목표로 하는 개인주의, 편리주의가 자연과 인간 정신을 황폐하게 만들고 있다. 이런 상황을 더욱 촉진하고 있는 학교교육은 시험 점수 따기와 상호 경쟁을 수단으로 하는 입신출세주의로 타락하여 아이들에게 정직과 진실 대신에 잔꾀와 거짓을 강요하고 서로 해치는 것이 영리한 삶의 길임을 결과적으로 가르치고 있는 것이다. 이런 세상에서 제 정신을 잃고 살아가는 농촌 아이들에게 스스로의 느낌과 생각의 소중함, 생활의 귀중함을 깨우치는 글짓기 교육이야말로 이 나라 아이들을 살리고 지켜 가는 참교육이라고 믿는다.

이오덕 선생을 따랐던 이상석은 이오덕 선생이 참교육이란 용어를 1963년 2월 6일 자 일기에 처음 썼다고 주장했다. 이오덕 선생에게 참교육이란 '민주교육, 민족교육, 인간교육, 자연사랑교육'을 모두 담고 있는 교육을 가리킨다고 했다.

지극히 당연한 교육적인 견해가 여지없이 짓밟혀 버리는 곳에 아이들의 인권을 지키는 참교육이 이뤄질 수 없는 것은 너무나 환하다. _1963년 2월 6일 『이오덕 일기』

이오덕 선생은 아이들의 삶을 찾아 주고자 애썼다. 소박하고 평범하게 살아가지만 이웃의 아픔을 함께하고 공동체의 선을 이루려고 애쓰는 시민을 키우고자 혼신을 다했다. 교육자로서 정치 현실에 관심을 드러냈고, 사회 정의를 바로 세우고자 언제나 사회 참여를 소홀히 하지 않았다.

학교현장에 글쓰기 교육 혁명을 부르짖은 한국의 페스탈로치 이오덕. 그는 절망의 시대, 죽음의 교육이 지배하던 시대 아이들의 눈으로 병든 교육, 거짓 교육을 증언했다. 실천적 교육운동가 이오덕은 '오늘의 시대, 교사란 무엇인가'를 온몸으로 보여 준 시대의 스승이다. (출처: 한겨레)

군사정권 시절 자신이 쓴 책이 의식화 교재로 분류돼 불온서적으로 낙인찍혔고, 중앙정보부에 끌려가 이틀 동안 고초를 겪기도 했다. 독재 권력의 감시 대상 인물이 되어 교육청은 그의 동향을 상부에 보고할 정도였다. 실제로 경북교육청은 선생의 1년 동안의 행적을 매년 연말, 원고지 80매가 넘는 분량으로 동향 보고서를 작성해 교육부에 보고했다. 5공 시절에는 이오덕 선생이 참여한 '장자 모임' 지인끼리 만나는 것도 정보경찰의 감시 대상이었다. 심지어 권력의 훼방으로 이오덕 선생 회갑을 축하하는 모임조차 가질 수 없었다.

게다가 같은 교육자들 가운데 권력에 밀착된 교육행정가나 교사들조차 이오덕 선생을 불온한 인물로 대했다. 이오덕 선생이 작사한 교가를 '전교조 우두머리'가 쓴 가사라며 부르지 못하게 했던 교육장도 있었으니까. 이오덕 선생은 『시 정신과 유희 정신』(1974)을 통해 문단 주류의 동심천사주의와 교훈주의, 기교주의를 비판했다. 그러자 문단 내 기득권 세력들은 문단 지면을 통해 비평 아닌 비난을 퍼붓기도 했다.

아이들과 함께 있고 싶었지만 5공 군사정권은 이오덕 선생을 달달 들볶았다. 꼬투리를 잡고 자주 학교 감사를 나와 이런저런 이유로 교육행정가 이오덕 교장 선생님을 압박했다. 이오덕 선생 스스로 고백했듯이 하도 닦달을 하고 난리를 쳐서 정년을 4년 남겨 두고 1986년 2월 교직을 떠났다. 군사정권이 경찰과 교육청을 총동원해 감시행정을 하며 숨통을 조여 왔기 때문이다. 사실상 5공 군사정권이 참교육자 이오덕 선생을 학교에서 쫓아낸 것이다.

우리 시대의 참 스승

많은 사람들이 이오덕 선생을 글쓰기 교육을 강조한 국어운동가, 동화작가 권정생을 발굴한 인물로 기억한다. 이오덕 선생은 분명 글쓰기 교육 운동가이자 국어운동가, 우리말 연구자, 어린이(아동) 문학 문단에 일대 파란을 일으킨 평론가이다. 방정환-이원수로 이어지는 리얼리즘 계열 민족문학의 계보를 잇는 동시 작가이기도 하다.

그런데 거기에 머무르지 않고 이오덕 선생의 삶 전체를 관통하는 정신을 강조하고 싶다. 선생은 평생에 걸쳐 '참교육운동'을 실천하셨다. 한마디로 이오덕 선생은 '한국의 페스탈로치'이다. 시대의 낡은 교육질서에 저항했고, 아이들을 섬기며 인격적 주체로 바라보았다. 그리고 페스탈로치처럼 '교육을 통해 세상을 구원할 수 있다'고 믿었던 교육사상가이다. 무엇보다 학교현장에서 꾸준히 교육운동을 실천하며 교사의 길을 걸어간 시대의 스승이다.

단 한 번도 교육모순을 외면하지 않고 고뇌했던 실천적 교육운동가였다. 아이들을 온갖 낡은 질서로부터 해방시키는 가장 훌륭한 교육방식이 글쓰기 교육임을 발견한 것도 그러한 교육적 고민의 산물이다.

이오덕 선생은 쉽고 아름다운 우리말을 즐겨 쓰고 가르치며 이를 널리 퍼뜨려야 한다고 믿었던 교육자이다. 우리가 우리의 아름답고 쉬운 입말을 즐겨 씀으로써 글쓰기 혁명을 일으키자고 열변을 토했다. 평생을 그렇게 살았다. 쉬운 말, 강아지도 알아들을 수 있는 쉬운 말로 글을 쓰는 글쓰기 혁명을 일으키지 않고선 한국 사회가 사람다운 사회, 정의로운 사회가 될 수 없다고 확신했기 때문이다.

이오덕 선생은 『우리글 바로 쓰기』(1989) 머리말에서 이렇게 말했다.

우리말로 창조하고 우리말로 살아가자. 이 땅의 민주주의는 남의 말, 남의 글로써 창조할 수 있는 것이 아니라 우리말로써 창조하고 우리말로써 살아가는 것이다. 우리말과 글에서도 봉건과 일제와 분단의 세 겹이나 되는 무거운 짐을 모두가 운명처럼 지고

권정생을 발굴한 이오덕 선생. 1973년 이오덕은 안동 일직교회 종지기로 살아가던
권정생을 찾아간다. 이후 30년 동안 수많은 편지를 주고받으며 어린이 문학 동지로
서 기존 문단에 저항하며 끈끈한 인연을 맺었다. (출처: 한겨레)

있는 것이다.

페스탈로치가 궁극적으로 교육을 통해서 세상을 구원하고자 했듯이 이오덕 선생도 아이들 삶을 가꾸는 교육을 통해서 일그러지고 비틀린 세상을 바로잡고자 평생을 고투했다. 페스탈로치는 노작교육을 통해 노동의 소중함을 일깨우고 노동을 통해 세계 인식의 기초를 세우려고 했다.

이오덕 선생 역시 노작교육을 통해 아이들 스스로 세상을 이해하고 해석하는 건강한 인격적 주체로 가꾸고 싶었다. 1978년에 펴낸 아이들 시 모음『일하는 아이들』은 바로 그것을 대표하는 작품이다. 페스탈로치가 스위스 교원노동조합에 해당하는 '스위스 교육협회'(1808)를 조직해 '스위스 교원노조의 아버지'로 추앙받듯이 이오덕 선생은 민족교육, 민주교육, 인간교육을 부르짖으며 참교육운동을 이끌었던 전국교사협의회(약칭 전교협 1987)와 전국교직원노동조합(약칭 전교조 1989) 창립에 결정적으로 기여한 인물이다. 1980년대 초반 이오덕 선생이 만든 '한국글쓰기교육연구회'는 'YMCA 중등교육자협의회'와 함께 한국 교육운동의 거대한 저수지였음은 널리 알려진 사실이다. 80년대 '한국글쓰기교육연구회' 회원으로 참여한 교사만 전국에 걸쳐 1,000명을 넘어섰으니까.

그런 면에서 이오덕 선생은 '한국 교원노조의 아버지'이다. 20세기 한국 사회 봉건성과 전근대성, 식민지 잔재, 군사문화의 낡은 질서를 깨트리고자 활동했던 인물이다. 낡은 교육 질서와 학교모순을 해체시킴으로써 고통받는 아이들을 해방시켜 행복한 인간을 만드는 데 교육의 목적을 두었다.

5공 군사정권 시절에는 교육민주화를 위해 '민주교육실천협의회'(1986)를 만들어 공동대표를 맡았다. 이듬해엔 '전국초등민주교육협의회(약칭 전초협)'(1987)를 만드는 데 결정적으로 기여했고 자문위원을 맡았다. 전초협은 2년 뒤 전교협-전교조 초등위원회가 된다. 교육민주화는 정치 사회민주화와 동시에 진행해야 한다는 믿음에서 87년 6월 민주항쟁 당시 거리 시위에 적극 참여했다. 그리고 시위 대중 속으로 들어가 매운 최루탄 가스에 눈물 흘리는 것을 피하지 않았다. 『이오덕 일기』에는 그 내용이 생생하게 나온다. 대학생인 둘째 아들 현우가 연락도 없이 집에 들어오지 않고 늦은 밤에 들어오자 야단을 친 일이 있는데, 이유를 알고 보니 시위에 참여한 때문이었다. 그것도 자신과 가까운 거리에서 함께 참여했던 것을 나중에 알게 되자 속으로 대견해한다.

전교조가 민족교육과 민주교육을 표방할 때 인간교육을 함께 추구해야 한다고 강조한 인물이 이오덕 선생이다. 전교조의 이념인 '민족·민주·인간화 교육'은 그렇게 해서 탄생했다. 이오덕 선생이 추구한 참교육 사상은 아이들 삶을 위한 교육 사상이자 전교조가 지향하는 참교육의 핵심 교육사상이 되었다.

전교조는 합법화된 1999년에 참교육상 첫 수상자로 이오덕 선생을 선정했다. 수천 명이 모인 잠실 체육관에서 열린 그날의 광경을 잊을 수가 없다. 이오덕 선생의 참교육 정신은 이후 1990년대 대안학교와 2010년대 전후 혁신학교를 싹틔운 교육사상의 뿌리로 작용했다.

거짓 교육을 넘어 일보 전진하다

이오덕 선생은 참교육 이전 교육을 '거짓 교육'으로 규정했다. 아이들의 삶을 위한 교육이 아니라 끊임없이 아이들을 낡은 질곡 속으로 밀어 넣는 '반민주·반민족·반인간 교육', '거짓 교육'으로 보았다. '국민학교', '교감', '유치원' 같은 명칭에서 보이듯이 이오덕 선생은 일제 망령에서 벗어나지 못한 교육 현실을 개탄했다. 1993년 '국민학교 이름 고치는 모임'에서 운영위원을 맡았던 것도 그런 연유 때문이었다. 국민학교가 초등학교로 명칭이 바뀐 것은 해방된 지 50년이 지난 1996년도부터였다. 잘못된 명칭과 낡은 교육 질서를 해체시키려 분투했던 이오덕의 결실이자 한국 교육의 소중한 일보 전진이었다.

이오덕 선생이 글쓰기 교육을 찬미하면서 쓴 시를 보면 선생의 민족의식과 우리말을 참으로 사랑했던 교육자의 모습을 만나게 된다. 국어운동가를 넘어서서 실천적 교육자의 표상이라 할 수 있다.

남에게 홀리지 말고(일본)/ 남에게 끌리지 말고(중국)/ 남에게 기대지 말고(미국)/ 홀로 서서 가는 사람 훌륭하여라/ 어려운 말 하는 사람 믿지 말고/ 유식한 글 쓰는 사람 따르지 말자/ 우리말은 깨끗해요 우리말은 쉬워요/ 우리말은 바르고 아름다워요/ 어린이들도 잘 아는 우리 배달말/ 할머니도 잘 아는 시골 고향 말/ 진달래 피고 지는 삼천리강산/ 배달말로 이어질 한 핏줄 겨레 _이오덕, 「쉬운 말 우리말로」

이오덕 선생은 낡은 교육 질서가 지배하던 시절 모범교사상을 이렇게 표현한 적이 있다. 모순과 비리로 얼룩진 당시 교육계의 씁쓸한 풍경이기도 하다.

모범교사가 되는 조건이 세 가지가 있다고 했다. 첫째는 '돈' 잘 걷어 내는 일이고, 둘째는 '청소' 깨끗이 하는 것, 셋째는 '환경 정리' 잘하는 것이다. 이런 역사에서 무사히 월급쟁이 노릇을 하여 왔다는 것은 아이들에게 죄를 짓지 않고는 불가능한 일이었다.

이오덕 선생의 유고 시집에는 젊은 교사를 향한 실천적 노력을 주문하는 내용도 있다. 읽을수록 교육자로서 담대해지는 느낌을 받는다. 왜냐하면 교사는 교육모순에 끊임없이 맞서야 하는 존재이기 때문이다. 그리하여 아이들 삶을 위한 교육! 바로 아이들을 살리는 교육을 해야 하는 최전선에 서 있는 존재이기 때문이다. 교육은 피를 흘리지 않고 세상을 바꾸는 정교한 예술이자 사회적 기구이다. 교육이 왜 교사에게 운동이며 실천하는 삶인지 깨닫게 해 주는 아름다운 시이자 교사로서 살아갈 때 힘이 되는 멋진 시가 아닐 수 없다.

출석부를 들고/ 어둠침침한 골마루를 걸어가다/ 잠시 창문을 열어제끼고/ 바깥 푸른 하늘을 처다보고/ 그 깊은 하늘에 무엇이 있는가/ 심호흡深呼吸을 할 줄 아는/ 당신은 젊은 교사/ 그 넓은 가슴의/ 용적容積만큼 가득한 하늘로/ 방금 사무실에서 마신 잔/ 뼛속까지 스며들어 간 그것을 해독解毒하고/ 온갖 지시指示와 명령命令과 전달傳達을/ 깨끗이 잊을 수 있는 당신은/

이윽고 시작종이 울릴/ 그 촉박한 시간에서/ 다시 살아나는 초인
超人의 기술을 익힌/ 멋을 지닌 젊은 교사/ 그리하여 어린이의 나
라로 통하는/ 좁은 문을 두드리는/ 위대한 젊은 교사

　　　　　　　　　_이오덕, 「출석부를 들고(당신은 젊은 교사)」

진보주의 교육사상가로 아동 중심의 교육, 민주주의와 교육을 논한
듀이J. Dewey 역시 교원노조를 만드는 데 열정적인 인물이었다. 그리고
미국 사회에서 교원노조가 만들어졌을 때 1번으로 노조에 가입했다.
우리의 사고를 지배하는 분단 한국의 현실에선 듣도 보도 못한 이야
기이다.

분단이라는 낡은 질서는 한 면만 가르쳤다. 분단 권력에 유리한 면
만 크게 부각시켰다. 페스탈로치와 헬런 켈러, 아인슈타인, 소크라테
스를 비틀어서 가르쳐 왔듯이 듀이의 진면목을 왜곡시켜 왔다. 미국교
원노조에 맨 처음 가입한 인물, 존 듀이. 이런 사실은 교직과목을 이
수하고 장차 교사가 되려는 예비 교사들에게도 생소한 이야기이다.

이오덕 선생은 이제껏 한국 교육은 아이들을 병들게 했다고 진단했
다. 그 책임의 한 부분을 교사가 져야 한다고 생각했다. 교사는 아이
들을 지키는 마지막 보루인데, 아이들 삶을 지키고 가꾸어 나가지 못
하고 아이들을 입신출세주의 교육으로, 점수 따기 경쟁 교육으로 내몰
아 왔다는 것이다. 물론 병든 교육의 주범은 행정을 하는 사람이지만
교육자도 공범이라는 생각이다. 제2공범은 부모들이라고 주장했다. 참
교육, 바로 아이들을 살리는 교육은 이 뼈아픈 사실을 깊이 반성하는
데서 출발해야 한다고 믿었다.

삶을 위한 교육, 민주주의로 가는 교육

이오덕 선생의 일기에 '이 나라 학교교육보다 더 나쁜 교육은 없다'는 대목이 있다. 도대체 교육이 아니라 아이들을 병들게 하는 비참한 훈련이자 '살인교육', '식인교육'이라며 통렬히 비판했다.

이오덕 선생에게 '민족·민주·인간화 교육'은 아이들을 살리는 교육이다. 점수를 잘 따서 출세하려는 허위의식을 주입하는 거짓 교육을 철저히 거부하고 부숴 버려야 한다고 생각했다. 오로지 교육운동은 아이들을 살리는 교육 내용으로 전진해야 하고 교사가 교육의 주체로 우뚝 서야 한다고 믿었다. 과거의 오랜 관행처럼 지시와 명령을 따르는 존재에서 벗어나 교사 스스로 자기무장을 해야 한다는 생각이다. 그리하여 전교조 운동은 사회민주화 운동에 동참하는 것이어야 하고, 교육민주화 없이 사회민주화는 있을 수 없다는 점을 분명히 강조했다.

이오덕 선생은 특별히 교육운동에서 촌지 거부를 집중적으로 거론했다. 당시 활동가들 사이에는 촌지 문제에 대해 인간적인 것이자 한국 사회의 아름다운 관행으로 보는 이들도 없지 않았다. 그에 대해 선생은 단호하게 "교육운동의 출발은 촌지 거부를 선언하는 것에서 출발해야 한다"고 단언했다. 그렇지 않으면 "교육운동을 할 이유가 없다"고 하면서 "그런 모임에 나가지 않겠다"고 다짐하는 내용이 일기에 나온다. 전교조 창립 당시 내건 '촌지거부운동'은 전국의 부모들에게 크나큰 호응과 지지를 받았다. 교육운동가로서 원칙에 충실했던 이오덕의 엄격함과 한국 교육의 모순을 꿰뚫어 보는 면모에 놀라지 않을 수 없는 장면이다.

이오덕 선생의 대쪽 같은 단호한 기질과 엄격함은 이육사의 문학 정신과 상통한다. 육사의 문학 정신은 독립, 민족해방이라는 겨레의 자존을 지키고 글쓰기를 행동의 방편으로 삼았다. 이오덕 선생 역시 선비의 꼿꼿함과 살아 있는 자주적인 민족교육의 자존심, 그리고 이를 위해 실천하고 행동하는 문학 정신을 보여 주었다.

이오덕 선생은 이제까지 학교교육은 아이들을 위한 교육이 아니라 어른들을 위한 교육이었다고 성찰한다. 아이들의 자발성과 자율성을 억압한 채 두발단속, 복장검사 따위로 교육인 체했다. 아이들을 동등한 인격으로 보지 않고 어른들의 고정관념에 따라 지도하는 것을 교육활동인 양 해 왔다. 그런 점에서 선생은 아이들을 삶의 주체로 내세운 최초의 교육자이다.

글쓰기, 말하기, 그리기 등 표현교육을 중시하여 아이들 스스로 자신의 삶의 주인이 되게 가르쳤다. 이오덕 선생에게 표현교육은 생명해방교육이었다. 이오덕 선생 스스로 그렇게 불렀다. 결국 아이들 생명을 거짓 교육의 굴레로부터 해방시키는 교육은 아이들 삶을 위한 교육이자 민주주의로 가는 교육이라고 보았다.

아이들 삶을 중심에 두지 않고 아이들을 이용해 실적을 쌓고 겉치레에 치중하는 교육은 죽은 교육이라 반대했다. 아이들 삶이 살아 있는 교육, 바로 민주주의가 살아 있는 교육을 참교육이라 단언했다. 이러한 이오덕의 교육사상은 참교육 이념으로 정립되고 전교협(1987)-전교조(1989)의 기본 정신으로 뿌리를 내렸다.

행복은 성적순이 아니잖아요

이오덕 선생은 교사가 건강한 교육 철학을 갖지 못하면 아이들을 반교육적인 상황, 바로 비인간으로 몰아가는 일을 교육의 이름으로 저지르게 된다고 강조했다. 교사는 아이들과 관계 맺기를 소홀히 해서도 안 되지만 아이들을 둘러싼 교육모순, 사회모순에도 깊이 천착하여 교육의 주요 모순과 근본 모순을 해체시키기 위해 노력해야 한다고 보았다. 그러할 때 가시밭길 험난함 속에서 교사의 아름다움을 간직할 수 있다고 말했다.

이오덕 선생은 42년 교직생활 동안 평생 아이들을 걱정했다. 아이들 글을 소중히 생각했고 두고두고 귀하게 여겨 책으로 엮어 펴냈다. 1980년대 '한국글쓰기교육연구회'를 근간으로 교육민주화 운동을 이끌었음에도 불구하고 "평생 아무것도 한 게 없고 교육을 한 것 같지가 않다"고 자책했다. 그러면서 "다만 아이들에게 죄를 지었을 뿐"이라고 회고했다.

퇴임할 때 권력의 미움으로 그 흔한 석류장, 목련장 훈장조차 받질 못했다. 다른 교육자들이 퇴임하면서 평생을 교육계에 헌신했다고 자화자찬할 때, 이오덕 선생은 권력에 밀리고 쫓겨나다시피 반강제로 학교를 떠났다. 그럼에도 이오덕 선생을 따르는 수천수만의 교사를 만들어 냈다. 모두 아이들의 순수한 영혼과 삶이 상처받지 않고 "그 순수함이 훼손되는 사태를 막으려는 교육자적 책임감의 실천"이었다.

이 시대 누가 진정한 교육자인지 누가 페스탈로치의 삶을 따라갔는지 우리는 이오덕 선생의 삶을 공부하면서 알 수 있다.

오늘날 전교조의 참교육 이념, 바로 민족·민주·인간화 교육은 이오

2019년 2월 20일 전국교직원노동조합을 찾아간 유은혜 교육부총리. '참교육'을 최초로 주장한 이오덕의 교육사상은 오늘날 '민족·민주·인간화 교육'을 표방한 전교조의 교육정신으로 살아 있다. (출처: 전교조 대변인실)

덕 선생의 참교육을 이어받은 것이다. 이오덕 선생은 한 학생이 친구에게 보낸 편지가 유서가 된 시 「행복은 성적순이 아니잖아요」(1986)에 크나큰 충격을 받았다. 당시 교육운동을 하던 이 땅의 교사들에게 H양의 편지는 1970년 전태일이 노동현실을 죽음으로 고발한 것에 버금갈 충격이자 일대 사건이었다.

'내가 과연 교사인가?', '내가 지금 무엇을 하고 있는가?', '교사는 무엇이어야 하는가?' 숱한 물음들이 내면에서 울림으로 다가왔다. 이 땅의 교육자들을 부끄럽게 만든 H양의 편지에는 어른들의 비정한 정신 상태를 읽을 수 있는 대목이 나온다.

　　나에게 항시 수단과 방법을 가리지 말고 이기라고 하는 분,
　　항상 나에게 친구와 사귀지 말라고 슬픈 말만 하시는 분, 그분이

날 15년 키워 준 사랑스러운 엄마… (중략) 공부만 해서 행복한 건 아니잖아? 이 사회에 봉사, 가난하고 불쌍한 사람을 위해 조금이라도 도움을 주면 그것이 보람 있고 행복한 거잖아. 꼭 돈 벌고 명예가 많은 것이 행복한 게 아니잖아. 나만 그렇게 살면 뭐 해? 나만 편하면 뭐 해? 매일 경쟁! 공부밖에 모르는 엄마, 그 밑에서 썩어 들어가는 내 심장을 한 번 생각해 보았습니까? 난 로봇도 아니고 인형도 아니고, 돌멩이처럼 감정도 없는 물건도 아니다. (이하 생략)

한 포기 풀같이 한 그루 나무같이

초등학교 1학년에 입학하는 순간 이 땅의 부모들은 자기 아이가 점수를 몇 점 받아 오는지, 반에서 몇 등인지에 온 신경이 곤두선다. 그때부터 아이들 불행은 시작된다고 이오덕 선생은 말한다. 그것은 교육이 아니라 '야만의 발작'이라고 탄식했다. 1980년대 매년 아이들이 100명씩 스스로 목숨을 끊는 현상엔 자살이 아니라 사회적 타살이라고 강조했다. 이젠 '미친 교육', '거짓 교육', '병든 교육'을 멈추고 아이들 살리는 교육을 하자고 간절히 호소했다. 이오덕의 유고시 가운데 야만의 시대, 절망의 시대를 살아갔던 아픈 마음을 드러낸 작품이 있어 소개한다. 선생의 아픔을 느낄 수 있지만 제목이 없는 시다.

시를 가르치면서/ 시를 믿고/ 시에 기대어 살아가도록/ 나는 가르쳤다/ 그러나 내 가르침을 받은 아이들은/ 모두가 한 포기

풀같이 한 그루 나무같이/ 꽃같이/ 순하고 순한 짐승같이/ 자라나기를 빌었다/

그들과 헤어진 30년 뒤, 40년 뒤,/ 들려온 슬픈 소식들…/ 지금 내가 들어야 하는 소식은 무엇인가/ 내가 알게 된 글들은 어디서 무엇을 하나/

이른 봄 담 밑에 돋아나는 새파란 풀싹 같고/ 가을날 눈부시게 고운/ 하늘빛으로 하늘 해 쳐다보던 달개비 꽃 같던/ 그 고운 마음들 다 짓밟혀 흔적도 없이 사라지고/ 시도 말도 죽어 버린 이 쓸쓸한 땅에/

오늘도 얼어붙은 이 겨울/ 하늘 아래 모든 것이 잿빛으로 덮인 빙판길을/ 쫓기는 짐승처럼 엄금엄금 기어가듯 한다/

이제는 우리말 우리 목숨 살펴야 하는/ 이 기막힌 일을 하자고 가는/ 나는 멀미가 나는구나/ 아, 땅이 흔들려 멀미가 난다.

이오덕 선생이 시작한 '아이들 삶을 위한 교육', 참교육은 바로 그렇게 절망 속에서 절망을 딛고 싹을 틔웠다. 선생이 전 생애에 걸쳐 온몸으로 보여 준 치열함은 이 땅의 숱한 교사들의 마음을 움직였고 크나큰 울림을 주었다. 오늘날 수많은 교사들이 이오덕 선생을 교사의 길을 가르쳐 준 '시대의 스승'이라 일컫는다.

시대의 낡은 질서에 저항하고 끊임없이 아이들 삶을 보듬으며 사람다운 어른으로 성장하는 데 전 생애를 바친 이오덕 선생을 우리가 자랑스럽게 '한국의 페스탈로치'라고 부르는 이유이다.

14.

한글학자 주시경의 절친,
전덕기 목사

_민중목회를 실천한 항일독립지사

한글학자 주시경은 상동교회 교인으로 온 가족이 상동교회에 다녔다. 주시경 선생은 소년 시절부터 전덕기 목사와 형제같이 지냈다. 전덕기는 숯장수 숙부 밑에서 컸고, 주시경은 해산물 객주집 주인의 아들이었다. 어렸을 때 이름은 전봉운(전덕기), 주상호(주시경)이었다. 주시경이 한 살 아래였지만 둘은 친구처럼 친하게 지냈다. 청소년기에 이르러 전덕기는 스크랜턴 집안의 사환이 되지만 주시경은 배재학당에 들어가 신학문을 접했다. 상동교회 시절 전덕기 목사는 주시경이 하는 일이라면 무슨 일이든지 후원하고 뒷바라지를 마다하지 않았다. 너무도 절친한 사이였기 때문이었을까. 주시경 선생과 전덕기 목사는 1914년 같은 해 3월과 7월에 젊은 나이로 세상을 떠났다.

국어의 흥망성쇠가 나라의 명운을 좌우한다

주시경이 상동교회에 다니던 시기는 주시경의 한글 연구와 한글 보급을 위한 운동의 절정기였다. 상동교회가 주시경의 주 활동무대였을 정도로 전덕기 목사는 그를 남달리 사랑하고 아꼈다. 한글의 과학화와 한글 강습을 통한 한글의 대중화에 가장 열정적으로 활동했던 그였기 때문이다. 상동교회 부설 상동청년학원이 설립되었을 초창기부터 주시경은 국어 교사로서 정성껏 봉직했다. '주 보따리'라는 별명이 붙을 만큼 동분서주하며 주시경은 황해도 재령 등 지방에서 열린 하기 조선어강습회에 열정적으로 참여하며 한글 보급 운동에 혼신을 다했다.

상동청년학원에서 매년 교사를 대상으로 개설한 하기 국어강습소(조선어강습원의 전신)는 6기에 걸쳐 매회 25~35명의 졸업생을 배출했다. 전덕기 목사와 주시경 선생은 국어의 흥망성쇠가 나라의 명운을 좌우할 것이라 생각했다. 따라서 민족의 얼과 민족정신이 그 나라의 언어에 있음을 자각하고, 빼앗긴 조국을 되찾기 위해선 무엇보다 우리의 언어인 한글을 보존하고 널리 보급하는 활동을 전개했다. 특히 1907년 7월 여름방학을 맞아 개최된 국어강습회는 대성황을 이루었고 주시경 선생의 강의는 인기가 치솟았다. 그는 우리 한글의 독창성과 우리말의 체계적 조직 그리고 우수성을 힘써 강조했다.

주시경 선생은 상동청년학원 부설 '국어 야학반'을 맡아 문법을 가르치고 우리말 보급에 밤낮을 가리지 않았다. 국어 야학반은 무려 2년 동안 지속되면서 많은 노동 청년들에게 우리말의 중요성을 각인시켰다. 상동교회 교인과 일반 대중에게도 국어 문법 강습회를 선보였는데, 매주 일요일 오후 2시에 '국어문법강습회'를 개최하여 국어교육의 중요성과 말과 글이 그 민족의 정신을 담고 있음을 애써 강조했다.

을사늑약 반대 운동 당시 백범 김구는 전덕기 목사와 친해지면서 민족운동을 함께 도모했는데, 서울에 올 때마다 우리말의 국어 정신을 역설하며 가슴을 찌르는 설교를 했던 전덕기 목사의 말씀을 듣기 위해 상동교회를 찾곤 했다.

1900년대 민족운동과 항일구국운동의 총본산, 상동교회

전덕기 목사는 민중목회를 실천한 선한 목자이자 을사늑약 반대 운동, 상동청년학원을 통한 교육구국운동, 헤이그 특사 파견, 신민회 창립 등 1900년대 항일민족운동의 거목이었다.

상동교회는 을사늑약 체결 반대 상소 운동을 주도했던 공간이다. 1905년 을사늑약 체결 직후엔 종로 거리 일대에서 항의 시위를 전개했으며, 을사오적 처단을 위한 암살 모의를 시도했다. 1907년 세계평화회의(만국평화회의는 일본식 표현)

상동교회 담임목사 시절 전덕기. 전덕기 목사는 을사오적 암살단, 신민회, 국채보상운동, 헤이그 특사 등 1900년대 항일민족운동의 중심인물이었다. (출처: 공훈전자사료관)

가 네덜란드 헤이그에서 열린다는 소식을 접한 우국지사들은 상동교회 지하실에서 헤이그 특사(밀사는 일본식 표현) 파견을 주도했다. 전덕기 목사를 중심으로 이상설, 이회영, 이동녕, 이준 등이 매주 목요일 7시에 회합을 했다. 이상설은 이회영의 친척으로 절친이자 정부 관료를 역임한 신분이었고, 이준은 상동청년회장을 지낸 뛰어난 대중 연설가였다.

이회영은 이토 히로부미의 일제 통감부 몰래 거사를 추진했다. 비밀리에 고종 황제의 측근과 밀통하여 을사늑약 체결이 불법이자 무효임을 알리는 고종의 친서를 받아 내는 데 성공한다. 우리가 한국사 책에서 배웠던 바로 그 헤이그 특사 이상설(정사), 이준(부사), 이위종에게 건네진 것이다. 헤이그 특사 사건은 일본 제국주의 침략의 강도적 성격을 전 세계에 폭로하려 한 대한제국의 마지막 몸부림이었다. 그런 역사적 사건의 발원지가 바로 상동교회였다. 이렇듯 1900년대 상동교회는 항일 우국지사들의 은신처이자 집합소 같은 역할을 감당했던 공간이다. 물론 전덕기 목사는 그들에게 든든한 울타리를 쳐 주었고, 일제의 감시로부터 보호막 역할을 마다하지 않았다. 그들 우국지사, 항일구국운동의 중심에 전덕기 목사가 존재했던 것이다. 따라서 1900년대 항일 애국지사들은 전덕기 목사를 중심으로 상동교회라는 공간을 적극적으로 활용한 것이다.

마치 1970~1980년대 박정희-전두환 군부독재 시절 교회야학 형태와 유사했다. 당시 개신교회, 도시산업선교회나 천주교 성당은 군사정권 아래에서 대학생들과 노동자들이 만날 수 있는 합법적인 공간이었다. 교회의 존재 이유와 사명은 선교와 구제에 있다. 선교는 하나님 말씀을 전하는 복음 전파이고, 구제는 가난하고 억눌린 자들의 삶을 현실적으로 위로하는 사역을 가리킨다. 그런 연유로 국가의 빈곤과 개인적 가난 때문에 배울 기회를 잃은 노동자나 도시빈민의 자녀들을 대상으로 교회라는 합법 공간을 빌어 개설된 야학은 독재 권력의 감시와 탄압으로부터 보호받을 수 있는 제1의 공간이었다. 검정고시 야학, 생활야학, 노동야학 등 다양한 형태의 야학들이 1980년대에 존재했다. 물론 불의한 국가권력의 정보기관은 촉수를 번득이며 끊임없이 감시와 탄압을 가해 왔지만 뜻있는 성직자들이 든든한 보호막을 쳐 주었던 것과 유사했다.

1900년대와 1910년대 일제강점기 초기 전국적인 항일 비밀 지하조직인 신민회 창립 역시 상동교회 지하실에서 1907년 결성된다. 매주 목요일 저녁 7시에 예배를 드린 직후, 전덕기 목사와 이회영, 이동녕, 양기탁 등 우국지사들은 지하실에서 거듭 회합을 하고 신민회 결성을 주도했다. 『백범일지』에도 나오듯이 상동교회는 이동녕, 이회영, 전덕기, 양기탁 등 신민회 창립 멤버들이 수시로 드나들었던 공간이다.

20대 청년 전덕기는 1896년 독립협회 시절 절친 주시경과 함께 독립협회에 가입, 독립협회 서무부장이 되어 적극적으로 활동했다. 이후 만민공동회 활동에도 참여하였고 그런 활동 속에서 서재필, 윤치호, 이승만, 이동녕, 이동휘, 양기탁, 조성환 등 다양한 항일 우국지사들을 만났고 인간관계를 맺었다. 독립협회가 정부의 탄압을 받고 이상재, 이승만 등 지도부가 수배 투옥되면서 관련 인사들이 상동교회 내 상동청년회(엡윗 청년회)로 대거 숨어들었다. 이들 항일지사들에 의해서 항일구국운동의 연장선상에서 을사늑약 반대 상소 운동이 전개되고 헤이그 특사 사건, 국채보상운동, 신민회 창립 등이 주도된 것이다. 실제로 국채보상운동 당시 서울 시내 수전소(모금소)가 상동교회 내에 설치될 정도였다.

전덕기 목사가 상동교회 담임목사로 부임한 1907년 상동교회 지하실에선 신민회 창립이 논의된다. 김구의 『백범일지』에도 그 내용이 언급되고 있다.

국내와 국외를 통하여 정치적 비밀결사가 조직되었는데 그것이 곧 신민회新民會였다. (중략) 양기탁, 안태국, 이승훈, 전덕기, 이동녕, 주진수, 이갑, 이종호, 최광옥, 김홍량과 그 외 몇 사람의 중심인물과 당시 400여 명 정예분자로 신민회를 조직했다.

신민회 창립 멤버인 전덕기 목사를 비롯한 신민회 간부들은 1909년 3월 서울회의와 4월 청도회의를 통해 국권 회복의 최고 전략으로 독립전쟁을 준비한다. 그리하여 해외 독립군기지 건설과 신한촌 건설, 경제적 자립, 그리고 신한촌에 무관학교를 세우고 독립군 양성을 도모하려는 논의였다. 이러한 논의는 즉각 실행에 옮겨져 남만주 서간도 유하현 삼원보에 세워진 신흥무관학교를 탄생시키고 10년에 걸쳐 3500명의 독립군을 길러 낸다. 그들이 주역이 되어 치른 전쟁이 일본군 수천 명을 섬멸한 1920년 봉오동 전투, 청산리 전투였다. 이후 신흥무관학교 졸업생들은 1920~30년대 의열단, 1930년대 조선민족혁명당, 동북항일연군, 1940년대 한국광복군, 조선의용대(군) 등에서 해방 직전까지 무장투쟁을 전개하는 등 맹활약했다.

그런 점에서 상동교회는 1900년대 항일구국운동의 총본산이자 주요 거점이었음이 틀림없다. 따라서 1900년대 민족운동사에서 뚜렷한 족적을 남긴 전덕기 목사를 민족운동의 거목으로 규정하는 데 이견을 달 사람은 없다. 김구, 안창호, 이승만, 이동녕, 이상재 등 당대의 역사적 인물과 비교해도 전덕기 목사는 걸출한 인물임이 틀림없다.

상동청년회에 이어 전덕기 목사의 상동교회는 1904년 11월 상동청년학원을 설립해 교육계몽운동을 적극적으로 펼쳤다. 상동청년학원은 일종의 교회학교 형태인데 1900년 이전에는 선교사들이 선교를 목적으로 교회학교를 설립했다. 아펜젤러가 세운 배재학당이 최초의 교회

학교였다. 그러나 1900년대 이후에는 선교뿐만 아니라 구국운동 차원에서 서양 근대 신학문을 가르치려는 의도로 한국인 교인들이 교회학교 설립을 이끌었다. 상동청년학원이 교육·구국운동 차원에서 설립된 대표적인 교회학교 형태이다.

실제로 전덕기 목사가 세운 상동청년학원은 평양의 대성학교나 정주의 오산학교보다 무려 3~4년이나 앞서 세워진 민족운동의 요람이자 인재양성소였다. 그런 점에서 1900년대 상동청년학원은 민족운동과 교육운동의 선구적인 위치에 섰을 뿐 아니라 명실상부한 민족운동의 중심이었다. 그러나 전덕기 목사가 1914년 39세의 젊은 나이로 요절하자 상동청년학원도 1914년 일제에 의해 폐교되는 운명에 직면한다. 상동청년학원의 교육과정은 초기에는 출세의 지름길인 영어를 비롯하여 국어, 수학, 물리, 박물학, 지리, 체조 등 근대 신학문과 종교(기독교 성경) 과목이었다. 그러다가 이후 학생들의 진로라는 현실적인 이유로 부기, 경제학, 그리고 일본어, 중국어 등 실용적인 학문이 추가되었다.

아펜젤러의 감리교 1886년 연례보고서에도 조선 사람들이 '영어를 배우려는 열기는 언제나 대단했다'고 나와 있다. 영어에 대한 약간의 지식만 있어도 높은 자리에 오르는 디딤돌이 되었기 때문이다. 학생들에게 '왜 영어를 배우려고 합니까?'라고 물으면 한결같이 '벼슬을 얻으려고'라는 대답이 돌아왔다. 아펜젤러는 1886년 11월 6일 자 일기에 "1886년 9월 1일 단 1명으로 시작한 배재학당은 그해 말 32명으로 늘어나 한국 최대의 학교가 되었다"고 썼다.

상동파와 신민회

전덕기 목사는 상동청년학원을 세울 때 민족의식을 고취하고 독립운동에 헌신할 인재를 길러 내기 위해 교육계획을 수립했다. 민족의 얼과 정신이 담긴 한글의 이치와 보급, 민족정체성과 직결된 한국사 강의와 타 문화 강의, 나아가 신문화 수용과 전파, 체육활동을 통한 신체단련, 지도자의 자기수양과 종교 훈련에 교육의 역점을 두었다.

상동청년회뿐만 아니라 상동청년학원의 운영 및 교사진 역시 당대의 내로라하는 지식인들이었다. 남궁억(교장), 이회영(학감), 유일선(교장 및 수학), 조성환(한문), 장도빈, 최남선(국사), 이동녕, 이만규(이학), 주시경(국어), 성경(전덕기), 영어(스크랜턴 대부인) 등이 상동청년학원 강사들이었다. 상동청년학원 출신 운영진 및 교사 출신 가운데 14명이 독립운동가 서훈을 받을 정도로 항일의식을 강조한 대표적인 민족교육기관이었다. 상동청년학원은 당시에 미국 북감리교 선교부의 후원 없이 조선인 스스로 후원과 기부를 받아 운영함으로써 학생들에게 민족의식을 마음껏 고취시키는 민족운동의 산실이기도 했다.

상동교회, 상동청년회, 상동청년학원을 중심으로 1900년대 항일구국운동의 인맥이 형성된다. 이른바 '상동파'의 등장이다. 이들이 중심이 되어 1905년 을사늑약 반대 상소 운동과 종로 거리 연설 및 시위가 벌어진다. 특히 종로 거리 시위는 일제 경찰과의 투석전 등 시위 양상이 매우 격렬했다. 을사오적을 응징하려 한 주체나 오적 처단 암살 모의, 국채보상운동, 헤이그 특사 사건, 신민회 창립 등 1900년대 민족운동의 중심 주체가 상동파였다.

실제로 1907년 상동교회 지하실에서 창립된 신민회는 상동청년회와 상동청년학원의 인맥인 '상동파'를 핵심적인 모체로 탄생한다. 창립 멤버 7인 가운데 전덕기, 이회영, 이동녕, 양기탁은 상동교회 교인이자 상동청년회 회원이었다. 전덕기 목사는 신민회 창립 직후 재무를 총괄하는 직책을 맡는다. 다시 말해 전덕기 목사가 만든 상동청년회와 상동청년학원, 즉 상동파는 독립협회 인물들을 계승한 것으로, 이후 신민회 창립의 인적 토대를 구축한다. 따라서 항일구국운동의 구심 상동파 형성에는 전덕기 목사의 가교 역할과 그 존재감을 빼놓고 설명할 도리가 없다. 왜냐하면 당시 전덕기 목사는 민족주의 항일지사들의 상징적 존재로 이미 떠올랐기 때문이다.

실제로 독립협회 시절 상동교회에 와서 전덕기 목사에게 가장 먼저 세례를 받은 이동녕을 비롯해 수많은 열혈 항일지사들이 그의 주변에 구름처럼 모여들었다. 이동휘, 이갑, 노백린 등 과격한 인물들뿐 아니라 안창호, 이승훈, 이승만 등 온건한 인물들까지 그의 인품에 끌려 함께했던 것이다. 전덕기 목사가 1903년 상동청년회 회장이 되었을 때 정순만(서기 및 통신국장), 박용만(다정국장), 이준(외교부장), 이승만, 이동녕, 이희간, 조성환, 이동휘 등이 상동청년회로 결합했다. 1905년 11월 을사늑약 체결 움직임이 보이자 상동청년회원 정순만과 이희간은 비수를 품고 외부대신 박제순의 집에 숨어들었다. 그들은 박제순에게 조약에 조인하지 말 것을 촉구했다. 일제가 조약 체결을 강요할 시 관인을 연못에 던져 버리고 자결할 것을 협박하기도 했다.

전덕기 목사를 상징으로 하는 '상동파' 인물들은 1905년 11월 을사늑약이 불법적으로 체결되자 체결 반대 상소운동을 전개한다. 상동파 인물들은 '상동회의'를 통해 덕수궁 정문인 대한문 앞에서 복합 상소운동을 전개한다. 그리고 일본 헌병이 군도로 내리치는 위협 속에서도

남대문로 회현역 근방 상동교회 전경. 상동감리교회는 1900년대 을사늑
약 반대, 신민회 결성, 헤이그 특사 파견 모의 등 항일민족운동의 요람이
자 국채보상운동, 한글운동의 중심지였다. (출처: 하성환)

을사늑약 반대 상소 운동을 결행한다. 가두연설 및 종로 거리 항의 시위 때는 일본 보병 2개 중대 병력과 벽돌을 던지는 등 투석전을 전개했다. 종로 가두연설에선 대대적인 육박전이 벌어졌다. 종로 공개연설에서 일본 순사가 칼을 빼 들자 연설하던 청년이 맨손으로 그를 거꾸러뜨리는 순간 일본 경찰들이 총을 쏘았다. 시위대가 벽돌을 던지며 저항하다 수십 명이 체포되었다. 실행에 옮기지는 못했지만 전덕기 목사는 상동청년회 2인자 정순만과 함께 이지용, 박제순, 이근택 등 을사오적 처단을 결의하고 평안도 장사 십수 명을 몰래 모집하기도 했다.

이회영과 함께 헤이그 특사 파견을 주도하다

전덕기 목사는 1907년 네덜란드 헤이그에서 제2차 세계평화회의가 개최된다는 소식을 접했다. 그는 상동교회 내 지하실에서 이회영, 이상설, 이준 등과 특사 파견을 주도했다. 1905년 을사늑약 체결이 일제의 협박에 의한 것이므로 무효임을 주장하고 일제의 침략성을 만천하에 폭로하고자 한 것이다. 헤이그 파견 당시 정사 이회영의 친척 이상설은 을사늑약 체결 당시 그 참상을 목격했다. 그는 조약 체결에 반대하면서 고종 황제가 이를 거부하지 못할 지경이면 자결하라고 직접 상소를 지어 올렸다. 참정대신 한규설, 시종무관장 민영환 등과 사전에 대응책을 논의하기도 했다. 조약 체결에 결사적으로 반대하되 그렇지 못할 경우 모두 현장에서 자결하자고 주문한 것이다. 조약 체결에 격하게 항의하던 참정대신 한규설은 일본 헌병에 붙잡혀 끌려 나갔고 이상설은 눈물을 흘리며 성토하다 혼절했다. 조병세와 함께 을사오적

처단과 조약 파기를 주장하던 시종무관장 민영환은 1905년 11월 30
일 유서를 남긴 채 할복 자결했다. 2천만 동포에게 남긴 민영환의 유
서에는 비장함이 절절히 묻어 나온다.

오호! 나라의 치욕과 백성의 욕됨이 이에 이르렀으니 우리
인민은 장차 생존 경쟁 가운데서 진멸하리라. 대개 살기를 바라
는 사람은 반드시 죽고, 죽기를 기약하는 사람은 도리어 삶을 얻
나니… (중략) 영환은 죽어도 죽지 않고 저승에서라도 제공을 기
어이 도우리니 다행히 동포형제들은 천만 배 더욱… (중략) 한마
음으로 힘을 다하여 우리의 자유 독립을 회복하면 죽어서라도
마땅히 저 세상에서 기뻐 웃으리라.

이상설 또한 스스로 목숨을 끊으려 시도했으나 실패한다. 그 광경
을 백범 김구가 우연히 목격하는데, 그 내용이 『백범일지』에 다음과
같이 나온다.

민영환 댁에 가서 조의를 표하고 큰길로 나오는데 여러 사람
이 인력거를 둘러싼 채 밀고 가면서 큰 소리로 울부짖는 것이었
다. 인력거에는 나이 마흔 안팎으로 보이는 어떤 사람이 흰 명주
저고리에 갓도 망건도 없이 맨상투 바람으로 실려 가는데 옷에
핏자국이 얼룩져 있었다. 누구냐고 물은즉 의정부 참찬 이상설이
자결을 시도했다는 것이다.

헤이그 파견 당시 부사로 임명된 이준은 상동청년회 외교부장과 회

장을 역임한 인물이다. 본래 연동장로교인이었다가 상동감리교인이 되었는데, 한국 최초로 법관양성소를 졸업한 뒤 최초로 검사에 임명된 인물이다. 그는 국제법에 밝았고 일제의 황무지개척권 요구에 저항한 보안회 활동(1904)을 비롯하여 국채보상운동(1907) 당시 활발히 활동했다. 그는 YMCA에서 활약한 탁월한 대중연설가이며, '상동파'의 '상동회의' 직후 대표로 을사늑약 반대 상소문을 지어 올린 인물이기도 하다. 일제는 헤이그 주재 일본 외교관의 보고서에 근거하여 이준 열사의 죽음을 병사로 왜곡하였고 식민사학자들도 이에 동조했다. 그러나 그는 연쇄구균에 의한 피부질환(단독丹毒)에 걸려 죽은 게 아니다. 피부 질환은 그렇게 쉽게 죽을 수 있는 질병도 아니다. 오히려 일제 외무성 산하 영사들과 일제 첩자들이 작성한 기밀문서에는 그의 죽음을 '자살', '할복분사'로 적고 있다. 무엇보다 헤이그 특사로 함께 파견된 이상설은 자신이 세운 독립운동 단체 '권업회' 기관지 〈권업신문〉을 통해 '헤이그에서 뜨거운 피를 흘린 지…'라는 표현을 통해 이준 열사의 '자결'을 공식화했다.

전덕기 목사는 이회영의 인척관계를 통해 고종의 친서를 받아 내는 데 성공한다. 그리고 헤이그 특사가 떠나기 전에 상동청년회 이준을 위해 축도하고 특사 파견이 성공하도록 철야기도를 한다. 당시 일제 통감부 이토 히로부미는 조선이 특사를 파견하리라는 것을 알고 있었다. 구체적으로 누가 특사로 가는지는 몰랐지만, 1907년 5월 19일 이토 통감이 극비 전보로 일본 외무대신 하야시에게 발송한 내용이나 블라디보스토크 주재 무역사무관 노무라 모토노부가 조선통감부에 보낸 보고서를 통해 사전에 인지했음을 알 수 있다. 특히 노무라 보고서에는 전 평리원 검사 이준, 전 학부협판 이상설의 이름이 거론되었고, 이들이 5월 21일 러시아 수도 모스크바로 출발했다는 내용이 담겨 있다.

헤이그 특사 사건 이후 이토 통감은 일본 정부의 방침에 따라 고종을 쫓아내고 순종으로 갈아치우기 위한 작업에 들어간다. 자신이 직접 나서지 않고 친일 내각의 이완용 총리대신, 송병준 농상공부 대신을 내세운다. 고종의 양위문제 해결에 앞장선 송병준은 "이번 일 책임은 폐하 한 몸에 있으니 친히 도쿄로 가서 그 죄를 빌든지 그렇지 않으면 하세가와 주둔군 사령관을 대한문 앞으로 맞이해서 면박의 예의를 취해야 한다"고 겁박한다. 감히 신하된 처지에서 나올 수 없는 망발이 아닐 수 없다.

민중목회를 통해 복음, 자유, 해방, 건강, 평안을 전하다

전덕기는 9살에 부모를 여의고 남대문 시장에서 숯을 만들어 팔던 숙부 전성여 밑에서 자랐다. 이웃집 서당에서 어깨 너머로 배운 한자 지식이 어린 시절 공부의 전부였다. 그는 근본이 총명했으나 어린 나이에 부모를 여의면서 빈곤함과 고독 속에서 소년 시절을 보낸다. 그런 탓에 그는 외국 선교사들을 향해 돌팔매질을 하여 유리창을 부수고 모욕적인 언사를 내뱉는 등 반항아적 기질을 보이는 불량소년으로 살아간다. 그러던 어느 날 돌팔매질의 대상이었던 스크랜턴 선교사의 언행에 감복한다. 시간이 흘러 숙부의 손에 이끌려 스크랜턴 선교사의 가사도우미(집사)가 된다. 거기서 청소년 전덕기는 자신을 끔찍이 사랑했던 스크랜턴 대부인으로부터 정신적으로 깊은 감화를 받았다.

전덕기 목사의 목회활동은 가난하고 소외된 사람들을 찾아가는 현장 목회였다. 가난하고 병든 사람들, 일상의 삶에 고통받는 민중을 찾아가서 복음을 전했다. 그의 민중목회는 오롯이 스크랜턴 선교사가 전하고자 했던 복음에서 비롯된 것이자 그에 기초한 신앙심의 발로였다. 이 민족을 가난과 무지, 질병과 미신에서 해방시키고 영혼과 육신의 질병을 고치는 것이 선교사로서 스크랜턴 목사의 소명이었다. "가난한 자에게 복음을, 포로된 자에게 자유를, 억눌린 자에게 해방을, 병든 자에게 건강을, 고통받는 자에게 평안을" 전하고자 했다. 목사 전덕기는 그러한 스크랜턴의 선교정신을 그대로 계승한 인물이자 스크랜턴을 뼛속까지 닮고 싶어 했다.

소외된 사람들에게 향하는 그의 사랑은 감동적인 설교로 성화되었고 그들의 가슴을 적셨다. 생전에 전덕기 목사를 존경했던 김진호 목사는 그의 설교가 알아듣기 쉬웠으며 삶에 지치고 고달픈 사람들에게 힘이 되는 격려와 감동의 말씀이었다고 술회했다. 실제로 그의 설교는 대중의 마음속을 파고들 뿐만 아니라 청년들을 끌어들이는 힘찬 설교였다. 1907년에 전덕기 목사는 스크랜턴에 이어 상동교회 담임목사가 되었다.

상동교회는 1907년 전덕기 목사 부임 이후 눈부시게 성장, 발전한다. 1912년엔 교인 수가 2,907명에 이르러 정동교회 교인 수 1,850명을 월등히 능가했다. 백범 김구는 상동교회 담임목사 시절 전덕기는 설교할 때 발을 구르고 강단의 단상을 치며 소리 높이 열정을 담아 회중을 감동시켰다고 회고했다. 그리하여 정동제일교회보다 출발은 늦었지만 상동교회는 전국의 어떤 감리교회보다 신자 수가 많았고 폭발적으로 늘었다.

전덕기는 항상 쑥, 들것, 나막신을 갖고 다녔다. 쑥은 시체 썩는 고약한 냄새를 막기 위함이고, 나막신은 시신이 안치된 방안에 들어서기 위함이었다. 그는 장례를 치를 비용이 없는 궁핍한 이들의 연락을 받으면 비록 교인이 아니어도 손수 시신을 거두어 주었다. 그러던 어느 날 지방 교회에서 설교를 하고 돌아오다가 각혈을 하는 등 폐렴으로 고생한다. 병상 목회를 하는 와중에 1911년부터는 부흥사이자 독립운동가인 현순 목사가 상동교회에 와서 전덕기 목사를 도와 시무한다. 1912년부터 병환이 더욱 깊어졌고, 1914년 3월 39세에 순교한다.

그의 죽음이 알려지자 상동교회로, 남대문 시장으로 몰려든 사람들로 장례 인파는 인산인해를 이루었다. 남대문 시장 일대 거지와 인근 불량배들, 그리고 백정들이 나서서 상여를 메고 소복을 입은 기생과 창녀들이 구슬피 울면서 긴 상여행렬 뒤를 따랐다. '우리 선생님이 죽었다, 우리 선생님이 죽었다'고 통곡하며 그들의 울부짖음은 애절하기 그지없었다. 마치 국상과도 같이 장례행렬이 10리에 달했다. 민중의 아들로 태어나 몸소 민중목회를 실천하다 순교한 목사 전덕기의 죽음을 슬퍼하는 긴 행렬이 끝없이 이어졌다.

세계에 흩어진
독립운동의 흔적을 찾아서

_보훈의 예를 다해야 진정한 독립국가

홍범도 장군이 묻힌 중앙아시아 카자흐스탄을 비롯해 러시아 자유시 제야Zeya강, 하바롭스크, 쿠바 애니깽 농장, 멕시코 초출라 농장, 미국 새크라멘토 비행학교 등 전 세계 독립운동가의 흔적을 찾아다닌 작가가 있다. 항일독립운동가 발굴은 국가가 감당해야 할 당연한 임무이자 마땅한 소임이다. 그러함에도 작가 김동우는 후손된 도리에서 사비를 털어 전 세계에 흩어진 독립운동 유적지를 찾아 나섰다. 독립운동가가 처형된 장소를 찾고 독립운동가의 후손들을 수소문해 인터뷰를 진행했다. 망각된 독립운동가를 발굴하고 그분들의 삶의 흔적을 기록하는 일은 후손된 도리이기 때문이다.

독립운동사는 지금도 계속되고 있다

한국사 교과서에 기록하여 대대손손 기억하면 좋겠지만 적어도 우리 후손들의 기억 속에서 망각되지 않았으면 하는 마음에서 시작한 작업이란다. 해외를 떠돌다 흩어진 독립운동가의 흔적을 되새기는 일은 작가에게 수많은 인내를 요구했다. 어떤 땐 대사관이나 한인회 또는 한인 선교사의 도움을 구하기도 했다. 오랜 기다림과 탐사 끝에 사적지를 찾아내고 후손들을 만났을 땐 감격 그 자체였다고 한다.

말이 통하지 않아도 할아버지 할머니들은 작가를 품에 안아 주고 차를 대접했다. 김치를 꺼내 와 입에 넣어 주며 부족한 밥상을 채워 주었다. 그분들은 대한민국의 오늘을 뿌듯해했고 자랑스러워했다. 조국이 무엇이고 민족이 무엇인지 자신의 정체성과 뿌리를 잃지 않고 소중히 간직하고 계셨던 것이다. 작가 김동우는 그분들과의 소중한 만남을 통해 독립운동사가 단지 과거의 사실이 아니라 현재 진행형임을 고백했다. 가슴 뭉클한 만남이었고 작가 스스로 전 세계에 흩어져 떠도는 선열들의 흔적과 항일유적지를 찾고자 하는 동인으로 작용했다. 조국의 무관심 속에 아직도 해외를 떠도는 독립운동가 후손들을 찾아 나서는 일은 그분들의 고단했던 삶만큼 힘든 작업이다. 그럼에도 이를 피하지 않고 작가는 숙명처럼 마주했다.

쿠바의 대표적인 독립운동가 임천택은 오직 조국을 되찾겠다는 일념으로 독립운동 자금을 대한민국 임시정부에 송금했던 인물이다. 애니깽 농장주의 혹독한 지배와 열악한 노동환경 속에서 한 푼 두 푼 모은 피와 땀의 결정체였다. 새벽 5시에 노동이 시작돼 오후 늦게까지 계속되었다. 작열하는 뜨거운 태양 아래에서 10시간 넘게 애니깽 잎을 잘랐다. 하와이 사탕수수 농장 노동일과 하등 다를 바 없었다. 악질 농장주의 학대 속에서 거칠고 고된 노동의 수고로 받은 임금을 한 푼 두 푼 독립자금으로 모았다. 그리고 조국이 해방될 때까지 임시정부로 계속 송금을 하였다.

특히 임천택은 3살 때인 1906년 어머니 품에 안겨 멕시코행 배를

탔다. 그는 18살 때 쿠바 마탄
시스로 이주해 애니깽 농장에
서 고된 노동에 시달렸다. 그
럼에도 애니깽 노동자 임천택
은 쿠바 마탄시스와 카르데니
스 지역에 한국어 학교를 세
워 2세 교육운동에도 힘을 쏟
았다. 쿠바 한국인으로는 최
초로 1997년 건국훈장 애국
장이 추서되었다. 그러나 아직
도 쿠바에는 독립유공자 서훈
을 받고도 후손을 찾지 못한
분이 16분이나 존재한다.

쿠바 독립운동가 임천택의 손자. 쿠바의 항일민
족운동가 임천택은 고된 노동 속에서도 쿠바 한
인 교육운동에 힘쓰며 임시정부에 독립운동 자금
을 송금했던 애국지사이다. (출처: 김동우 작가)

사회주의자 김알렉산드라의 죽음을 찾아서

만주지역 항일독립군들이 영하 30~40도를 오르내리는 혹한 속에서
도 독립투쟁의 맥을 줄기차게 이어 갔던 것은 만주지역에 널리 산재한
우리 동포들의 지지와 물질적 지원이 있었기에 가능했다. 일제의 탄
압과 학살에도 불구하고 이름도 없이 산화한 수많은 동포들의 희생이
밑거름이 되었기 때문이다. 임시정부가 항일독립투쟁의 도상에서 명맥
을 이어 갈 수 있었던 것도 전 세계에 흩어졌지만 조국을 잊지 않았
던 그분들의 수고와 희생이 있었기에 가능했다. 쿠바, 멕시코, 러시아,

미국, 카자흐스탄, 우즈베키스탄, 네덜란드, 중국, 인도 등 전 세계에 흩어져서도 조국을 잊지 않고 독립을 위해 분투했던 것이다.

작가 김동우는 독립운동 사적지와 항일독립지사 발굴에 좌우를 가리지 않았다. 러시아 혁명에 참여했던 김알렉산드라의 순국지를 한국인 최초로 찾은 것도 그런 이유에서다. 항일독립투사들의 삶과 죽음을 들여다보면 그분들의 고귀한 숨결을 느끼기에 부족함이 없다. 수십년, 아니 100년이 지난 과거의 일이건만 때론 머리를 쭈뼛 솟게 만들고 때론 가슴을 먹먹하게 만든다.

특히 사회주의자 김알렉산드라의 죽음이 그러하다. 처형 당시 하바롭스크 당 서기였던 그녀는 1918년 한국 최초이자 동양 최초의 사회주의 정당인 한인사회당의 산파 역할을 했다. 그녀는 일본군이 가담

김알렉산드라 처형 장소. 그녀는 1917년 10월 러시아 볼셰비키 혁명에 참여한 한국인 최초의 휴머니스트 공산주의자이다. 2009년 대한민국 건국훈장 애국장이 추서되었다. (출처: 김동우 작가)

한 반혁명세력인 백위대에 체포되었을 때 다른 사람들처럼 중국 상인이라고 둘러댔으면 목숨을 건질 수 있었다. 그러나 자신의 신념을 당당히 밝혔고 총살형에 처해졌다. 처형 직전 김알렉산드라는 13발자국의 걸음을 걷게 해 달라고 요청했다. 13발자국은 조선의 13개 도를 상징하는 표현이다. 처형 직전 조국을 떠올리며 조국을 마음속에 새기겠다는 뜻이다. 죽음의 계곡에서 총살형 직전, 마지막 순간에도 조국을 마음속에 담아 두고자 했다. 조국을 사랑하는 그 마음 앞에 저절로 숙연해지지 않을 수 없다.

국가와 민족을 위한 보훈이 되어야

임시정부 독립운동사 연구의 권위자인 한시준 교수(단국대)는 독립운동은 독립운동 자체만으로 평가해야 한다고 강조했다. 정년을 맞은 노교수의 옹골찬 주장이다. 해방 이전 항일독립운동의 업적을 지닌 인물은 해방 이후 행적과 무관하게 독립운동 공적을 인정해야 한다는 주장이다. 설령 해방 이후 북한 정권에 참여했더라도 일제강점기 항일독립운동에 행적을 남긴 인물이라면 마땅히 독립유공자로 서훈을 추서해야 한다는 것이다. 그렇다! 민족의 해방과 조국의 완전한 독립을 위한 투쟁의 길에 이념의 좌우가 걸림돌이 될 순 없다. 다행히 김알렉산드라에게는 2009년 건국훈장 애국장이 추서되었다.

그러나 일제가 가장 잡고 싶어 했고 가장 현상금이 많이 걸렸던 의열단장 김원봉은 북한 정권에 참여했다는 이유만으로 아직껏 서훈이 추서되지 못하고 있다. 한반도에 평화의 봄바람이 불어오고 남북 화해의 새로운 장이 열리는 지금, 참으로 옹졸한 보훈지침이 아닐 수 없다. 하루빨리 낡은 보훈지침을 철폐하고 무엇이 국가와 민족을 위한 보훈지침인지 성찰할 시점이다. 따라서 김원봉에 대한 서훈 추서는 신속히 진행해야 하고, 그렇게 한다 할지라도 늦어도 너무 늦은 것이다. 그것은 대한민국이 아직도 분단의 멍에에 갇혀 독립국가로서 제 갈 길을 잃고 있다는 반증이다. 약산 김원봉에게 훈장을 수여한다면 최고등급인 건국훈장 대한민국장이 추서되어야 합당하다.

마찬가지로 해외 독립운동 사적지를 국가가 앞장서 발굴, 보존해야 할 것이다. 나아가 독립운동가 후손들을 적극적으로 찾아내 보훈의 예를 갖추는 것도 소홀히 하지 않아야 한다. 그렇지만 안타깝게도 대한민국은 해방 후 친일 청산에 실패했다. 그것은 고스란히 독립유공자 보훈정책을 왜곡시켜 왔다. 친일 인사가 독립유공자로 둔갑한 것은 대표적 사례이다. 뿐만 아니라 해외 독립운동가 발굴에 인색하고 무심했으며, 해외 독립운동가 후손들에 대한 보훈정책은 매우 미미했다. 제대로 된 독립국가라면 해외 독립운동가와 그 후손들에 대해 보훈의 예를 제대로 갖추어야 할 것이다. 그것이 독립된 국가의 올바른 모습일 것이다.

16.

조선·동아일보가
민족정론지라고?

_『친일인명사전』에 등재된 신문사 사주들

조선일보, 동아일보, 중앙일보는 『친일인명사전』에 등재된 인물(김성수, 방응모, 홍진기)이 경영한 신문사라는 공통점이 있다. 게다가 동아일보, 조선일보는 박정희 정권의 언론 탄압이 자행되던 1970년대 중반 '자유언론투위' 사건 당시 200명 가까이 양심적인 기자들(대부분 동아일보 기자들)을 해고시켰다. 그 해직기자들이 1987년 6월 항쟁 이후 국민을 주주로 하여 만든 신문이 〈한겨레〉임은 널리 알려진 사실이다.

민족정론지의 실체

해마다 3, 4월이 오면 조선일보와 동아일보는 창간을 자축하면서 '민족정론지'임을 자처한다. 두 신문 모두 1920년에 창간되었으니 올해로 99주년이다. 조선일보는 현존하는 우리나라 신문 가운데 가장 오래된 신문임이 분명하다.

예전 국사 교과서에는 일제 치하 1930년대 독립운동사를 서술하면서 조선·동아일보를 소개했다. 문화운동(문맹퇴치, 브나로드)을 주도하여 두 신문이 독립운동을 도모한 민족언론인 것처럼 서술한 것이다. 오늘날 사학계에선 조선일보의 문맹퇴치 운동이나 동아일보의 브나로드 운동을 독립운동의 반열에 올리기를 상당히 꺼려 하는 분위기다.

왜냐하면 총독부의 허가로 시작된 운동이자 둘 다 1930년대 중반에 조선총독부의 금지조치로 중단되었기 때문이다. 더구나 신문 사주의 처지에선 90%가 넘는 높은 문맹률을 해소하는 것이 신문 구독자 수를 늘릴 수 있는 기회로서 이윤 추구라는 자본의 논리가 계산된 운동이었다.

나아가 그들 신문은 전두환 5공 시절인 1985년에 서로 자사 발행 신문이 진정한 '민족정론지'였다고 논쟁을 벌였다. 그 결과 상대 신문이 '친일 신문'이라고 공격하는 추태를 벌이다 진흙탕 싸움임을 깨닫고 중단한 적도 있다.

동아일보는 1920년 4월에 창간하고, 조선일보는 그보다 앞서 1920년 3월에 창간했다. 일제강점기 내내 동아일보의 구독자 수가 압도적으로 많았고 조선 민중에게 인기도 동아일보가 훨씬 높았다. 거기에는 그럴 만한 이유가 존재했다. 한두 가지 사례로, 사건 현장에서 동아일보 기자들의 헌신적인 취재를 지적할 수 있다. 1920년 봉오동, 청산리 전투에 대패한 일본군은 간도참변을 일으킨다. 간도 조선인 마을을 불태우고 조선인들을 닥치는 대로 학살하는 만행을 자행한다. 간도참변 당시 이를 현지 취재하던 동아일보 기자 장덕준은 일본군에 납치되어 살해된 채 발견될 정도로 사건 현장에 밀착해 취재했다. 우리가 흔히 알고 있는 손기정 선수의 일장기 말소 사건(1936년) 역시 동아일보 사장(송진우) 등 경영진의 편집 방침에서 비롯된 게 아니다. 경영진은 오히려 해당 기자를 질책했다. 동아일보 경영진의 태도와 달리 사회부 기자들의 역사의식과 편집 자세가 손기정 선수의 가슴에서 일장기를 지웠던 것이다.

실제로 조선일보가 신문시장 1위를 점하는 것은 권력과 가장 밀착된 시절인 1980년 이후 전두환 정권 때부터라는 건 세상이 다 아는 사실이다. 그 전까진 일제강점기 내내, 해방 후에도 동아일보가 항상 신문시장 1위였다.

1920년대 당시 신문 지면을 보면 논조에서 조선일보가 더 비판적인 기사를 실었음에도 항상 동아일보에 밀렸다. 그 이유는 아마 창간 당시 신문사 논조를 규정하는 사시社是에도 있었겠지만 무엇보다 '창간 주체'에서 확연히 갈린 탓이었다. 조선일보 창간 주체는 뼛속 깊이 친일단체인 '대정친목회'였기 때문이다.

대정친목회는 1910년대를 통틀어 국내에서 유일하게 조선총독부로부터 허가받은 결사체였다. 일제의 무단통치가 얼마나 억압적이고 극심했는지 알 수 있는 대목이다. 총독부 기관지 이외에는 신문이 허용되지 않았고 조선인은 단체를 만드는 등 결사, 집회의 자유가 전혀 없었던 시절이다. 바로 학교에서 배운 헌병경찰제의 무단통치였다.

친일 신문으로 치닫다

좌우 민족통일전선체인 신간회가 1927년 창립된 이후에 조선일보의 항일 논조는 '신간회 기관지'라고 명명할 정도로 매우 비판적이었다. 거기에는 민세 안재홍의 역할이 지대했던 때문이다. 그러다가 1931년 이후 조선일보는 심각한 경영난을 겪게 되고 결국 1933년 현재 조선일보 사장(방상훈)의 증조부인 방응모에게 넘어갔다. 방응모는 일제강점기 광산업으로 부자가 된 친일파인데, 방응모 인수 이후 조선일보는 가장 노골적인 모습의 친일 신문으로 치닫는다.

우리가 잘 알다시피 '3·1 민족해방운동'을 계기로 무단정치에서 문화정치로 탈바꿈한 것은 조선 민중의 저항의 결과이기도 하지만 식민 당국의 고도의 통치술에서 비롯되었다. 왜냐하면 1910년 일제강점 이후 1919년까지 '대한광복회'의 투쟁 등을 제외하면 국내에서 이렇다 할 조선 민중의 저항은 거의 없었다.

1910년대 초반 일제가 조작한 105인 사건으로 실체가 드러난 신민회 이후 대한광복회가 전국적인 조직망을 갖춘 지하결사체로서는 유일한 항일단체였다. 김원일의 대하소설 『늘푸른 소나무』에 박상진의 광복회 실체가 언급된다. 박상진은 서대문형무소에서 일제에 의해 처형된 왕산 허위의 제자이다. 그는 판사직을 그만두고 독립운동에 뛰어든 인물이다. 총사령 박상진은 일제에 피검돼 처형당하고, 우리가 잘 아는 김좌진 장군이 대한광복회 부사령이자 만주지부 책임자였다.

3·1 만세운동에 깜짝 놀란 조선총독부와 경기도 경찰부(당시 서울은 경기도 경찰부 관할이었음)가 조선 민중의 동태를 손쉽게 파악하고 첩보를 얻기 위한 수단으로 신문 창간을 허락하였기에 가능했다.

이미 말했듯이 조선일보를 창간한 이들이 대정친목회인데, 대정친목회는 총독부 관료를 하다가 임기 끝내고 일본으로 돌아가는 관료들 송환영회를 해 주던 친일단체였다. 유명한 친일분자 예종석, 조중응, 이완용, 한상룡 등이 창간 멤버이고 나라 팔아먹기 경쟁에서 이완용의 적수인 송병준도 곧이어 조선일보 경영에 참여한다.

이완용이 총리대신이었을 때 송병준은 농상공부 대신이었는데, 나

조선일보를 인수한 송병준. 희대의 친일 매국노 송병준은 조선일보 창간을 주도한 주역이자, 1921년 조선일보 판권을 직접 매입해 1924년 민족진영으로 판권을 넘겨줄 때까지 3년 5개월 동안 조선일보를 경영한다. (출처: 위키백과)

중엔 서로 조선을 먼저 팔아먹겠다고 비열한 모습으로 경쟁했던 놈들이다. 송병준은 기생의 아들로 태어나 늙어서도 기생의 화대를 갈취하며 살았던 매국노이다. 그는 러일전쟁이 끝난 직후 대한제국을 일본의 보호국화하려는 움직임에 적극 앞장섰다. 대한제국과 이천만 민중을 팔아넘기기 위해 일본 수상과 '너무 싸게 사는 것 아니냐'며 정치적 흥정까지 했다.

실제로 송병준은 "이만큼 넓은 토지와 이천만 인구를 모두 통째로 일본인의 손에 넣을 수 있는데 조금도 비싸지 않다"며 여러 차례 흥정을 시도했다. 가쓰라 타로 일본 수상이 '그렇게 시행하는 것은 곤란하지 않은가'라고 되묻자 처음에 1억 5,000만 엔을 내걸었던 송병준이 '1억 엔만 있으면 훌륭히 수행할 수 있다'며 '조선 땅과 이천만 명 인구에 대한 대가로 수십억, 수백억 엔의 세금이 들어오는데 너무 싸지 않은가'라고 계속 흥정하는 대목에선 민족반역자의 더러운 모습이 액면 그대로 나온다.

한편 이재명 의사의 칼을 맞고 죽었다 살아난 이완용은 병중이었음에도 송병준에게 밀리지 않기 위해 자신의 비서 이인직을 야심한 밤에 통감부로 몰래 보내 고위 관료와 선을 댔다. 『혈의 누』를 써서 최초의 신소설 작가로 기억하는 이인직이 바로 그자이다. 이인직은 『친일인명사전』에 등재된 매국노로 일본정신이 뼛속까지 스며든 친일 정치인으로 평생을 일관했던 인물이다.

송병준, 이완용 둘 다 일제강점기 직후 일본 왕으로부터 수억 원에서 20억 원에 이르는 큰돈을 거머쥐고 귀족의 작위를 받았다. 이완용은 자신의 며느리를 겁탈했던 놈인데 그 일로 아들은 스스로 목숨을 끊었다. 송병준은 헤이그 특사 사건 직후 고종을 능멸하며 왕위에서 강제로 끌어내린 자이기도 하다.

중추원 참의까지 했던 악질 친일파의 작품이 근대 신소설의 선구적 작품이라고 한때(박정희, 전두환 정권 시절) 교과서에 실리고 시험에도 잘 나왔던 걸 생각하면 한국 사회가 제정신인가 하는 생각이 든다. 그 시절 교육이 정말 교육이었을까?

진실에서 비껴간 채 지배 권력에 의해 일방적으로 주입된 파시즘적 정신교육은 아니었는지 가끔 의문이 들곤 한다.

조선일보가 빛을 발한 시기는 1920년대 중후반 비타협 민족주의 계열(안재홍, 이상재) 내지 사회주의 계열(박헌영, 임원근, 김단야, 홍덕유) 독립지사들이 신문사 사장이나 기자생활을 할 때가 전부이다. 현재 방씨 일가의 할아버지인 방응모가 조선일보를 인수한 1933년부터 1940년대 자진 폐간할 때까지 정·폐간 등 일제로부터 탄압받은 적은 거의 없다.

낡은 이념의 굴레 속에서

1989년 말 5공 청문회 당시 TV 앞에서 방우영 사장이 '일제의 탄압으로 강제 폐간'을 언급하면서 울분에 차 있던 대목은 국민을 농락한 것이다. 오히려 적극적 친일 행위 탓에 총독부 기관지 매일신보와

이화여대 교정에 있는 김활란 동상. 그는 여성 박사 1호라는 명칭이 무색하게 일제강점기 국민정신총동원 조선연맹 이사, 조선임전보국단 평의원 등 적극적 친일 행위로『친일인명사전』에 등재되었다. (출처: 이화여대 친일청산 프로젝트 기획단)

논조가 똑같았고, 전시 물자절약 차원에서 총독부의 지시에 순응하면서 조선·동아일보 스스로 알아서 폐간한 것이다.

동아일보는 김성수가 창간했는데, 그는『친일인명사전』에 등재된 인물이다. 고려대 캠퍼스에 가면 이화여대의 김활란 동상처럼 아직도 김성수 동상이 세워져 있다. 김성수는 일제 말기 조선의 청년들에게 학병을 권유하면서 일본 제국주의자들이 일으킨 태평양전쟁의 총알받이가 될 것을 여러 차례 강연, 신문을 통해 역설한 친일파이다.

조선일보, 동아일보가 '민족정론지'라고 표현하는 것은 정직하지도 않고 역사의 진실에도 부합하지 않는다. 일제 식민통치의 정책에 적극적으로 저항하려는 항일의식과 독립에의 열정을 끊임없이 심어 준 민족언론으로서보다 일제 식민통치에 순치시키는 기능이 더욱 컸다고 본다. 일제 식민 당국이 제시한 가이드라인을 넘지 않는 선에서 식민 통치에 순응하도록 민족개량주의 노선을 걸었기 때문이다. 1930년대 전반기 문맹퇴치 운동, 브나로드 운동은 그러한 민족개량주의 노선을 드러낸 것이다.

무엇보다 그들이 '민족정론지'로서 역사적 전통을 자랑스럽게 간직한 신문이라면 해방 후 이승만-박정희-전두환-노태우로 이어지는 42년의 극우 독재 시절, 반독재 민주화 투쟁의 최전선에서 펜을 들었어야 옳았다. 그러나 일제강점기 기자들의 저항의식만큼 해방 후 자유언론 수호 투쟁 역시 기자들 스스로 일궈 낸 자랑스러운 저항의 전통일 뿐이다. 경영진은 오히려 자유언론, 민주언론을 수호하기 위한 기자들의 저항과 투쟁을 방해했고 독재자의 요구대로 양심적인 기자들을 강제 해직시켰을 뿐이다.

21세기 신문시장 1~3위를 차지하는 메이저 신문인 조선일보, 동아일보, 중앙일보는 냉전과 반공 이데올로기의 낡은 틀을 벗어나 민족언론으로 거듭날 천재일우의 기회를 맞이하고 있다. 왜냐하면 남북미 평화 무드가 조성되고 한반도의 영구적 평화를 위한 문재인 정부의 실천적 노력이 국제사회의 지지를 얻으며 바야흐로 한반도 통일의 기운이 그 어느 때보다 무르익었기 때문이다. 조선일보, 동아일보는 스스로 낡은 틀을 벗어 버리고 시대의 흐름을 선도하는 '민족언론'으로 환골탈태할 수 있는 마지막 기회를 마주하고 있다. 크게 웅비하느냐 아니면 낡은 이념의 굴레 속에서 스스로 소멸해 가느냐 하는 중대한 선택의 기로에 서 있다.

반공의 핏자국 위에
세워진 나라

_친일 세력의 부활, 이승만 정권

반공의 핏자국 위에 세워진 나라, 이승만 정권. 제목 자체가 너무 무섭고 섬뜩하다. 그러나 인정하고 싶지 않은 역사의 진실이다. 한국 현대사 최고의 권위자 한홍구 교수는 일찍이 대한민국 전체가 무덤이라고 했다. 바로 집단 학살이 자행된 거대한 공동묘지라는 뜻이다. 최소 3만 명에서 최대 10만 명이 학살되었다는 제주 4·3학살(1948)이 그중 하나이다. 그리고 1949년 내내 38선을 사이에 두고 끊임없는 교전이 벌어졌다. 그 와중에 좌익 혐의를 받는 민간인 학살과 처형이 수시로 이루어졌다. 이는 미군 보고서에도 그대로 드러난 사실이다. 1949년 12월 경상북도 '문경 석달 마을 학살' 사건은 일찍이 세상에 알려진 대표적인 사건일 것이다. 경북 '경주시 내남면 학살' 사건은 최근에 와서야 언론을 타기 시작했다. 이승만 자유당 정권에서 국회의원을 무려 3번이나 한 인물에 의해서 저질러진 만행이다. 1950년 한국전쟁이 발발하기 이전에 그랬다

전쟁과 학살의 시간 속으로

지금은 고인이 된 이도영 박사가 1990년대 후반 미 국립문서보관소에서 발굴한 문서와 사진자료에는 끔찍한 학살과 처형 장면이 담겨 있다. 1950년 4월 14일 서울 동북쪽(오늘날 태릉 근처)에선 좌익 혐의로 체포된 사람들 39명을 처형했다. 40명도 안 되는 인원을 처형하기 위해 200명의 헌병들이 동원되었다. 사진 속에는 총에 맞아 신음하고 있는 사람들을 권총을 빼 들고 머리에 확인 사살하는 장면도 있다. 그 장면을 사진에 담은 미군 장교는 그런 처형 장면이 잔혹하지만 당시 남쪽 사회에서 종종 목격되는 일상적 풍경이라고 기록하고 있다. 나는 이 충격적 사진과 자료가 담긴 『예비검속』이란 책을 버스 맨 뒤 칸에 앉아 보고 또 보았다. 1970~1980년대 대학 시절부터 진행한 세미나를 통해 한국 근현대사를 좀 안다고 생각했던 그 어설픈 지식들과 생각들이 파편처럼 모두 부서져 나가는 느낌이었다. 마치 군 제대 직후 님 웨일스의 『아리랑』을 접했을 때의 충격이었다. 영혼의 울림이 컸다.

6·25전쟁이 발발하고 개전 초기 7~9월 석 달 사이에 대한민국 전 국토에 걸쳐 민간인 30만 명 정도가 예비검속되어 집단 학살됐다. 『남로당 연구』의 권위자 고 김남식 선생의 글에도 나오지만, 1990년대 초 사회운동 잡지 『말』지 기자들의 헌신적인 취재 결과 집단 학살을 조금씩 인지하던 시절이었다. 대부분은 군인과 경찰, 그리고 극우청년단체에 의해 자행된 학살이었다. 이른바 '국민보도연맹학살' 사건이다. 인민군이 점령하지 못한 경주, 포항, 울산, 부산 등 낙동강 이남 지역에서도 예외 없이 자행된 학살이었다. 부산에서만 1만 명 가까이 집단

학살되거나 태종대로 가기 전 영도구 동삼동 앞바다에 수장되었다. 아직 한국사 교과서 8종 어디에도 보도연맹 학살 사건은 전혀 서술돼 있지 않다. 얼마나 죽었는지 아직도 역사학계에선 정확한 진상조차 조사되거나 연구된 적이 없다.

분명한 사실은 그 학살을 자행한 장본인이 김창룡을 비롯해 일제강점기 반민족행위자들, 바로 친일 세력이었다는 사실이다(고 김종필의 증언도 이를 뒷받침한다). 그들을 비호한 미군이 한국군의 아버지로 불리는 하우스만 대위였다. 그는 1970년대까지 한국 정치에 중요한 영향력을 행사한 인물이다. 미국은 냉전이 굳어지는 국제정세 속에서 학살과 처형을 적극적으로 묵인하거나 방조했다. 마치 1980년 5월 광주민주화운동 당시 잔혹한 학살이 빛고을에서 자행되고 있었을 때 광주 시민들의 기대와 달리 미국은 전두환의 야만적 학살을 묵인하고 방조하였듯이 말이다.

대한민국 국시는 반공이 아니라 통일이어야 한다

5·18 광주항쟁이 지니는 역사적 의의 가운데 하나가 미국의 실체에 대해 이 땅의 민중들이 회의하기 시작했다는 데 있다. 미국은 과연 우리에게 무엇인가? 미군은 정말로 우리를 위해 이 땅에 주둔하고 있는 것일까? 82년 '부산 미문화원 방화' 사건이나 85년 '서울 미 문화원 점거' 사건은 그런 배경에서 발생했다. 그러나 1980년대 내내 반미反美는 곧 빨갱이로 몰렸고, 미국을 비판하는 칼럼조차 목숨을 내걸고 써야 했다. 미국 비판=반미=빨갱이로 공식화된 사회였기 때문이다. 국회의

원이 '대한민국 국시는 반공이 아니라 통일이어야 한다'고 주장했다가 구속된 게 1986년 사건이었으니까.

오죽했으면 지금 40대 후반~50대 초반 중년들이 다녔던 대학생 시절, 운동권 학생들이 미국美國을 '꼬리 미' 자를 써서 '미국尾國'이라고 했을까! 전형적인 친미 국가 일본조차 하지 않은 짓을 이승만은 '미국米國'을 '미국美國'이라 부르고, 전 국민에게 그리고 전 교과서에 그렇게 가르치도록 썼다. 대신 일제 때부터 써 왔던 인민, 노동이란 말을 불온시했다. 오늘날 사회민주화가 진전되면서 노동이란 말은 자주 써도 '인민'이란 말은 아직도 쓰질 못하고 있다. 이유는 북쪽에서 쓰고 있기 때문이며, 무엇보다 이승만의 반공국가 탄생과 관련이 깊다. 이는 분단이 낳은 언어의 단절로 매우 기형적인 현상이다. 언어가 품고 있는 이데올로기이자 사르트르의 표현대로 이데올로기를 드러내는 시도이다.

'국민'이라는 말 대신 일제강점기부터 쭉 써 왔던 '인민'이라는 말을 쓰는 순간 우리는 자기검열을 하게 된다. 한반도 남쪽에서 누구도 '인민'이란 말을 쓰기는 쉽지 않다. 마치 뉴라이트 세력들이나 태극기 부대 노인들, 극우 기독인들 가운데 민주주의란 말을 쓰는 대신 자꾸 '자유민주주의'를 고집하는 이들이 있는 이유와 같다. 언어가 지니는 상징성 때문이리라! 알고 보면 '국민'(황국신민의 약어)이란 말이야말로 우리가 쓰면 안 되는 표현이다. '국민학교'란 명칭이 사라지고 초등학교로 바뀐 지가 23년이 지나가는데 한국 사회의 변화는 참으로 더디기만 하다. 그 이유는 역사 정의가 실종된 사회이기 때문이다.

아직도 교감이란 직책이 버젓이 부끄럼도 없이 존재하는 학교 풍경을 생각해 보라! 민주주의 시대 민주적인 학교 운영을 강조하는 시절에 교사가 감독, 감시의 대상이 되는 학교 풍경, 이 얼마나 기막힌 현실인가? 일본 제국주의자들이 만들어 놓고 간 교감이란 용어를 종전 후 일본은 폐기했다. 그들은 부교장, 교두로 명칭을 바꾸었는데 우리는 해방 74년이 지났는데도 교감, 유치원이란 명칭을 아직도 그대로 쓰고 있다.

어른들은 말이 없었다

참혹한 시절, 생존을 위해선 신념을 버려야 했고 가족을 먹여 살리기 위해선 눈치를 봐야 했던 시절이 계속되었다. 기형도의 시에 나오듯이 지성을 상징하는 존경받는 어른들은 말이 없던 시절이었다. 침묵을 강요받던 시절이었다. 말을 하는 순간 최종길 교수(서울대 법과대학 교수)처럼 중앙정보부에서 죽임을 당하고 의문사로 처리되던 시절이었다. 42년 독재, 반공국가 시절 믿을 수 있는 것은 오직 가족뿐이었고 국가는 감시기구에 지나지 않았다. 가족중심주의, 가족이기주의가 한국 사회 사회현상의 주요한 특징으로 부각된 것도 그런 연유에서였다. 다시 우리 현대사로 돌아가 보자.

해방공간 그리고 남쪽에서 분단정권이 수립되던 그 시기 고문과 학살, 집단 처형은 왜 일상적으로 자행되었을까? 게다가 왜 상상을 초월할 정도로 잔혹하게 집행되었을까? 그것은 우리들의 역사적 상상으로도 어렵지 않게 알 수 있다. 한홍구 교수의 표현을 그대로 빌리자면 당시 학살을 통해 한반도 남쪽에서 완전히 씨를 말려 버렸다고 했다. 조금이라도 민족을 생각하고 사회 정의를 생각한 자들을 완전히 싹쓸이했다는 이야기이다. 4·19혁명은 그 싹쓸이한 박토 위에서 발생한 자

부산지역 보도연맹원 등 정치범 집단 학살 장소(부산시 영도구 동삼동 소재, 미니공원). 1950년 한국전쟁 발발 직후 수천 명에 이르는 사상범들을 적법한 절차 없이 집단 학살, 절벽으로 내던져 수장시켰다. 현재 미니공원에는 김소운 문학비가 세워져 있다. (출처: 하성환)

생적인 거대한 함성이었다.

문제는 이승만의 반공국가 건설에 서정주, 김동리, 이은상 등 내로라하는 당대 문인들이 문화선전대로 나서서 반공국가 건설에 앞장섰다는 사실이다. 당시 그네들 작품이 국어 교과서에 수록된 건 물론이고 지금의 40대 이상 어른들에겐 그것이 전혀 낯설지 않다. 그들이 시와 소설에서 한국 문단을 좌지우지할 수 있었던 이유가 그냥 주어진 게 아니라는 뜻이다. 아직도 여의나루역(지하철 5호선) 3번 출구로 나가면 『친일인명사전』에 등재된 왜색풍 짙은 대표적인 친일 화가의 작품이 버젓이 대로변에 공개돼 있다. 무심한 대중들은 그냥 지나칠 뿐이다.

마치 남영역 플랫폼에 내려서 박종철 군이 10시간의 고통 속에 죽어 간 남영동 대공분실 쥐색 건물을 무심히 지나치듯이 말이다. 플랫폼에 내리자마자 그대로 까무잡잡한 쥐색 건물이 전면에 보이는데도 대중들은 일상의 삶에 파묻혀 지나친다. 유심히 보면 고문실 5층 창문이 유독 작다는 사실을 알 수 있다. 그러나 일상의 대중을 탓할 일도 아니다. 남영동 대공분실이 경찰청 인권기념관에서 민주인권기념관으로 거듭났다. 불행 중 다행한 일이 아닐 수 없다. 그렇게 되기까지 87년 6월 항쟁 이후 32년이 지났다. 한 세대가 지나서야 변화가 일었다. 박종철 군의 아버지 박정기 님이 지난해 돌아가셨는데 마음 같아선 살아생전에 민주인권기념관으로 바뀌었다면 얼마나 좋았을까!

3·1 민족해방운동 100주년에
다시 우리 역사를 생각하다

올해는 3·1 민족해방운동 100주년 되는 해이다. 대한민국 임시정부 수립 100주년이자 대한민국 탄생 100주년 되는 해이다. 일제강점기 최대의 민족독립운동이었던 3·1운동을 정치학자들은 부르주아혁명이라고 명명한다. 시민혁명이라는 뜻이다. 7,500명 이상의 조선인이 학살되고 수만 명이 구금되거나 부상을 입는 참극으로 3·1운동이 끝나지만 1920년대 전반기 해외 무장독립투쟁의 강력한 동인으로 작용했다. 폭탄과 권총을 두르고 적의 심장부를 강타했던 의열단의 결성이나 봉오동 전투, 청산리 전쟁, 정의부 국내진공작전 등이 모두 '3·1혁명'의 처절한 실패를 딛고 전개된 무장독립투쟁이었다. 일제 측 자료에 근거하더라도 정의부는 1920년대 전반부에만 일제와 수백 회의 전투를 치렀다. 예전이나 지금이나 한국사 교과서엔 단 한 줄도 서술돼 있질 않다.

해방공간에서 송진우, 여운형, 정부 수립 후에는 김구가 피살된다. 사회주의자들은 지하로 잠적하고 민족주의자들조차 숨을 쉴 수 없는 정국이 조성되었기 때문이다. 의열단 단장 김원봉의 북행이나 항일민족주의 교육을 실천한 이만규조차 두 딸과 이별하며 다급히 북행길을 택했던 것은 생존을 위한 부득이한 선택이었다. 이는 해방공간에 백색테러가 횡행했기 때문이며 그것이 역사적 진실이다. 조선어학회의 실질적 지도자였던 고루 이극로 선생 역시 철두철미 뼛속까지 민족주의자였음에도 북을 선택하고 북에 남는다. 우파 민족주의자로서 좌우합작을 꿈꾸었지만 정치 환경은 살벌하기 그지없었고 생존을 위한 다른 선택은 없었다.

해방공간 그리고 대한민국 정부 수립과 곧 이어지는 6·25전쟁. 그것은 한반도 남쪽에 확실한 반공국가 건설로 막을 내린다. 친일반민족세력을 자신의 정치적 세력으로 묶어 두고 적극 비호했던 인물이 초대 대통령 이승만이다. '반민특위'가 좌절되면서 역사 청산을 방해했던 제1의 인물이 바로 대통령 이승만이다. 그에 멈추지 않고 자기 동족을 향해 살육을 자행하면서 거대한 핏자국 위에 이승만 반공정권을 세웠다. 그리고 간선제로 국회에서 초대 대통령으로 당선된다. 그러나 대통령 이승만은 노욕을 부려 또다시 대통령을 하고자 욕망했다. 당시 그의 나이는 77살이었다. 고희는커녕 예순 살만 되어도 장수대열에 올라서 환갑잔치를 벌였던 시절이다. 그 나이에 이승만은 헌법을 뜯어고쳐 자신에게 유리하게 만들었다. 이를 위해 야당 국회의원들을 헌병대로 끌고 가는 등 '부산 정치파동'(1952)을 일으켜 대통령을 또 해먹는다. 이른바 학교에서 배운 발췌개헌이다. 명백히 헌법을 누더기로 만들고 유린한 것이다.

그것도 모자라 79살의 대통령 이승만은 '사사오입 개헌'(1954)과 상상할 수 없는 부정선거를 통해 세 번째 대통령이 된다. 이는 대통령 이승만 스스로 헌정질서를 농락함으로써 짓밟은 폭거였다. 그럼에도 국회의사당 내 이승만 동상에는 '의회민주주의를 발전시키고 헌정질서의 초석을 닦았다'고 미화 찬양해 놓았다. 의회민주주의를 짓밟은 자를 거꾸로 의회민주주의를 발전시킨 인물이라고 커다란 동상과 표지석까지 세워 놓았으니 정말 제정신이 아닌 나라다.

특히 3대 대통령 선거에서 이승만은 조봉암 표 98장에 앞뒤로 이승만 표를 묶어서 100장 모두를 이승만 표로 둔갑시켰다. 그렇게 100장 단위로 이승만 표로 위장시킨 것이다. 문제는 개표과정에서 앞뒤 이승만 표 2장이 없을 정도로 조봉암 선생의 표가 압도적으로 많았다고 한다. 그래서 조봉암 선생은 뒷날 '선거에서 이기고 개표에서 졌다'고 토로했다. 진정한 민족지도자 조봉암 선생은 이승만이 조작한 진보당 사건으로 4월 혁명 발발 1년 전 서대문형무소에서 전격 처형돼 형장의 이슬로 사라진다.

해방 후 한국 기독교는 역사적으로 반공주의에 단단히 뿌리를 박고 성장한 종교 세력이다. 이승만의 반공국가 건설 과정에서 한국 기독교도 단단히 한몫을 했다. 안두희처럼 월남한 청년들로 서북청년단을 처음 만든 이가 바로 한경직 목사이다. 그 서북청년단이 제주 4·3 학살 과정에서 악명을 떨친 건 널리 알려진 사실이다. 오죽했으면 제주도민들이 경찰에 붙잡히면 살 수 있어도 서청에 붙잡히면 죽음을 피할 수 없다고 했을까! 그런 서북청년단이 수십 년 만에 박근혜 정권 시절 재건되었고 집회 현장마다 맞불집회를 놓으며 고개를 내밀었

이승만 동상. 국회의사당 내 동상 표지석에는 부산정치파동(1952), 사사오입개헌(1954) 등 헌정질서와 의회민주주의를 말살했던 그를 '의회정치 발전의 초석을 놓으시고 의회민주주의 발전의 귀감이 된 우남 이승만 박사'라고 미화해 놓았다. (출처: 하성환)

다. 박근혜 정권 시절 인간에 대한 증오와 적개심, 그리고 오늘날 광화문 네거리와 서울광장에서 마주친 무서운 눈빛들을 기억한다. 그들은 '대통령 문재인을 몰아내자'며 노골적으로 플래카드를 내걸고 시위를 하고 있다.

레드 콤플렉스의 공포와 후유증을 어린이의 눈으로 그린 작품이 있다. 한국전쟁 직후인 1954년 대구를 배경으로 한 살풍경한 작품이다. 바로 뛰어난 작가 김원일의 『마당 깊은 집』이 그 소설이다. 한때 드라마로 제작되었던 이 작품은 이후 수십 년 동안 한국 사회가 어떠했으며 어떻게 전개되었는가를 충분히 짐작하게 해 주는 사회소설이다.

1975년 민주화 인사들을 전격 처형한 인혁당 사건, 장준하 선생의 의문의 죽음….

1980년대 중반 서울에서 중간고사 시험 치러 갔던 대학생이 경찰에 연행된 지 한 달 뒤에 부산 동삼동 앞바다에 시체로 둥둥둥 떠오르던 사건의 기억….

노태우 정권 당시 조선대 교지 편집위원장 이철규 군의문사 사건….

대한민국이 걸어가야 할 정도를 찾아서

이승만-박정희-전두환-노태우 그 무시무시한 42년의 독재 시기에는 우리가 기억하지 못하는 수많은 의문의 죽음들과 원통한 죽음들이 혼재했다. 그것은 민주주의의 암흑기 그 자체였다. 자유민주주의 사회가 아니었다. 자유민주주의의 탈을 쓴 엄혹한 독재 시절이었다. 그러다가 1997년 12월 IMF 경제 위기를 배경으로 대한민국 역사상 최초로 정권교체가 이뤄졌다.

　절차적 민주주의에 따라 수립된 민주정부인 김대중의 국민의 정부와 노무현의 참여정부를 넘어서서 오늘날 문재인 정부에 거는 기대가 남다른 것은 단지 촛불의 힘으로 등장했기 때문만은 아니다. 단 한 번도 역사가 청산되지 못한 한국의 현실에서 문재인 정부의 적폐 청산과 과거사 청산은 너무나 절실한 시대의 과제이자 소명이 되었다. 그것은 이 시대를 살아가는 모든 국민의 한결같은 소망이기도 하다. 더디 가더라도 과거사 청산을 통해 역사 정의를 바로 세워야 한다. 그 길이 느리지만 우리 대한민국이 걸어가야 할 정도이다. 우리 아이들에게 물려줄 건강하고 풍요로우며 정의로운 대한민국은 그렇게 다가올 것이다.

　문재인 정부가 출범한 지 이제 2년 7개월여가 지나갔다. 남은 기간 조금이라도 역사가 청산되고 한국 사회에도 무언가 새로운 기운이 움트기를 꿈꾸어 본다. 반공의 핏자국 위에 세워진 이승만 정권이지만 우리가 후손들에게 물려줄 국가는 '아름다운 대한민국! 정의로운 복지국가'여야 하지 않겠는가! 못난 어른들, 못난 조상들로 인해 우리 후손들이 다시는 역사의 무게에 짓눌려 고통받는 일이 없어야 하기 때문이다.

18.

투사가 된
어머니, 아버지를 기억하다
_민주열사, 노동열사가 된 자식을 가슴에 묻고

한국 사회 민주화운동과 노동운동, 그리고 인권운동의 역사에서 우리는 희생된 젊은이들을 마주한다. 앳된 10대부터 혈기 넘치는 20대까지 보는 이들로 하여금 안타까움과 탄식을 낳게 한다. 국가 사회의 구조적 모순 앞에서 죄 없는 젊은이들이 어처구니없이 희생된 사례들은 극심한 분노감마저 안긴다. 왜 국가 공권력은 정당하게 행사되지 못하고 폭력적으로 자행되었던 것일까. 선하기 그지없는 청년들이 왜 그리 허망하게 죽어 가야 했는지 마음이 쓰리고 아플 뿐이다.

네가 남긴 뜻을 위하여 나의 여생을 보낼 생각이다

눈에 띄는 또 하나의 사실은 원통하게 희생된 젊은이들을 뒤이어 보통의 어머니와 아버지들이 어느 날 투사가 된다는 사실이다. 국가폭력과 구조적 모순의 선두에 서서 어머니와 아버지들은 먼저 간 자녀의 뜻을 이어 가며 살아가신다. 어느 날 한순간에 가정이 풍비박산 나고 살아도 사는 게 아닌 고통스러운 삶이 어머니와 아버지들에게 다가왔기 때문이다. 오늘 소개하는 몇 분의 이야기는 그래서 더욱 처연하고 숙연하다.

1987년 9월 8일 서울대학교 서양사학과 84학번 최우혁 군은 군부대 내 쓰레기 소각장에서 분신 사망한다. 당시 전두환 5공 정권 군 헌병대는 평소 불우한 가정환경을 비관해 단순히 개인적 고민으로 휘발유를 몸에 끼얹고 분신자살했다고 발표했다. 즉각적으로 1천 명이 넘는 서울대생들이 아크로폴리스 광장에 모였다. 최 군의 어머니 강연임 씨와 아버지 최봉규 씨 등 유가족들은 민가협(민주화실천가족운동협의회의 약칭) 회원 30여 명과 함께 민주학생장을 치렀다. 그리고 군 헌병대 발표에 항의하며 의문의 죽임을 당한 최우혁 군의 진상규명을 촉구했다.

최우혁 군이 군대에 간 것은 어머니의 강력한 권유가 있었다. 공부 잘하고 착했던 막내아들이 서울대 입학 후 언젠가부터 매일같이 데모하고 경찰서 유치장에 갇히곤 했다. 부모님은 학생운동을 하던 아들이 감옥에 갈까 봐, 차라리 군대에 보내면 학교와 떨어져 있으니까 데모 생각을 그만할 거라 믿었다. 최우혁 군은 군대에 가길 원치 않았지만 부모님의 강권에 입대할 수밖에 없었다. 어머니는 병무청을 찾아가 군 입대 날짜를 앞당겨 달라고 간청했고, 아버지는 친척을 동원해 입대 일에 아들을 집에 붙잡아 두었다. 최 군은 입대를 거부하면서 엄마에게 저항했다. "군대 끌려가면 저는 죽어요. 지금 못 보면 다시는 저를 못 보실 거예요."

최우혁 군이 죽은 지 3년 뒤 그 유명한 윤석양 이병의 보안사 사찰 양심선언이 있었다. 최우혁 군이 보안사 사찰 대상이었다. 비로소 전두환 5공 정권이 저지른 군대 내 반인권적인 '녹화사업'의 실상이 폭

1986년 최우혁 이병 장례 행렬. 1987년 9월 14일 서울대에서 군 입대 뒤 의문사한 최우혁 군의 장례식이 열리고 있다. (출처: 한겨레)

로되었다. 나중에 노무현 정부 2기 의문사진상규명위원회에서 밝혀진 일이지만 최우혁 군은 보안사의 관찰 공작과 군부대 내 구타와 가혹 행위로 사망한 것이다. 어머니는 아들이 입대한 지 133일 만에 사망하자 가슴을 치며 자책했다. 군대에 가기 싫어하는 아들을 억지로 군대에 보내 의문의 죽음을 맞은 어미의 심정은 극심한 자책과 고통의 연속이었다. 그러던 중 최 군이 죽은 지 두 달 후 어머니는 아들의 사망에 따른 충격과 자책감 속에 뇌출혈로 쓰러졌고 한쪽 눈을 실명했다.

그대로 무너질 것 같았던 어머니는 오히려 우뚝 딛고 일어나 머리띠를 질끈 묶었다. 그러고는 거리 시위 현장에서, 군부대 앞에서 진실 규명을 촉구하며 투사가 되어 싸웠다. '차라리 학생운동을 하다가 감옥에 갔으면 지금 살아 있을 텐데.' 뒤늦게 가슴을 치며 후회했다. 결국 어머니는 아들 우혁이가 죽은 지 4년째 되던 1991년에 '내가 아들을 죽였다'며 한강에 투신함으로써 생을 마감하셨다. 아버지 또한 아들과 아내의 연이은 죽음 앞에 충격이 너무 컸다. 그렇지만 죽은 아내가 목숨을 내던지며 남긴 한을 풀어 주기 위해 그리고 아들의 원통한 죽음에 대한 진실을 규명하기 위해 유가협('전국민주화운동유가족협의회'의 약칭) 총무 활동에 열정을 다 바쳤다.

전두환·노태우를 처벌하기 위한 5·18특별법 제정을 위해 싸웠고, 김대중 정부 의문사 진상규명 특별법 제정을 위해 국회 앞에서 422일 동안 천막 농성을 감당했다. 일흔이 넘은 노구에도 해를 넘겨 가며 고 이소선 여사, 고 박정기 어르신과 함께 한겨울 노숙농성을 이어 가며 기어이 특별법 제정을 이끌어 냈다. 그리고 마침내 아들이 국가로부터 민주화운동 관련자로 인정받게 만들었다. 아들의 죽음과 아내의 죽음이 이어지는 극한의 절망과 고통 속에서 아버지는 투사로 거듭나고 단련되었다. 『최우혁 열사 추모집』에 실린 「아직도 못다 부른 노래」에 실린 아버지의 독백이다.

"나는 이제 네가 죽은 것에 대하여 그리 슬퍼하지 않으련다. 네가 남긴 뜻을 위하여 나의 여생을 보낼 생각이다. 부디 나에게 힘을 주어 너의 비참한 죽음을 알리게 하고 너와 같이 뜨거운 피를 가진 청년들이 죽어 자빠지게 만드는 부조리에 대항하여 싸울 수 있는 용기를 가져다주기를 바란다. 이제부터는 너와 나 사이에 가로놓인 차가운 강은 없어도 좋을 법하구나."

아버지 최봉규 씨는 아들을 대신해 민주화운동과 인권운동 투사로 치열하게 사셨다. 그리고 2016년 한 많은 팔십 평생을 암 투병 끝에 돌아가셨다.

국가폭력이 난무하던 시절

군부대에서 억울하고 원통한 죽음이 어디 한둘이겠는가! 수천 수만의 신체 강건한 젊은 장정들이 원통하게 죽어 간 것을 생각하면 한국 사회는 정말 비정상이 아닐 수 없다. 1970년대 유신정권 시절엔 매년 1,000명씩 죽었다. 1980년대엔 매년 600명이 넘는 젊은이들이 군대에 가서 돌아오질 못했다. 1990년대엔 매년 300명씩 죽었다. 민주화된 2000년대 이후에도 매년 100명씩 죽었고 오늘날 100명 밑으로 줄어들었다. 한국전쟁 종전 이후 무려 6만 명이 군대에서 죽었다. 전투상황이 아닌데도 너무 많은 죽음의 행렬이 이어져 온 것이다.

1984년 4월 2일 제7사단 폐유류 창고에서 가슴과 머리에 3발의 총상을 입고 죽은 허원근 일병의 경우도 마찬가지다. 군부대는 군대생활 염증에 따른 자살이라고 판에 박힌 내용을 발표하고 수사를 종결지었다. 그러나 이것은 거짓 조사 결과였다. 허원근 일병은 광주항쟁 당시 고교생 신분이지만 시민군으로 참여했다. 그리고 대학 재학 중 지도휴학을 당해 군대에 간 것이다. 아버지 허영춘 씨는 유가협 의문사 지회장이 되어 단식과 삭발농성, 청원 등 의문의 죽임을 당한 아들의 진상을 규명하기 위해 백방으로 뛰어다니며 노력했다.

1980년대와 1990년대 초반 군사정권 시절 의문의 죽임을 당한 사건들은 셀 수 없이 많다. 철로 변에서 아니면 야산 깊은 산속에서 그것도 아니면 바닷속에서 청년들의 처참한 주검이 발견된 경우가 허다

하다. 한결같이 적법한 절차나 수사를 받지 못한 채 사건이 자살 내지 사고사로 종결되곤 했다. 국가폭력이 일상적으로 난무하던 극악한 시절이었으니까! 허원근 일병의 의문사는 대통령 직속 의문사진상규명위원회에서 2002년과 2004년 두 차례 조사를 했다. 두 차례 결론은 모두 상관에 의한 총기 타살이었다. 그리하여 1심 법원에서도 타살로 판결이 났다. 상관이 죽였다고 판결을 내린 것이다. 그러나 2심에선 자살로 판결이 뒤집어졌고, 2015년 대법원 판결에선 사인 진상 규명 불능으로 끝났다. 2017년 국방부에선 순직 처리 결정을 내리면서 대표적인 군의문사 사건은 그렇게 종결됐다. 영화 〈JSA〉의 배경이 된 1998년 김훈 중위 의문사 사건도 그렇다. 법의학적으로 타살 가능성이 짙었으나 20년 가까운 논란 끝에 2017년 순직 처리되면서 종결되었다.

2011년 논산훈련소 노우빈 훈련병의 죽음은 군 인권의 현주소를 여실히 드러낸 사건이었다. 뇌수막염을 앓아 40도 고열이었음에도 노우빈 훈련병은 20km 행군을 끝냈다. 그리고 탈진한 상태에서 민간병원은커녕 군의무관의 진료조차 받지 못한 채 타이레놀 두 알로 죽어간 끔찍한 사건이었다. 어머니 공복순 씨는 2016년 1월 군피해치유센터 '함께'를 사비를 털어 만들었다. 군대에서 죽거나 다친 피해 가족의 치유를 위해 외로운 싸움을 지속하고 있다. 마땅히 국가가 해야 할 일임에도 국가는 모르쇠로 일관한다. 슬픔과 절망, 고통 속에서 하루하루 살아가는 피해자 가족의 상한 마음을 치유하는 일에 개인이 발 벗고 나선 모양새이다. 노우빈 훈련병 어머니는 입대한 지 한 달 만에 원통하게 죽은 아들을 생각하며 군 당국의 무성의와 거짓, 그리고 반복되는 비극을 막아야 한다고 결의를 밝힌 적이 있다.

"외쳐야 해요. 억울하게 당했는데 원래 군에서 우빈이 부검도 하지 말라고 그랬어요. 애 두 번 죽일 거냐고. 얼마나 부드럽게 말하는지 몰라요. 장례부터 치를 게 아니라 죽음의 원인을 밝혀야죠."

물론 이 일에 2014년 윤승주 일병 어머니 안미자 씨도 함께하고 있다. 공복순 씨가 윤 일병 어머니를 설득한 것이다. "어머니, 이제는 우리도 가만히 있으면 안 됩니다. 전태일에게는 죽음을 헛되게 하지 않은 전태일 엄마가 있었어요." 그러

노우빈 이병 어머니 공복순 님. '군피해치유센터 함께' 공복순 대표가 서울 서대문구 현저동 사무실에서 개소식을 준비하고 있다. 평소에 파란색과 백합을 좋아했던 아들 노우빈 군을 생각하여 디자인을 했다. (출처: 한겨레)

자 윤 일병 어머니도 결연히 응답했다. "제가 할 수 있는 일을 찾아야죠." 윤 일병 사건은 자대배치 받은 지 한 달 동안 극심한 구타와 가래침 핥기, 그리고 잠 안 재우기 고통 속에 죽어 간 끔찍하고 잔혹한 군대 내 범죄였다. 어머니들과 아버지들은 국방부 앞에서 군의문사 진상규명을 촉구하며 시위도 한다. 다시는 이 땅에서 억울하고 원통하게 죽어 간 아들과 같은 사건이 재발하지 않도록 간절한 마음으로 빌면서 말이다.

새로운 세상으로 건너가는 다리를 놓아 준 내 아들아

영화 〈1987〉에서 강동원이 열연한 연세대 경영학과 이한열 군의 최루탄 피격사건은 평범한 시골 출신 어머니 배은심 씨를 민주화 투사로 만들었다. 한열이가 최루탄에 피격되기 전까지 어머니는 아이들 빨래하고 밥해 주고 가족들 건강을 생각하는 게 전부인 평범한 가정주부였다. 그러나 군사정권이 순수하기 그지없는 한열이를 잔인하게 직격탄을 쏘아 죽였다. 그렇게 어머니를 고통과 절망에 빠트렸고 그 고통과 절망을 딛고 어머니는 아들의 뜻을 이어 가며 30년을 넘게 싸우며 살아오셨다.

박종철 군의 물고문 사망 사건은 1987년 6월 항쟁의 도화선이 되었다. 사건 이후 '아버지는 아무 할 말이 없데이'라고 울면서 임진강에 아들의 유골을 흩뿌렸다. 이후 아버지 박정기 어르신은 아들의 뜻을 이어 유가협 활동을 하면서 이 땅의 민주화운동에 헌신하셨다. 농성과 거리집회, 경찰서 연행과 구속을 두려워하지 않았다. 심지어 2017년 1월 박근혜 탄핵을 촉구하면서 90세 가까운 노구를 이끌고 한겨울 땅바닥에서 촛불을 들었다. 박정기 어르신은 1994년 4월 26일 일기에 이렇게 썼다.

> "막내야, 다음에도 나는, 이 아버지는 민주화운동을 할 거야. 역사에 없어도 나는 네가 하다 간 그것을 할 거야!"

아들의 죽음과 6월 항쟁은 박정기 어르신의 삶을 180도 변화시켰다. 평범한 아버지였으나 아들의 죽음 이후 가장 치열하게 이 땅의 민

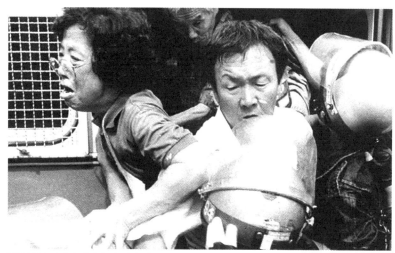

박종철 군 아버지 박정기 씨 연행 장면. 박종철 씨 고문치사 및 범인 은폐조작사건 관련 피고인들에 대한 무죄 판결을 계기로 1990년 8월 22일 서울 홍제동 치안본부 대공분실 앞길에서 시위를 벌이던 박정기 님(오른쪽)과 어머니 정차순 님이 강제로 전경버스에 연행되는 장면. (출처: 한겨레)

주주의를 위해 투쟁하며 헌신하셨다. 늘 아버지는 그렇게 읊조렸다.

"아들은 나에게 새로운 세상으로 건너가는 다리를 놓아 주었다. … 오직 부끄럽게 살았던 내 과거의 모습을 씻어 버리고 종철이에게 조금 더 가까이 다가가는 아버지가 되었다. … 종철이를 본격적인 동지로 만나는 계기를 만들어 주었다."

2018년 지난해 박정기 어르신은 아들 곁으로 영원히 떠났다.

국가의 역할이 실종된 참사 세월호 부모님들은 참사 이후 의식적으로 크게 변모했다. 박근혜 정권 시절, 그 무서운 저항과 지칠 줄 모르는 투쟁 동력은 정권을 무너뜨리는 강력한 힘으로 작용했다. 2016년

태안화력 비정규직 청년노동자 故 김용균님 시민분향소

외롭지 않게, 아프지 않게 함께하겠습니다

2018년 12월 광화문 광장에 세워진 고 김용균 님 분향소. 24살 청년은 태안 화력발전소 비정규직 하청 노동자로 석탄 운반 컨베이어 벨트에 끼어 참혹하게 죽어 갔다. 성실하고 선한 김용균의 원통한 죽음은 28년 만에 산업안전보건법(일명 김용균법)이 개정되는 계기가 되었다. (출처 하성환)

12월과 2017년 1월 광화문 광장 무대에 선 세월호 부모님들의 그 가슴 아픈 절규가 아직도 귓가에 맴돈다.

태안 화력발전소 비정규직 하청 노동자 김용균 님의 어머니 김미숙 씨도 금쪽같은 아들을 잃고 절망으로 탄식할 때 세월호 부모님과 고교생 현장 실습 도중 원통하게 죽은 이민호 군 아버지를 만나면서 살아갈 목표와 힘을 얻었다. 그리하여 어머니는 아들이 원했던 비정규직이 차별받지 않는 세상, 아들의 뜻을 이루기 위해 힘차게 살아갈 것을 다짐했다. 아들이 생전에 들었던 피켓 그대로 노동악법 철폐하고 불법 파견 혼내 주고 비정규직 직접 고용을 위해 노동운동에 성큼 발을 내디딘 것이다.

19.

봉오동 전투의 전설,
최진동 장군

_노블레스 오블리주를 실천한 항일독립투사

정치 월간지 『말』 2003년 10월호에 연변 작가 류연산은 "항일에서 친일로 변절한 인물: 봉오동 전투의 최진동은 독립투사가 아닌 친일파"라는 제목의 글을 실었다. 그리고 1년 뒤 작가 류연산(2004년 당시 연변 조선족 자치주 대표회의 상무위원)은 일제강점기 반민족 행위에 앞장선 친일 인사들을 소개한 책 『일송정 푸른 솔에 선구자는 없었다』(2004)를 펴냈다. 그 책엔 박정희, 백선엽, 정일권, 최남선 따위 인물과 함께 최진동을 친일파로 소개하고 있다. 책에 실린 내용은 월간지 『말』에 소개한 내용을 그대로 전재한 것으로 특별히 다른 점은 없다.

독립운동사에 빛나는 3형제의 자취

필자는 본래 노블레스 오블리주를 실천한 인물로 북만주의 대지주이자 거부 최진동-최운산-최치흥 3형제를 소개하고자 자료를 찾던 중이었다. 우리 역사에서 나라가 위기에 처했을 때 귀감이 될 인물로 자라나는 후손들을 위해 기록할 필요를 느꼈기 때문이다. 더구나 최진동-최운산-최치흥 3형제는 봉오동 전투의 전설적 인물임에도 한국사 교과서는커녕 일반 시중 근현대사 서적에도 거의 알려져 있지 않은 인물이기 때문이다. 보통 30대 이하 젊은 세대들은 학교교육을 통해서 노블레스 오블리주를 실천한 우당 이회영을 기억한다. 그러나 40대 이후 세대는 이회영에 대한 기억도 없지만 봉오동 전투 당시 최씨 3형제를 모르는 게 현실이다.

필자는 '최진동이 독립투사가 아니라 친일파'라는 류연산의 글이 정말 사실인지 확인하고 싶었다. 먼저 2009년에 발간된 『친일인명사전』에 최진동에 대한 내용은 없었다. 수많은 역사 사료와 자료를 검토하여 민족문제연구소에서 각고의 노고 끝에 펴낸 역작에 최진동에 대한 친일의 기록은 단 한 줄도 없었다. 류연산이 문제 제기한 2003년과 『친일인명사전』이 발간된 2009년은 시기상 차이가 적지 않다. 그럼에도 전문 연구자들은 최진동을 친일 인물로 분류하지 않았다. 오늘날 조중동 신문 사주들 방응모, 김성수, 홍진기가 하나같이 『친일인명사전』에 등재되어 친일파로 분류돼 있는 것과 사뭇 다르다.

류연산은 최진동이 "만주사변(1931) 이후 일제에 투항했을 뿐 아니라 비행기 한 대 살 엄청난 돈을 일제에 기부하여… (중략) 절개를 버리고 친일파로 전락한 인물"이라고 주장한다. 나아가 "1938년 일본군 토벌대의 선두가 되어 항일무장세력 진압에 앞장선" 인물이자 일제가 내세운 꼭두각시 국가 "만주국의 건국이념을 받들고 독립운동을 했던 과거사를 용서받기 위해 일제에 충성의 선물로 비행기를 헌납했던" 친일파로 규정한다. 그러면서 최진동이 "1941년 천수를 다하고 죽었다"며 "시간으로 계산하면 겨우 3년을 더 살려고 일제한테 무릎을 꿇었다"고 기술하고 있다. 그리고 일제는 최진동의 "친일 공적을 높이 기리어 장례를 성대하게 치러 주었다"고 쓰고 있다.

그러나 필자가 검토해 본 결과 최진동은 항일무장투쟁 전선에서 이탈한 후 뚜렷하게 친일한 행적이 없다. 따라서 류연산의 주장에 대해 다음 세 가지를 반박하고자 한다. 그리고 봉오동 전투에서 최진동-최운산-최치흥 3형제야말로 독립운동사에 빛나는 자취를 남긴 인물임을 제대로 평가해 주고 싶다. 나아가 한국사 교과서에 최씨 3형제가 실천한 노블레스 오블리주의 삶이 서술되길 소망한다.

첫째로, 연변 작가 류연산이 주장한 '일본 제국주의에 비행기를 헌납했다'는 비판이다. 류연산이 비판한 비행기 헌납 건은 구체적인 증거나 사료가 없다. 대한민국 정부 수립 직후 제헌국회에서 반민법이 통과되고 반민족행위자(친일파)를 처벌하기 위한 반민특위가 1948년 10월에 결성된다. 반민특위 활동은 1949년 1월 초에 본격적으로 가동된다. 당시 반민특위 조사관에게 신문을 받던 이기권에 대한 「의견서」나 「피의자 신문조서」에는 최진동에 대한 이야기가 나온다. 이기권은 종로경찰서 고등계 형사의 밀정으로 의심을 받던 인물이다. 그는 관동군 촉탁으로 활동했다는 혐의 때문에 반민특위에서 조사를 받았다.

이기권에 대한 「3차 피의자 신문조서」(1949. 8. 16)에는 최진동이 일본군으로부터 독립군 선무공작을 강요받고 있다는 대목이 나온다. 그리고 최진동이 비록 일군에 체포돼 귀순하였지만 일제의 요구대로 순순히 선무공작을 하지는 않았다는 진술도 나온다. 오히려 일본 헌병대장이 만들어 준 귀순 권유문을 살포하기보다 포장 대용 용지로 썼다고 강변한다. 최진동은 귀순 후 도문에서 살고 있었는데 연길현 대흥구에 있는 자신 소유 3만 정보에 달하는 임지에 대한 벌목 허가를 일제로부터 받고자 했다. 그 이유는 이를 기반으로 혹시 있을지 모를 귀순 독립군들의 생활안정책을 마련하고자 했던 것이다. 물론 최진동은 한인독립군에 대한 귀순 공작을 실행하진 않았다.

「증인 신문조서」(1949. 8. 18)에서 아나키스트 이정규 역시 이기권과 비슷한 취지로 진술한다. 이정규는 이회영 선생과 함께 북경 등 중국에서 항일독립운동을 전개했던 열혈 독립투사이다. 이정규는 치안유지법 위반 혐의로 8년을 서대문형무소에서 복역 후 출옥한다. 이정규는 출옥 후 일제의 요시찰 감시를 피하기 위해 이기권이 운영하던 만주로 가게 된다. 거기서 이정규는 최진동 자택 사무실에 '관동군 위촉 선무공작부'라는 간판이 내걸린 것을 보게 된다. 그러나 최진동은 일본 헌병이나 관헌을 접대하던 공간으로 썼을 뿐이라고 진술한다. 겉으로 선무공작을 하고 있다는 표시로 간판을 내걸었다는 의미이다. 실제로 최진동은 단 한 명도 선무공작을 하지 않았다. 오히려 선무공작을 미끼로 임지 벌목 허가를 받고자 했을 뿐이라고 진술하고 있다.

이기권에 대한 「4차 피의자 신문조서」(1949. 8. 19)에도 최진동이 일제의 강권으로 부득이 선무공작을 표면적으로 표방했다는 진술이 나온다. 그러면서 최진동은 이를 역으로 이용해 연길현 대흥구 삼림 벌채권을 받아 내 귀순 독립군들에게 경제적으로 안정된 직장과 생활환경을 제공해 주고자 했다. 하지만 최진동은 일제로부터 끝내 허가증을 교부받지는 못했다. 최진동의 자택에 있던 선무공작 간판은 1941년 6월부터 1942년 봄까지 7~8개월 정도 내걸렸을 뿐이다. 그 기간에 최진동은 이렇다 할 친일의 행적을 남기지 않았다.

이기권에 대한 「6차 피의자 신문조서」(1949. 8. 28)에 나오듯이 오히려 최진동은 자신의 벌목 사업을 추진하기 위해 표면상 선무반 간판을 내걸고 일제와 교섭했을 뿐이다. 최진동이 1941년 11월 25일 향년

서울시 종로구 신교동 소재 우당기념관. 나라가 망하자 6형제의 집단 망명을 주도하고 전 재산으로 신흥무관학교를 설립해 3,500여 명의 독립군을 길러 낸 아나키스트 항일혁명가 이회영. 그의 치열한 삶을 기리기 위해 1990년 동숭동에 우당기념관을 건립하였고, 2001년에 서울농학교 앞 현재 위치로 신축 이전했다. (출처: 하성환)

58세로 갑작스레 죽음을 맞게 된 것은 일본헌병대의 극악한 고문 후유증 때문이었다.

우리 조선은 반드시 독립할 것이다

흑룡강출판사에서 펴낸 『최진동 장군』(2006)에 따르면 연변 작가 류연산의 주장과 달리 최진동은 자신의 항일 의지를 끝까지 굽히지 않았다. 최진동은 자신의 목숨보다 더 소중하게 생각했던 도문 일대 넓은 땅을 일제가 군용비행장 확충용으로 이기권을 앞세워 강탈해 가려 하자 극렬히 저항했다. 일제는 최진동과 몇 차례 교섭을 하다가 뜻대로 되지 않자 돌연 헌병대로 끌고 가 극악한 고문을 가했다. 부득이 최진동의 아내 최순희 여사는 목숨보다 더 소중한 것은 없다고 판단하여 강제적으로 계약서에 지장을 찍게 했다. 그렇게 최진동의 도문 일대 땅은 일본군 군용비행장으로 강탈당했던 것이다. 결코 최진동이 자진해서 헌납한 것이 아니다.

일본 헌병대는 고문으로 몸을 가누지 못하자 최진동을 집으로 데려 가라고 석방했다. 헌병대에서 풀려난 최진동은 고문 후유증으로 3~4일 앓다가 숨을 거뒀다. 최진동은 죽기 직전 아내와 둘째 아들 최국량을 불러 앉혀 놓고 다음과 같이 유언을 남겼다.

"쏘독 전쟁이 이미 폭발했고 일본도 이 전쟁에 말려들 것이다. 일본은 이 전쟁에서 이길 수 없다. 우리 조선은 반드시 독립할 것이다. 독립의 그날을 보지 못하고 죽는 것이 한스럽다. 내가 죽은 후 봉오동 어귀 선산에 묻어, 죽어서라도 부모님과 함께 있게 해 다오."

참으로 독립투사다운 비장한 유언이 아닐 수 없다.

최진동의 일제 비행기 헌납은 류연산의 주장과 달리 사실이 아니다. 적어도 최진동의 최후를 생각하면 더욱 그렇다. 30대에 항일무장투쟁의 빛나는 금자탑인 봉오동 전투를 승리로 이끈 최진동 장군은 목숨이 끊어지기 직전까지 항일 의지를 굽히지 않았던 열혈 독립투사였다.

두 번째로, 연변 작가 류연산은 최진동의 죽음 이후 일제가 최진동의 "친일 공적을 높이 기리어 장례를 성대하게 치러 주었다"고 했다. 이 또한 사실과 다르다. 조선족 역사학자들이 쓴 『최진동 장군』(2006)에는 최진동의 죽음 직후 일제는 감시를 강화하여 가까운 친척 외에 부고 사실을 전하지 못하도록 압력을 가했고, 실제로 가족장으로 간소하게 치르도록 협박했으며 선산에 묻지 못하게 방해했다.

결국 일본 헌병대는 최진동 장군의 시신을 봉오동 입구 작은 언덕 밭에 묻도록 명령했다. 게다가 기가 막힌 일은 일제는 최진동 장군의 혼백이 다시 살아 나올 수 있다며 시신을 넣은 관을 양철로 덮어씌워 버렸다. 그러자 둘째 아들 최국량은 항일투사인 아버지를 차마 그렇게 보낼 수 없다고 격분했다. 그래서 일본 헌병들이 돌아간 뒤 관을 꺼내어 양철을 벗겨 내고 다시 땅에 묻었다.

류연산의 주장대로 최진동이 친일파였다면 일제가 헌병을 파견하여 장례 일체를 감시하거나 최진동의 죽음에 대해 그렇게 불안해하지 않았을 것이다. 더구나 관을 양철로 덮어씌울 정도이면 일제가 최진동을 어떻게 생각했는지 가늠해 볼 수 있다. 실제로 최진동 장군은 살아서나 죽어서나 동포들에겐 언제나 살아 있는 항일독립의 화신이었다.

국신, 국량, 국빈, 인국에 담긴 뜻

최진동은 첫째 아들 최국신이 자신과 사상적 갈등 끝에 젊은 나이에 요절하자 극심한 자책감과 우울감 속에 정신적 고통을 겪었다. 큰아들은 아버지의 뜻을 이은 항일독립투사였지만 코뮤니스트였다. 그런 이유로 아버지 최진동에게 심한 질책을 받고서 몸져눕고 만다. 그리고 시름시름 앓다가 1년 뒤에 안타깝게도 세상을 뜨게 된다. 지극정성으로 간호하던 며느리 역시 남편이 운명하던 날 다량의 아편을 먹고 스스로 목숨을 끊는다.

이 사건 이후 최진동은 큰아들 내외의 죽음이 마치 자신의 책임인

양, 내적 고통과 정산적 고립감 속에 심신마저 무너져 내렸다. 매일 큰 아들과 며느리 묘소를 보는 것도 고통스러워 자신의 전 재산을 둘째 아들 최국량에게 물려주었다. 그리고 홀연히 부인과 남은 자식을 데리고 봉오동을 떠나 두만강변 도문으로 이주했다. 부인 최순희의 극진한 보살핌에도 불구하고 마음의 병은 더욱 깊어만 갔다. 최진동의 병세가 더욱 위독해지자 가족들은 부득불 일본인이 운영하던 병원 진료를 받고자 했다. 그러나 최진동은 집에서 죽을지언정 일본인 의사의 치료를 받지 않겠다며 완강히 진료를 거부한다.

최진동은 와병 중이던 1932년 초 이봉창의 투탄사건이나 윤봉길의 홍구공원 거사 소식을 전해 듣고 크게 고무되었다. 예전 항일무장투쟁 시절처럼 치열하게 반일 의지를 불태우며 무장투쟁은 못하겠지만 독립을 향한 항일 의지를 다지고 각오를 새롭게 했다. 1932년 늦여름 최진동은 병세가 조금씩 차도를 보이자 바깥출입도 하고 불교신자인 부인이 다니던 월정사 스님들과도 세상 돌아가는 이야기를 나누기도 한다.

그러다 자신의 병시중을 들던 큰딸마저 월정사에서 원인 모를 병으로 시름시름 앓다가 세상을 뜨고 만다. 최진동은 또다시 크나큰 충격으로 몸져눕는다. 졸지에 큰아들 내외와 큰딸을 가슴에 묻은 최진동은 운신하기 힘들 정도로 심신이 쇠약해져 갔다. 부인 최순희는 둘째 아들 최국량에게 연락해 최진동을 작은 수레에 태워 다시 두만강변 도문 집으로 모셨다.

와병 중에도 최진동은 일제가 추진한 30년대 황민화 정책에 강하게 반발하며 민족의식을 잃지 않고 견결하게 지켜 나갔다. 자신의 이름을 일본식으로 부르지 못하게 하였고 일왕에 대한 참배도 거부했다.

자녀들이 집에서 일본말을 아예 쓰지 못하게 엄히 가르쳤다. 아들 4명 이름에 모두 나라 '국國' 자가 들어가도록 지은 것도 잃어버린 나라를 되찾고자 하는 강렬한 열망을 담은 것이다.

큰아들 국신國臣은 국가에 충성하는 신하가 되라는 뜻을 담았고, 둘째 아들 국량國良은 나라의 선량한 백성으로 살아가라는 뜻을 담았다. 셋째 아들 국빈國彬은 훌륭한 인재가 되라는 소망을 담았고, 넷째 아들 인국仁國은 인자한 백성으로 살아가라는 뜻을 담았다. 그만큼 최진동의 항일민족의식은 투철했다. 실제로 둘째 아들 최국량은 일제가 집요하게 황민화 정책을 추진하던 시절, 일본 신사에 참배하지 않았다고 전해진다. 모두 아버지의 항일정신과 민족의식을 이어받은 때문이리라.

세 번째로, 연변 작가 류연산은 최진동이 봉오동 전투 이후 북간도, 시베리아 지역에서 수천 명의 독립군을 거느리고 무장투쟁을 한 것은 사실이 아니라고 주장한다. "만주사변(1931) 이후 일제에 투항했고 1938년부턴 일제 토벌대의 선두에 서서 항일독립군 진압에 앞장섰다"고 비난했다. 그러나 우리나라 독립운동사 자료나 조선족 역사학자들이 쓴 자료에는 봉오동 전투 이후에도 최진동은 연해주, 시베리아 지역에서 항일무장투쟁을 지속했다.

독립군 무관을 양성하기 위해 무관학교 설립을 추진하고 군자금 모집에 열과 성을 다했다. 1921년 9월엔 흑하 지역에 근거지를 두고 직접 무장대원을 지휘했다. 무장대를 이끌고 왕청현 라자구 방면으로 진출해 일제 관공서를 공격하기도 했다. 1922년 6월엔 러시아 옴스크 지방에 군관학교를 설립해 생도들에게 독립사상을 전파했다.

그런가 하면 일제 밀정이나 친일 주구를 처단하고 백위군을 추격

봉오동 전투 당시 독립군 부대의 피 묻은 태극기(1920). 1920년 6월 독립군 부대가 일본군을 대패시킬 때 썼던 깃발. (출처: 독립기념관 소장)

하여 훈춘 방면으로 축출하기도 했다. 1922년 11월엔 김규면과 부대를 인솔해 조선 국경까지 진출했다. 당시 코민테른조차 연해주 항일지도자로 문창범, 홍범도와 함께 최진동 장군을 꼽을 정도였다. 그만큼 러시아 연해주, 시베리아 지역에서 최진동 장군의 위상은 높았다.

최진동 장군은 1923년 초 직접 항일무장투쟁을 전개하기 위해 다시 동북만주지역으로 돌아온다. 국내진공작전을 시도하고자 통합된 독립군단을 편성해 '의병대'라는 항일무장조직을 결성한다. 최진동 장군은 통합군단 군무장으로 임명돼 북만지역은 물론 남만주, 러시아 방면 독립운동단체를 통합하려 분투한다.

1924년 1월엔 북만주 청장년들을 모집해 이상촌 건설을 시도하기도 했다. 의열단 김지섭 투탄의거(1924) 직후엔 자신이 통솔하는 부대 독립군들을 대상으로 결사대를 구성해 상해 의열단과 연락을 취하며 거사를 추진했다. 그러나 최진동 장군은 1924년 9월 돌연 중국경찰에 체포되고 1926년 8월 감옥에서 석방된다.

이후 최진동은 무장투쟁 노선에서 온건한 독립운동 노선으로 선회한다. 과거 봉오동 전투의 전설적 인물이었기에 일제의 집요한 감시와 사찰 대상이었지만 최진동 장군은 일제의 집요한 압력에 굴하지 않았고 민족을 배반하지도 않았다. 오히려 최진동은 길림성 왕청현 대표로 활약하며 독립투사 김창환, 이청천, 이장녕, 홍진과 함께 항일독립운동을 멈추지 않았다. 조선인의 생활수준 향상과 독립운동 자금 마련을 위해 분투했으며, '생육사生育社', '조선족 원로회'를 조직하는 등 꾸준히 민족운동을 실천해 나갔다.

만주사변(1931) 이후 최진동은 30년대 내내 와병 중이었고 작은 수레에 몸을 실을 정도로 거의 운신하질 못하는 형편이었다. 그 와중에 일제는 막대한 재산을 소유한 최진동 장군이 일제에 협조하도록 집요하게 강요했다. 최진동 장군은 끝내 일제의 회유와 강압을 거부했고 그런 이유로 헌병대에 연행돼 극심한 고문을 당했다. 그리고 석방된 지 사나흘 만에 순국한 것이다.

비록 20년대 중반 무장투쟁을 멈추었지만 최진동 장군은 죽기 직전까지 항일 의지를 굽히지 않았다. 실제로 일제의 요시찰 대상이었지만 최진동 장군은 지혜롭게 처신했다. 북만주 일대 조선인 동포들의 삶을 개선하기 위해 쉼 없이 분투했고, 민족지도자로서 번민하며 실천을 멈추질 않았다. 국가가 위기에 처했을 때 자신의 전 재산을 독립운동에 쏟아부어 항일무장투쟁을 감행했다. 연변 작가 류연산의 주장과 달리 최진동 장군은 생의 마지막까지 꿋꿋이 절개를 지킨 위대한 항일독립투사였다.

20.

봉오동 전투의 영웅은
홍범도가 아니라
최씨 3형제이다

_항일독립투사 최운산 장군의 길을 찾아서

우리는 보통 '봉오동 전투=홍범도', '청산리 대첩=김좌진'으로 기억한다. 학교에서 그렇게 배운 것이다. 실제로 검인정 교과서 『한국사』 (2015)에도 '독립전쟁의 두 영웅'으로 홍범도와 김좌진을 언급하고 있다. 이른바 영웅사관에 입각해 기술돼 왔고 봉오동 전투와 청산리 전쟁을 국민들 머릿속에 집단기억으로 각인시켰다. 뿐만 아니라 봉오동 전투나 청산리 대첩의 사상자 전과도 사실에 기초해 있지 않고, 봉오동 전투와 청산리 전쟁에서 대패한 일본군이 독립군을 추격해 오자 독립군 주력부대 4,000명은 중국과 러시아 국경지역인 밀산부에서 '대한독립군단'을 조직했다고 기술하고 있다.

조작된 신화를 넘어야 한다

대규모 병력을 동원한 일본군의 대대적인 공세에 쫓겨 독립군 부대는 밀산에서 러시아 이만으로, 다시 아무르주 자유시로 이동한다. 러시아공화국에서 제공한 열차를 타고 안전지대인 시베리아 자유시로 집결한 것이다. 그러나 항일독립군 부대는 대규모 군단인 '대한독립군단'을 결성하지 않았다. 일본군의 공세에 쫓겨 이동하는 도중 소규모 부대 통합은 있었을지언정 대규모 군단인 '대한독립군단'을 결성하진 않았다. 부대 이동 역시 각 부대 개별적으로 이동해 자유시에 집결한 것이다.

그럼에도 검인정 교과서 『한국사』(2015)에는 서일을 총재로 하는 '대한독립군단'을 결성했다고 서술하고 있다. 결성 시기를 구체적으로 1920년 12월 또는 1921년 4월로 기술한 교과서도 있다. 그러나 이러한 서술은 역사적 사실에 부합하지 않는다. 대한민국 공보처에서 발간한 채근식의 『무장독립운동비사』(1985)에서 비롯된 사실 왜곡이다. 그리고 정확도가 떨어지는 일제 정보문서가 이를 뒷받침한 탓이다. 더구나 『무장독립운동비사』는 봉오동 전투 당시 총사령관을 최진동이 아니라 홍범도로 기술하고 있다. 명백히 역사 사실을 왜곡한 것이다. 이 외에도 봉오동 전투 당시 독립군 숫자를 700여 명으로 기술하는 등 오류가 적잖이 눈에 띈다.

게다가 봉오동 전투와 청산리 전쟁에서 실전을 치른 하급지휘관 이범석은 자신이 쓴 회고록 『우둥불』(1971)을 통해 역사 사실을 크게 왜곡했다. 봉오동-청산리 전투 당시 북로군정서 소속이자 한국광복군 출신임을 자신의 정치적 출세의 자양분으로 삼은 탓이다. 이승만 정권에서 국무총리-국방장관-내무장관을 거치며 자신의 정치적 출세와 맞물리면서 조작된 신화이다.

동북만주지역 항일무장투쟁의 역사는 분단된 현실에서 1992년 중국과 국교가 체결되기 전까지 현장 접근이 불가능했다. 그런 연유로 봉오동 전투 현장을 봉오동 상촌이 아니라 하촌 봉오 저수지로 잘

못 가리키는 우를 범하기도 했다. 봉오동 하촌에 있는 봉오 저수지는 1970년대 말 두만강 유역 중국 국경도시 도문시 상수원으로 지정됐다. 거대한 저수지가 형성된 봉오 저수지는 봉오동 하촌 지역으로 봉오동 전투 현장이 아니다. 1920년 6월 7일 봉오동 전투 현장은 하촌인 봉오 저수지로부터 중촌을 거쳐 10km 더 거슬러 올라가면 나오는 봉오동 상촌이다. 그러나 분단 현실과 지리적으로 접근이 통제된 현실 속에서 수십 년 동안 봉오동 전투 현장을 잘못 가르쳐 왔다. 뿐만 아니라 봉오동 전투에서 승리할 수 있었던 제1의 결정적 요인은 최진동-최운산-최치홍 3형제의 노블레스 오블리주에 있었다. 그럼에도 오늘날까지 홍범도 개인의 영웅사관에 매몰되어 가르쳐 왔다.

봉오동 전투, 그 역사적 실체를 찾아서

올해 개봉된 영화 〈봉오동 전투〉 역시 홍범도 장군(최민식 분)을 카리스마적 인물로 등장시켜 '봉오동 전투=홍범도'임을 다시 한 번 각인시켜 주었다. 그런데 이는 역사 고증을 거치지 않은 엄연히 잘못된 것이다. 일제의 학살 만행과 잔혹성을 묘사한 장면이나 봉오동으로 일본군을 유인하는 장면들은 대체로 사실에 부합한다. 그러나 감자 한 알을 여러 명이 나눠 먹는 장면이나 군복을 입지 않은 채 누더기 옷을 걸친 독립군들이 등장하는 장면은 명백히 사실을 왜곡한 것이다.

봉오동 전투든 청산리 전투든 '홍범도-김좌진' 개인의 카리스마에 초점을 맞춰 스토리를 전개하는 것은 지나친 과장이자 역사 왜곡이다. 이젠 역사 서술에서 개인 영웅사관으로부터 벗어나야 한다. 오히려 절대다수 이름도 없이 스러져 간 수많은 독립군과 민중의 피와 땀의 결정체로서 봉오동 전투와 청산리 전쟁을 바라보아야 한다. 그것이 역사의 진실에 훨씬 부합할 것이기 때문이다.

영화에선 봉오동 전투를 '조선의 마지막 전쟁'이라고 읊는 대사가 나온다. 그러나 봉오동 전투는 당시 독립군들이 명명했듯이 '독립전쟁의 제1회전'이지 조선의 마지막 전쟁이 아니다. 그리고 영화에서처럼 누더기를 입고 등장하는 모습이 아니라 정식 군대로서 군복을 갖춰 입었다. 무기 역시 체코 병단이 썼던 화력이 우수한 미제 무기로 대포, 기관총, 장총, 권총, 수류탄들로 무장한 최정예 군대를 보유하고 있었다. 4차에 걸친 '최운산 장군 기념사업회' 학술 세미나에서 발표된 자료와 전문 연구자의 연구 결과에 따르면 기존 『한국사』 교과서나 〈봉오동 전투〉는 왜곡된 기술이나 묘사가 적지 않다.

먼저 '봉오동 전투'의 승리는 하루아침에 일구어 낸 승전보가 아니다. 북간도 일대 제1의 거부인 최운산 장군과 최진동, 최치흥 3형제가 보여 준 오랜 준비과정과 독립전쟁을 위해 노력한 피와 땀의 결정체이다. 중국군에서 복무했던 최씨 3형제 가운데 최운산 장군은 중국군 복무 당시 동북 3성 군벌 장작림의 목숨을 여러 차례 구해 준 인물이다. 또한 지략과 문무를 겸비한 당대 걸출한 호인이었다. 최운산 장군은 일찍이 왕청현 간도 일대 황무지를 헐값에 불하받아 이주 조선인들과 함께 옥토로 개간한 입지전적 인물이다. 그는 곡물업과 축산업을 통해 오랜 시간 중국과 러시아를 상대로 교역을 해 왔다. 한 번에 수백 마리의 소떼를 몰고 장춘이나 훈춘으로 가기도 했다. 최운산 장군의 부인 김성녀 여사의 증언에 따르면 최운산 장군은 무술이 매우 뛰어났다고 한다.

당시 봉오동 독립군 기지에는 재봉틀 8대가 있어 한인촌 마을 부녀자들이 합심해 독립군 군복을 모두 제작하고 세탁도 했다. 김성녀 여사의 증언에 따르면 한 끼에 3,000명분 식사를 마련한 적도 있다고 했다. 1912년 최운산 장군이 한인촌 마을을 지키기 위해 100명 규모로 자위대 병력을 양성했다. 물론 일부는 중국군 복무 당시 최운산 장군을 흠모했던 병사들이 따라 나온 경우도 있었고, 마을 청년들 가운데 모집하여 자위대를 창설했던 것이다. 그러던 중 1915년 무렵 무장

〈봉오동 전투〉를 승리로 이끈 실질적인 주역 최운산 장군. 그는 자신의 전 재산을 항일무장투쟁에 쏟아부어 독립군을 양성했다. 북로군정서를 설립했고 근거지를 마련해 주는 등 노블레스 오블리주를 실천한 항일독립투사였다. (출처: 최운산 장군 기념사업회 제공)

한 독립군 숫자가 점점 늘어나 500명을 넘어섰다. 그리하여 최운산 장군은 봉오동 산 중턱을 벌목해 연병장을 만들어 훈련 장소로 사용했다. 병사들이 머물 거대한 대형 막사 3개동도 지었다.

최운산 장군은 봉오동 자신의 집을 독립군 본부로 사용했다. 집 주변 3,000평이 넘는 둘레에 폭 1미터 두께의 견고한 토성을 높이 쌓아 일제 밀정이 쉽게 드나들지 못하도록 보안에 철저했다. 최운산 장군의 형 최진동 장군이 발행한 통행증이 없으면 함부로 드나들 수 없도록 엄격히 통제했다. 100년이 지난 지금도 토성을 쌓은 곳이라 하여 그곳을 토성리라고 부른다.

그곳엔 최진동-최운산-최치흥 3형제의 선친인 최우삼의 무덤이 존재한다. 최우삼은 북간도 연변 일대를 다스리던 관리(당시 '도태'라고 칭함)로서 청나라가 간도를 침탈할 때 '도태의 난'을 일으켜 저항했던

애국지사였다. 3·1운동 직후 수많은 조선의 청년들이 항일독립투쟁의 원대한 포부를 지닌 채 간도지역으로 넘어왔다. 조선의 독립을 위해선 무장투쟁, 즉 독립전쟁을 수행해야 한다는 결의에 찬 망명이었다. 그리하여 최진동-최운산-최치홍 3형제가 머물던 봉오동 역시 수많은 애국청년들이 몰려들었고 스스로 독립군이 되고자 지원했다.

최운산 장군은 석현 일대 거대한 땅을 5만 원에 팔아 군자금으로 썼다. 연해주 체코 병단으로부터 무기를 사들이고 군복을 제작하는가 하면 670명에 이르는 독립군을 먹이고 입히고 매일 실전처럼 훈련시켰다. 당시 5만 원은 전투기 한 대 가격에 해당하는 거금으로 오늘날 화폐가치로 환산하면 6억이 넘는 큰 금액이다. 실제로 최운산 장군이 소유한 북간도 일대 땅은 3일을 걸어도 다 밟을 수 없을 정도로 거대하고 광활했다.

최운산 장군 부인 김성녀 여사는 봉오동 전투에 참전했던 독립군을 1960년대 부산 국제시장에서 우연히 만난 적이 있었다. 그는 김성녀 여사에게 이르기를 "수많은 독립군들을 먹이고 입히고 했던 김성녀 여사야말로 진정한 독립투사"라고 극찬했다. 그러면서 "최운산 장군 땅이 당시 부산지역의 6배 정도 넓이에 달한다"고 말한 적이 있다.

통합 임시정부 역시 1920년을 '독립전쟁 원년'으로 선포했다. 국무총리 이동휘는 만주와 연해주 일대 모든 무장부대들을 통합해 거대한 독립군단을 형성하고자 했다. 일제와 독립전쟁을 치르기 위해선 임시정부 산하 통합된 군대를 보유하는 것이 절실했기 때문이다. 이를 위해 1920년 1월 임정 '국무원 포고 1호'와 '군무부 포고 1호'를 공표해 서북간도 청년들이 독립군에 지원할 것을 촉구했다. 그리고 통합군단 실현을 위해 임정 대표로 안정근과 왕삼덕, 조상섭 3인을 만주와 연해주로 파견하기도 했다.

실력양성론으로 널리 알려진 안창호 역시 1920년을 독립전쟁의 원년으로 삼아야 한다고 역설했다. 그리하여 당시 임시정부에는 이듬해 1921년 신년하례식을 서울에서 치르자며 열기가 뜨거웠다고 한다. 실제로 상해 임시정부는 초기 외교독립론 못지않게 일제와의 무장투쟁을 통한 독립전쟁을 부르짖었던 게 역사적 사실이다. 적어도 1920년 이동휘-김립이 국무총리와 국무원 비서장으로 재임했던 기간엔 그러했다.

북간도 일대 제1의 거부였던 최운산 장군은 당시 비누공장-콩기름공장-국수공장-주류공장-성냥공장-과자공장을 경영할 정도로 절대다수의 생필품 공장을 운영했다. 러시아와 무역을 통해 축적한 부와 북간도 일대 황무지를 비옥한 토지로 개간한 광활한 땅, 그리고 다수의 생필품 공장에서 나온 수익을 모두 독립운동 자금으로 쏟아부었다. 최운산 장군에 의해 이미 500명 이상의 정예 독립부대로 운영되던 도독부는 임시정부 수립 직후 대한민국 정식 군대인 '군무도독부'가 된다. 군무도독부 부장, 즉 사령관은 최운산 장군의 친형인 최진동 장군이 맡았다. 자신은 참모장을, 동생 최치흥은 참모로 활약했다. 그렇게 훈련된 정예 군대인 군무도독부가 있었기에 봉오동 전투를 '독립전쟁 제1회전'의 승리로 쟁취할 수 있었던 것이다. 동북만주지역에 아무런 근거가 없었던 홍범도가 어느 날 갑자기 나타나 봉오동 전투를 승리로 이끈 게 아니다.

최진동-최운산-최치흥 3형제가 만든
군무도독부가 중심이 되어

실제로 홍범도의 빨치산 부대인 대한독립군이 봉오동 전투(1920년 6월 7일)에 합류한 것은 1920년 5월 중순 이후이다. 최진동-최운산-최치흥 3형제가 만든 군무도독부가 중심이 되어 홍범도의 대한독립군, 그리고 안무의 국민회군과 통합해 1920년 5월 19일 '대한북로독군부'라는 통합부대를 출범시킨다. 바로 봉오동 전투에서 빛나는 승리를 전취한 부대이자 최진동-최운산-최치흥 3형제가 오랜 기간 준비해 온 독립투쟁의 빛나는 결실이었다. 통합부대 대한북로독군부 부장, 즉 사령관은 최진동이고 참모장은 최운산, 참모는 최치흥이며 김좌진(제1연대장), 홍범도(제2연대장), 오하묵(제3연대장)은 연대장으로 임명되었다. 그들이 보유한 무기류는 대포 10여 문, 기관총 수십 정, 수류탄 수천 개, 장총 1,000여 정, 권총 수백 정이었고 수만 발의 실탄으로 무장한 상태였다.

최운산 장군은 동북만주지역에서 활동하던 독립운동 단체들에 대해 재정적 지원을 아끼지 않았다. 그런가 하면 동북만주지역을 오가던 김좌진, 이상설, 이준, 안중근 등을 극진히 환대하고 지원했다. 서전서숙을 비롯해 동북만주지역에서 활동한 단체들 가운데 최운산 장군의 물질적 지원을 받지 않은 단체가 없을 정도였다. 그만큼 최운산 장군은 자신의 막대한 재산 대부분을 항일독립운동에 쏟아부었다. 김좌진의 북로군정서 역시 최운산 장군이 만들었다. 자신이 소유하고 있던 땅 왕청현 서대파에 북로군정서 군 기지 터를 제공했다. 그리고 3·1운동 이후 국내에서 망명한 애국청년들을 훈련시킬 사관연성소 역시 자신의 소유지인 십리평에 세웠다. 북로군정서 산하 사관연성소는 6개월 단기 군사학교로 소장은 김좌진이고 이범석은 당시 약관의 나이로 교수부장이었다.

최진동-최운산-최치흥 3형제는 일찍이 중국군에 복무하면서 군사지식과 전술을 익혔다. 그리고 봉오동에 신한촌을 건설해 100가구가 넘는 조선인 마을을 조성했다. 1912년에 만든 자위대 병력 '도독부'를 1919년 '군무도독부'로 확대 개편해 항일독립군으로 양성했다. 군무도독부 독립군들은 대부분 공교회 교도들이고, 3형제는 중국어에 능통해 이미 중국 국적을 취득한 상태였다.

그들 3형제는 봉오동 상촌에 3,000평에 이르는 거대한 요새를 건설해 동서남북에 포대를 설치했다. 그리고 독립군을 실전처럼 훈련시킬 거대한 연병장과 수백 명에 이르는 독립군들이 숙식할 막사 3개동을 지었다. 1920년 6월 봉오동 전투 이전에도 군무도독부는 함경북도 종성군과 온성군을 비롯해 36차례 국내진공작전을 펼쳐 일본헌병대와 국경수비대를 혼란에 빠트렸다. 실제로 1920년 3월에서 6월 사이 국내진공작전을 감행한 독립군은 대부분 군무도독부 소속 독립군들이었다.

3형제의 고결한 삶을 기록해야

봉오동 전투가 시작되기 전 최진동-최운산-최치흥 3형제는 일본군이 독립군 근거지를 소탕하기 위해 출병한다는 첩보를 사전에 입수했다. 그리하여 봉오동에 거주하던 조선인들을 전투 개시 한 달 전에 모

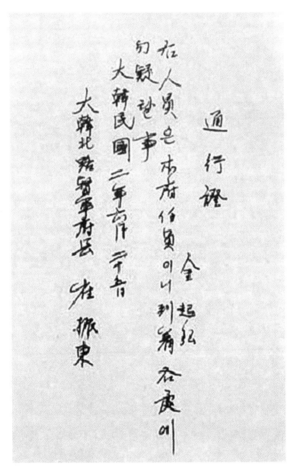

사령관 최진동이 발행한 통행증. 봉오동 요새는 사방에 포대가 설치된 독립군 근거지였다. 따라서 최진동 사령관의 통행증이 없으면 출입할 수 없을 정도로 보안이 철저했다. (출처: 독립기념관)

두 안전한 곳으로 이주시켰다. 그리고 3형제가 중심이 돼 조직한 통합부대 '대한북로독군부' 독립군들은 참호를 파고 서산, 남산, 북산, 동산 방향 매복에 들어갔다. 일본군 월경추격대대를 봉오동 상촌 깊숙이 유인하여 섬멸시키려는 작전이었다. 1920년 6월 7일 낮 11시 30분경 일본군 월경추격대대는 1500고지 고려령을 넘어 봉오동 마을로 진입했다. 일본군은 기다란 장화를 신은 채 번쩍거리는 나팔을 요란하게 불어 대며 마을을 지나 산으로 진군해 갔다.

일본군 후미가 독립군 매복 지점을 지날 무렵 대한북로독군부 사령관 최진동이 전투 개시를 알리는 신호탄을 쏘았다. 일본군은 완전 포위된 상태에서 대혼란에 빠졌고 우왕좌왕했다. 무기를 실은 말들은 총소리에 놀라서 혼비백산 산 아래로 질주했다. 4시간 넘게 계속된 전투가 독립군에게 유리하게 전개되던 순간, 오후 4시쯤 기상이변으로 우박이 쏟아지고 장대비가 내려 하늘이 어둑어둑해졌다. 이 틈을 타 일본군은 남산 쪽으로 후퇴하기 시작했다. 이때 대한북로독군부 제2중대는 홍범도의 지휘 아래 퇴각하는 일본군에 사격을 가하지 않고 반대 방향으로 빠져나갔다.

사령관 최진동의 퇴각명령이 없었음에도 홍범도는 자신의 부대가 정규군이 아니라 빨치산 부대라며 전투상황에서 퇴각한 것이다. 그러자 끝까지 남산 자리를 지켰던 신민단 대원들은 수적 열세로 일본군의 집중 공격 속에 전멸당하는 참극을 빚었다. 봉오동 전투 이후 홍범도는 총사령관 최진동 장군으로부터 본부의 명령을 어기고 독단적으로 퇴각한 것에 대해 심한 질책을 받았다. 이후 전투는 매복전에서 백병전으로 치열하게 전개되었다. 뒤이어 일본군 후속 지원부대가 도착했는데 이들은 독립군을 속이기 위해 군모에 묶은 붉은색 띠를 벗어

던지고 산속으로 들어왔다. 그러자 장대비 속에 적과 아군을 구분하지 못한 일본군은 자신들의 지원부대를 독립군으로 오판하여 서로 총격을 가했다. 봉오동 전투에서 일본군 전사자가 백수십 명이 아니라 500명을 넘어선 이유이다.

봉오동 전투 결과 상해 임정에서 발간하는 독립신문이나 그 이후의 역사 기록 대부분은 독립군의 피해가 거의 없는 것처럼 기술해 왔다. 그러나 이는 사실과 다르다. 전투는 치열했으며 독립군 전사자도 수십 명에 이르렀다. 총상 환자 역시 수십 명이 발생했다. 이것이 '독립전쟁 제1회전'으로 부르는 '봉오동 전투'의 실상이다.

홍범도 1인에 맞춰진 영웅사관을 벗어 버릴 시점이다. 이제 봉오동 전투를 독립전쟁으로 인식해 수년에 걸쳐 주도면밀하게 사전 준비한 최진동-최운산-최치흥 3형제의 활약상에 우리는 주목해야 한다. 또한 자신의 전 재산을 항일무장투쟁에 쏟아부은 최운산 장군의 노블레스 오블리주를 후손들은 기억해야 한다. 항일독립운동 과정에서 최운산 장군은 6번의 투옥과 극심한 고문을 받았다. 최진동 장군 역시 마찬가지였다. 감옥에서 나올 땐 수레에 실려 나오곤 했다. 이젠 『한국사』 교과서를 비롯해 독립운동사 기술에서 노블레스 오블리주를 실천한 최진동-최운산-최치흥 3형제의 고결한 삶을 기록해야 한다.

21.

불꽃처럼 살다 간
코뮤니스트 항일혁명가
김명시

_비극적으로 생을 마감한 항일 여전사

올해는 3·1 혁명 100주년 되는 해이다. 3·1 혁명 당시 전체 조선인 가운데 10분의 1이 3·1 만세시위에 참여했다. 제국주의 일본의 잔혹한 탄압으로 7,500명이 넘는 시민이 살해되었고, 1만 5,000명이 넘는 부상자가 발생했다. 투옥된 사람들만 무려 4만 5,000명이 넘는다. 수원 제암리 집단 학살이나 님 웨일스의 『아리랑』에서 일제의 만행을 읽다 보면 절로 눈물이 난다. 사상자가 가장 많이 발생한 지역이 경상도이고 출판법과 보안법 위반으로 가장 많이 투옥된 지역이 평안도-경기도 순이다.

다시금 떠올려 보는 3·1 혁명의 의의

3·1 혁명의 역사적 의의는 위대하다. 여성들이 역사상 최초로 집단적인 시위에 참여했다는 점도 역사적 의의 가운데 하나일 것이다. 3·1 혁명 전에는 여성 가운데 선각자 일부만 국채보상운동이나 의병활동에 참여했을 뿐이다.

무엇보다 3·1 혁명이 지니는 가장 큰 역사적 의의는 봉건적인 전제 군주제에서 근대 시민이 주체가 되는 민주공화제로 정치체제가 근본적으로 변화한 데 있다. 정치학자들이 3·1 혁명을 '부르주아 혁명'이라고 부르는 이유이다.

부르주아 혁명은 근대 시민혁명을 가리킨다. 18~19세기 서구 사회에서 숱하게 일어난 시민혁명 가운데 대표적인 것이 영국 명예혁명, 미국 독립혁명, 프랑스 대혁명이다. 몇 년 전 뮤지컬 영화로 상영된 〈레미제라블〉은 프랑스 시민혁명을 시대배경으로 한다. 정부군에 집단 학살당하는 바리케이드 시민군들을 보노라면 5·18 광주민주화운동 당시 학살당한 시민(군)이 떠올라 눈시울이 뜨거워진다. 영화 속 민중의 합창이 울려 퍼지는 장면에선 분노와 정의감이 뒤섞인다. 「너는 듣고 있는가! 분노한 민중의 노래를!」 이 노래가 한국 민주화운동사에 길이 남을 「임을 위한 행진곡」과 함께 지금 홍콩 민주화 시위 현장에서 불리고 있다 한다.

다시 오늘의 이야기로 돌아가자.

부끄럽게도 3·1 만세시위 당시 서울지역 교사들은 보성의 최린, 배재의 강매, 중앙의 송진우 등 극히 일부 교육자 외에는 만세시위에 나서질 않았다. 부산, 대구, 마산, 광주, 개성, 평양, 함흥 지역 등 전국적으로 교사들이 학생들과 함께 시위에 나선 것과 대조적이었다. 오히려 학생들의 움직임을 보고 "조선이 독립되면 내 손가락에 불을 켜라"며 만류했던 학교도 있다. 마치 4·19 혁명(1960) 당시 그 시발점이 되는 '대구 2·28 데모'의 주역 경북고 학생들이 거리 진출을 시도하자 교사들이 만류한 것과 같다. 이유야 그럴듯하다. 아이들이 다칠까 봐! 그러나 학생들은 학교 담벼락을 부수고 거리로 진출한다. 눈에 미제 최루탄이 박힌 채 떠오른 17살 김주열 군의 죽음이 있기 15일 전이다. 역사의 평가는 냉정하고 준엄하다.

조선의 페스탈로치 이만규 선생은 『조선교육사』에서 서울지역 교사들을 '교육자의 졸렬성'으로 표현하며 준열히 비판하고 있다. 이만규는 개성지역 만세시위를 학생들과 함께 주도하다 출판법, 보안법 위반으로 서대문형무소에서 4개월 옥고를 치렀다. 다행스러운 것은 2018년 문재인 대통령이 '대구 2·28 데모'를 국가기념일로 지정하고, 직접 대구에 내려가 민주화운동 기념식에 참석해 그 정신을 기렸다는 사실이다. 역사의 크나큰 진전이 아닐 수 없다.

3·1 혁명이 발발한 그해, 참담한 희생과 패배주의를 딛고 조선의열단이 창단되었으니 올해가 의열단 결성 100주년 되는 해이다. 창단 당시 회의에 참석한 의열단원 13명은 누구도 변절하지 않았다. 의열단 창립 멤버 가운데 절대다수가 밀양을 비롯해 경상도 출신 열혈 청년들이다. 3·1 만세시위에서 가장 많은 사상자를 낸 경상도 지역과 무관하지 않다. 탄압에 굴하지 않고 저항의 불길로 더욱 거세게 빛을 발했던 것이다.

3·1 만세시위에 참여한 12살 소녀

바로 그 3·1 만세시위에 마산지역에서는 12살 소녀가 참여했다. 1940년대 조선의용군 여자부대 지휘관이 되어 한 손엔 총, 한 손엔 확성기를 들고 일본군 진지 50미터 적진까지 다가가 선무공작을 하던 김명시가 지금 소개할 분이다. 아버지는 일찍 돌아가시고 어머니가 마산항에서 생선을 떼어 와 행상으로 5남매를 키웠다. 너무나 빈곤하여 김명시는 배화여고보를 입학한 지 1년 만에 중단하였다. 오빠 김형선이 학업을 중단한 것처럼. 학업을 중단한 그해 김명시는 1925년 결성된 고려공산청년회(약칭 고려공청)에 가입했고, 마산 제1야체이카(세포)에 배속돼 활동했다.

여동생을 마산에서 서울로 유학 보낸 것도, 고려공청에 가입하게 한 것도 3살 위 오빠 김형선의 영향력이 절대적이었다. 김형선은 일제강점기 항일혁명가 가운데 가장 뛰어난 조직가 중 한 명이다. 조선공산당이 창당되기 1년 전 1924년 마산공산당과 마산공청을 만든 마산 항일혁명운동의 걸출한 지도자였다. 김명시는 1925년 공청에 가입한지 석 달 만에 모스크바 유학길에 올랐다. 엄격한 심사를 통과한 21명 유학생 중 한 명으로 공청 책임비서 박헌영이 써 준 소개장을 들고 '모스크바 동방 노력자 공산대학'에 입학한 것이다.

일제 경찰의 감시를 피해 1925년 4월 17일 중국집 아서원에서 조선공산당이 창당된다. 창당 직후 제일 먼저 벌인 사업이 핵심 활동가 양성이었다. 이른바 사회주의 조국인 소련 모스크바로 조선의 청년들을 보내 견실한 사회주의자를 육성하는 게 첫 번째 과업이었다. 당시 사회주의는 민족해방운동의 한 조류로서 수많은 조선 청년들이 항일독립투쟁의 방식으로 사회주의를 선택했다.

심훈의 친구 박헌영, 박헌영의 연인이자 「눈물 젖은 두만강」의 주인공 주세죽, 「광야」, 「청포도」를 남긴 항일 혁명시인 이육사가 대표적이다. 『아리랑』의 김산을 코뮤니스트로 만들었지만 정작 자신은 진보적 민족주의자로 남았던 '금강산에서 온 붉은 승려' 운암 김성숙도 마찬가지로 한때 코뮤니스트였다. 광주학생운동(1929~1930)의 주역 장재성 역시 그러한 흐름 속에 살았던 인물들이다. 광주학생운동 당시 서울 여학생 시위를 주도한 박차정, 허정숙 모두 코뮤니즘을 항일독립운동의 한 방식으로 받아들였다.

1920년대 들어 항일독립운동은 사상적 분화를 겪었다. 국내 민족운동이 민족개량주의로 흐를 때 아나키즘과 코뮤니즘이 항일운동의 쌍벽을 이루었다. 그러다가 1920년대 중반엔 코뮤니즘이 사상과 운동 두 측면에서 빠른 속도로 항일독립운동의 주류가 되었다. 1925년 조선공산당이 창설되고 레닌의 저작이 우리말로 번역, 소개되었다. 마르크스의 저작 역시 1925년을 기점으로 번역돼 나왔다.

해외에선 의열단 단장 김원봉이 개별적인 의열투쟁에서 군사조직에 기초한 무력항쟁으로 노선을 전환한 것 또한 그러하다. 아나키스트이자 진보적 민족주의자였던 김원봉은 코뮤니스트 안광천과 함께 북경에서 '레닌주의 정치학교'(1929~1930)를, 남경 근교에 조선혁명군사정치간부학교(1932~1935)를 세워 변증법과 유물론을 가르치며 항일혁명가들을 길러 낸 것이 이를 잘 보여 준다. 항일전선의 고결한 영혼 윤세주와 그의 절친이자 항일 혁명시인 이육사는 모두 조선혁명군사정치간부학교 1기 졸업생들이다.

바야흐로 항일독립운동 노선에서 코뮤니즘이 헤게모니를 쥐었고, 이후 국내뿐만 아니라 해외 독립운동 역시 코뮤니즘 노선을 차용하지 않을 수 없는 상황이 전개되었다. 1929년 10월 미국에서 시작된 세계대공황이 혁명운동 노선을 전환시키는 시대배경으로 작용한 것이다. 세계대공황은 해외 식민지(시장) 확장과 식민지 하층 노동자들의 임금 인하를 통해 더욱 수탈적 자본주의를 노골화하였다. 코뮤니스트들은 이 점을 이용하여 기층조직으로부터 일꾼들을 발굴하고 이들을 중심으로 조선공산당을 재건하려 했다. '공장과 기업소로! 농촌으로!' 밑바닥 민중조직으로 들어가 코뮤니즘 중심으로 항일운동조직을, 나아가 조선공산당을 재건하려고 했던 것이다. 1930년대 제주 해녀들의 항일투쟁에도 코뮤니스트들은 연대를 아끼지 않았다.

원산 총파업(1929)을 필두로 1930년대 조선에서 치열하게 전개된 '혁명적 노동조합운동'과 '혁명적 농민조합운동'이 그러하다. 예전 교과서에선 일제가 공문서에 쓰던 '적색노조', '적색농조'라고 배웠던 기억이 난다. 1930년대 전반기 조선총독부의 허가 아래 전개된 조선일보의 '문맹퇴치 운동'이나 동아일보의 '브나로드 운동'과는 차원이 다른 항일운동이 치열하게 전개된 것이다. 모두 코뮤니스트가 중심이었고 그들이 주도했다. 모스크바 공산대학 출신의 정달헌을 비롯해, 이주하, 김형선, 김명시, 이재유, 정백, 김형윤 등이 그들이었다. 그중에서도 가장 빛나는 인물이지만 주목받지 못했던 혁명가가 김찬이다. 김찬의 바로 윗선이 김명시의 오빠 김형선이었다. 그리고 김형선의 바로 윗선이 김단야로 그는 상해에 머물며 기관지 〈꼼무니스트〉를 발간해 조선 국내로 반입했다.

모스크바 동방 노력자 공산대학의 김명시

'모스크바 동방 노력자 공산대학'에서 김명시는 지리와 수학, 생물과 화학, 물리학을 비롯해 자연과학 일반을 공부했다. 그리고 유물론과 변증법, 러시아공산당사, 세계혁명사를 수학했다. 레닌의 표현대로 약소국 식민지 민족해방운동을 위한 항일혁명가로 자신의 정체성을 견결히 정립했다. 모스크바 동방 노력자 공산대학은 베트남 '민족 영웅' 호치민, 거대한 중국 대륙의 '작은 거인' 등소평, 코뮤니스트 항일 혁명가 김단야(본명 김태연), 김단야의 연인 고명자, 조봉암의 아내 김조이, 박헌영, 박헌영의 아내 주세죽이 거쳐 간 공간이었다. 이른바 식민지 약소국 항일독립투사들을 양성하던 학교였다. 인도, 베트남, 타이완, 필리핀 각국의 식민지 청년들이 수학한 공간이기도 했다.

3년제 학교였으나 1년 반 만에 김명시는 1927년 6월에 임무를 띠고 중국 상해로 잠입하였다. 당시 상해 거리에는 코뮤니스트 혁명가들의 시체가 즐비했다. 제1차 국공합작(1924)을 깨트리고 장개석 국민당 군대가 저지른 학살 만행이었다. 살얼음판을 걸으며 김명시는 조봉암, 홍남표를 도와 비밀리에 '중국 공산당 상해 조선인지부' 조직을 건설했다. 그리고 홍남표와 함께 1929년 만주 전역을 돌며 항일조직을 밑바닥에서 다져 나갔다. 특별히 기억할 만한 김명시의 항일투쟁이 있다. 1930년 무장대 300명을 이끌고 하얼빈 주재 일본 영사관을 습격한 사건이다. 항일무장투쟁사에서 빛나는 위업으로 역사에 길이 남을 사건이었다. 이후 김명시는 일본군의 체포를 피해 목숨을 걸고 천신만고 끝에 상해로 귀환했다.

상해에는 이미 김단야와 박헌영이 20년대 '화요파'를 이어서 1930년대 조선공산당 재건 사건의 중심인 '꼼무니스트 그룹'을 형성하고 있었다. '꼼무니스트 그룹'은 코민테른 12월 테제(1928)와 프로핀테른 9월 테제(1930)에 기초해 활동가들을 대거 노동현장으로 들어가도록 지시했다. 김명시 역시 1932년 3월 인천지역 여성노동자 조직을 위해 국내로 잠입했다. 어린 여공들을 대상으로 교육과 선전을 도맡았다. 그러나 활동을 개시한 지 2개월 만에 조직이 일제 경찰의 촉수에 노출되고 만다. 당시 일제 밀정이나 스파이들은 단돈 2원, 3원에 첩보를 제공하는 걸 마다하지 않았다. 결정적으로 1932년 5월 1일 메이데이를 기념해 만든 선전물과 전단지가 일경에 발각되면서 조직 전체가 괴멸되는 위기의 순간에 처했다.

김명시는 5월 경성을 거쳐 고명자를 만난 뒤 여비 40원을 받아 다급히 벗어났다. 혼자 3개월을 걸어서 경성에서 신의주까지 탈출하는 데 성공했다. 그러나 신의주 백마강역 부근에서 동지의 배신으로 일제 고등계 경부에게 피검된다. 일제가 이름 붙인 '조선공산당 재건 사건'의 주모자가 되어 조봉암 다음으로 센 징역 6년형을 언도받았다. 예심제도 미결 기간까지 합하여 꼬박 7년을 신의주 형무소에서 수감 생활을 해야만 했다.

한반도 전체가 감옥이자 수용소였던 시절

당시 신의주형무소는 항일독립지사들 사이에서도 추위로 악명 높은 공간이었다. 조선공산당 재건 사건에 연루돼 함께 옥고를 치른 조봉암 선생 또한 혹독한 추위로 고통을 겪었다. 잔악한 고문으로 낫지 않은 상처가 동상에 걸린 나머지 손가락 7마디를 잘라야 했다. 썩어 들어간 것이다. 25살 처녀 김명시 역시 발이 동상에 걸려 고통스러운 징역살이를 해야 했다. 1958년 『사상계』 잡지에 조봉암이 기고한 「내가 걸어온 길」에 나오는 신의주형무소 수형생활 한 대목을 살펴보자.

나는 자유의 구속이라는 것 외에는 추위 고생이 제일 컸다. 신의주 추위는 이름난 추위다. 그런데 수인들은 그 추위에 대해서 거의 무방비 상태다. 독방 마룻바닥 위에 얇은 거적 한 닢을 깔고 이불 한 쪽을 덮고 눕는데 밤새 몸이 떨릴 뿐이지 푸근히 녹는 일은 거의 없다. 떨다가 떨다가 지쳐서 잠시 잠이 오는데 그 잠든 사이에 슬그머니 얼어 죽으면 네모난 궤짝 속에 넣어서 파묻는 것이고 요행히 죽지 않으면 사는 것이고 살면 징역살이를 되풀이하는 것뿐이다. 나는 잡방에도 잠시 있어 본 일이 있었는데 1홉 5작방(서울식이라면 반 칸 되는 방)에다가 17, 18명 내지 20명쯤 쓸어 넣어 놓으면 앉을 때는 서로 부벼 대고라도 앉지만 누우려면 사람의 몸뚱이들만 자리에 붙이고 사지는 서로 남의 몸 위에 놓게 된다. 5, 6월 삼복더위 중에는 미쳐 나가는 놈도 있고 기가 막혀서 죽어 나가는 놈도 가끔 있지만 겨울 추울 때는 오히려 그편이 얼어 죽을 염려는 없다. 그러나 그 많은 사람이 서로 부벼 대고 비틀고 자고 나면 사방 벽면에 오부씩이나 될 만한 두께로 하얗게 성에가 슬어서 사명당 사처방같이 된다.

김명시는 1939년 출옥 직후 일제의 삼엄한 감시망을 피해 중국으로 탈출에 성공한다. 당시엔 치안유지법 위반으로 처벌받은 자들은 예외 없이 보호관찰 대상이었다. 따라서 일제의 감시는 일거수일투족 삼엄하기 이를 데 없었다. 41년엔 '사상범 예방 구금령'을 공포해 치안유지법 위반자들을 아무 때나 감옥에 집어넣을 수 있었다. 윤동주 역시 여름방학을 맞아 기차역 플랫폼에서 치안유지법으로 연행됐다. 그리고 투옥 2년 만에 피골이 상접한 상태로 죽어 갔다. 해방과 동시에 감옥에서 나온 사상범 중에는 독립지사들이 많았다. '가고파'의 시조시인 노산 이은상도, 김명시의 오빠 김형선과 남동생 김형윤도 마찬가지였다. 조봉암 역시 사상범 예방 구금령으로 죄 없이 구금되어 해방을 감옥에서 맞아야 했다. 항일 독립지사들에게 조선은 한반도 전체가 감옥이자 수용소였던 셈이다.

김명시는 탈출해 천진, 제남, 북경 지역 팔로군 부대에서 활동하다 2만 5천 리 길을 밤낮으로 경계선을 넘어 화북지역 조선의용군 부대를 찾아갔다. 거기서 무정 장군을 극적으로 만나 눈물로 해후했다. 1927년 상해를 떠난 이후 김무정이 죽었다는 소식을 접하고 혁명 동지들과 함께 장례식까지 치렀는데 눈앞에 살아 있는 게 아닌가!

남동생 김형윤과 김명시, 둘 다 1930년대 혁명적 노동조합운동을 전개했던 코뮤니스트로서 불꽃같은 삶을 살았다. (출처: 열린사회 희망연대)

교과서에는 나오지 않는 조선의 잔다르크

김명시는 조선의용군 화북지대 여성부대 지휘관으로 활약했다. 적진지 코앞까지 포복하여 조선인 학병들을 대상으로 선무공작을 담당했고, 조선독립동맹 북경분맹과 천진분맹 책임자로서 적구에 들어가 조선의용군 모병활동과 선전을 책임졌다. 적구지역은 항상 총을 든 스파이들이 눈을 번뜩이며 항일독립지사들을 노리는 위험한 지역이라 늘 긴장 속에서 활동을 전개해야만 했다.

김명시에 대해선 그동안 한겨레와 오마이뉴스, 경남도민일보에서 몇 차례 기사화한 적이 있다. MBC와 YTN에서도 '조선의 잔다르크'로 다룬 적도 있다. 그러나 『한국사』 교과서엔 한 줄 기록이 없다. 내가 만난 가장 고결한 영혼을 지닌 김산도 없고, 김찬도 『한국사』 교과서엔 없다. 심지어 역사 연구자들조차 김찬을 조선공산당 창당 멤버인 김찬과 동일시한 적도 있다. 이름자가 '빛날 찬燦'으로 같다 보니 그럴 수 있겠다. 그러나 함북 명천 출신 김찬과 평안도 진남포 출신 김찬은 나이 차이가 17살이나 난다. 우리가 김명시를 학교교육에서 가르치고 배우지 못했듯이 김찬 역시 그런 이유 때문이리라. 모두 반공 파시즘 이라는 이념이 갈라놓은 은폐된 우리 역사의 슬픈 단면이다.

코뮤니스트가 아님에도 김원봉은 아직도 독립유공자로 서훈을 받질 못하고 있다. 김명시도 마찬가지다. 해방 직후 종로거리를 말을 타고 갔을 때 서울시민들이 우레와 같은 박수소리와 함께 항일 영웅 '김명시 장군 만세'를 소리 높이 외쳤지만, 4년이 지나지 않은 시점에서 김명시는 부평경찰서 유치장에서 자살로 발표된다. 스스로 치맛자락을 찢어 천장 수도관에 걸고 목을 매 자살했다고 당시 내무부장관이 발표했기 때문이다.

일제의 혹독한 고문과 취조 속에서도 굳건히 버텼던 백마 탄 여장군 김명시가 스스로 천장에 목을 매 자살했을 리 없다고 볼 수도 있다. 당시 국립경찰은 일제강점기 친일 경찰의 후예들이었다. 따라서 친일 경찰의 소굴인 사찰과 경찰들은 수사=고문을 동일시하여 고문으로 죽여 놓고 자살이나 심장마비로 발표하는 일이 흔했다.

1949년 남쪽 사회는 극우반공 파시즘이 횡행하던 시절이라 좌익 혐의만 보여도 목숨을 부지하기 어려운 시절이었다. 실제로 미국 국립문서보관소에서 비밀 해제된 문서에는 그런 자세한 설명과 학살 처형 사진이 고스란히 담겨 있다. 6·25전쟁 전임에도 민족주의자든 좌익 혐의자든 일상적인 처형이 자주 일어났다. 좌익 혐의자들에 대한 처형이 일상적이던 때 김명시는 과연 무슨 생각을 했을까? 아마도 이주하, 김삼룡의 거처를 캐묻는 심문을 이기는 방식으로 스스로 목숨을 끊는 길을 선택했을지도 모른다.

오죽했으면 김원봉이 악질 친일 경찰 노덕술에게 고문을 받는 수모를 견디었을까. 풀려난 그는 "남조선에선 왜놈 등쌀에 목숨을 부지하기 어렵다"며 북행길에 올랐고, 그는 북쪽에서도 장개석의 국제스파이로 몰리면서 숙청되고 스스로 감옥에서 통분 끝에 목숨을 끊었다. 죽음 직전 김원봉은 어떤 심정이었을까? 그분들의 삶과 죽음을 생각하면 언제나 눈물이 나고 슬프다.

김명시의 죽음은 김원봉의 죽음과 결이 다르다. 당시 코뮤니스트는 죽음조차 혁명의 대의에 따르는 것으로 여기기도 했다. 그래서 일제는 항일독립지사들을 체포하면 바로 그날 가장 가혹하게 고문했고, 첫날 자백을 하거나 실토하는 경우가 다반사였다. 길어도 5일을 넘기지 못했다. 2차 조선공산당 책임비서 강달영은 동지들의 안전과 당 기밀을 지키기 위해 스스로 책상 모서리에 머리를 찧으며 자살을 기도했다. 그는 출옥 후 정신분열 증세를 보였고 이후 항일전선에 복귀는커녕 일상적인 생업에도 종사하질 못했다. 폐인처럼 10년을 지내다 해방되기 3년 전 쓸쓸히 죽어 갔다.

역사의 이름으로 수여해야 할 훈장들

혁명적 노동조합 항일운동의 빛나는 별 김찬은 일제의 극악한 고문을 무려 45일을 버텼다. 조봉암 선생은 20일 넘게 고문을 버텼다. 정강이 다리뼈가 허옇게 드러날 정도로 맞았던 김산 역시 한 달 넘게 물고문을 이겨 냈다. 김명시 역시 한 달 동안 고문을 버텨 냈다.

항일전선에서 코뮤니스트들은 누구보다도 치열하게 싸웠다. 대표적인 인물로 코뮤니스트 김알렉산드라 스탄케비치의 삶과 죽음을 되새기면 충분히 이해할 수 있는 대목이다.

코뮤니스트 김알렉산드라 스탄케비치는 처형 당시 볼셰비키 하바롭스크 당 서기였다.

처형 직전 김알렉산드라는 13발자국을 걷게 해 달라고 요청했다. 13발자국은 자신의 조국 조선을 상징하는 표현이다. 13걸음을 걸은 뒤 김알렉산드라 스탄케비치는 '내 심장에 총을 쏴라'고 하며 독립만세를 외쳤다.

항일독립투쟁사는 피와 눈물로 점철된 운동사이다. 설령 해방 이후 북한 정권에 참여했더라도 일제강점기 항일독립운동에 행적을 남긴 인물이라면 마땅히 독립유공자로 서훈을 추서해야 한다.

민족의 해방과 조국의 완전한 독립을 위한 투쟁의 길에 이념의 좌우가 걸림돌이 될 순 없다. 다행히 김알렉산드라 스탄케비치에게는 2009년 건국훈장 애국장이 뒤늦게 추서되었다. 의열단 창단 100주년을 맞는 올해, 약산 김원봉에 대한 독립유공자 서훈이 추서되어야 한다. 그러나 의열단장 김원봉은 북한 정권에 참여했다는 이유만으로 아직껏 서훈이 추서되지 못하고 있다. 북쪽 역시 장개석의 지시를 받은

1949년 4월 14일 오후 3시 서울 동북 방향 10km 지점(오늘날 태릉 근방)에서 좌익 혐의자 39명을 처형하는 데 헌병 200명을 동원했다. 미 국립문서보관소에서 기밀 해제된 후, 고 이도영 박사가 찾아낸 집단 학살 사진이다. 당시 처형 장면을 촬영하고 기록한 이는 미군 장교로 그는 이러한 학살이 남한 사회에서 자주 실시된 처형 방식이라고 기록하고 있다. (출처: 이도영 박사의 『죽음의 예비검속』)

국제스파이로 숙청함으로써 자신들의 애국열사릉에 모시질 않았다.

김명시도 마찬가지다. 낡은 이념의 시각에 갇힌 옹졸한 보훈정책은 오늘을 살아가는 우리를 참으로 부끄럽게 만든다. 하루빨리 낡고 시대에 뒤떨어진 보훈지침을 폐기하고 무엇이 국가와 민족을 위한 진정한 보훈정책인지 성찰할 시점이다. 약산 김원봉이나 김명시에게 훈장을 수여한다면 최고등급인 건국훈장 대한민국장이 추서되어야 마땅하다.

참고 문헌

1. 몽골의 슈바이처, 항일독립지사 이태준

1. 박태원(2000). 『약산과 의열단』. 깊은샘.
2. 반병률(2000). 「의사 이태준(1883~1921)의 독립운동과 몽골」. 『한국근현대사연구』 제13집.
3. 김학철(1983). 『항전별곡』. 흑룡강 조선민족출판사.
4. 『연변일보』(2017. 8. 21). 「민족의 전설, 항일 장령 무정 장군의 인생 비화」.
5. 안지현(2017). 「항일독립운동에 나선 의학도와 의사들」. 『국방저널』 제519호.
6. 「김필순이 안창호에게 보낸 1912년 3월 11일 자 서신」. 독립기념관 독립운동사 정보 시스템.
7. 박윤재(2009). 「몽골을 치료한 의사, 이태준」. 한국역사연구회
8. 장석흥(2002). 「1910~1920년대 몽골지역에서 전개된 한국독립운동」. 『한국근현대사연구』 제23집.
9. 기창덕(1994). 「의학교육의 현대화 과정」. 『의사학』 3(1).
10. 이선호(2011). 「올리버 알 애비슨(Oliver. R. Avison)의 연희전문학교 사역」. 『신학논단』 제64권.

2. 국어 교사도 생소한 조선 최고의 한글운동가 이극로

1. 박용규(2005). 『북으로 간 한글운동가 이극로 평전』. 차송.
2. 박용규(2011). 『조선어학회 항일투쟁사』. 한글학회.
3. 박용규(2014). 『조선어학회 33인』. 역사공간.
4. 조준희(2008). 「1920년대 유럽에서 이극로의 조선어 강좌와 민족운동」. 『한민족 연구』 제5호.

3. 조선의 페스탈로치, 이만규

1. 박종무(2011). 『미군정기 조선교육자협회의 교육 이념과 활동』. 교원대 석사 논문.
2. 김용일(1995). 『미군정하의 교육정책 연구』. 고려대 박사 논문.
3. 민주주의민족전선. 『해방조선Ⅱ』(과학과사상, 1988).
4. 정숭교(1995). 「한국교육사 연구의 기틀」. 『역사와 현실』 15.
5. 정순택. 『보안관찰자의 꿈』(한겨레신문사, 1997).
6. 심성보. 「이만규의 삶과 교육사상」. 『한국교육사학』 제14집.
7. 정병준. 「해방 이후 여운형의 통일·독립운동과 사상적 지향」. 『한국민족운동사연구』 제39집.
8. 이석태 외. 『사회과학대사전』(한울림, 1987).
9. 이만규. 『조선교육사』(살림터, 2010).
10. 고성진(1993). 『이만규 교육사관에 관한 연구』. 교원대 석사 논문.

4. 영화 〈밀정〉이 놓친 '독립운동가 나혜석'
1. 유진월(2014). 『불꽃의 여자 나혜석』. 지식을 만드는 지식.
2. 나혜석(2012). 「딸 나열에게 보낸 한글 편지」. 『나혜석 연구』 창간호.
3. 김은실(2008). 「조선의 식민지 지식인 나혜석의 근대성을 질문한다」. 『한국여성학』 24(2).
4. 나혜석(1934). 「이혼고백장」. 『삼천리』 1934년 9월호.
5. 김주용(2014). 「만주 안동지역 한인사회와 나혜석」. 『나혜석 연구』 제5집.
6. 황용건(2015). 「나혜석과 황옥사건」. 『나혜석 연구』 제6집.
7. 김형필(2001). 「나혜석의 삶과 문학」. 『외국문학연구』 제9집.
8. 백지홍(2016). 「나혜석 : 전환기의 선각자」. 『미술세계』 제45권.
9. 황민호(2015). 「나혜석의 독립운동과 관련 인물들」. 『나혜석 연구』 제6집.
10. 이구열(2011). 『그녀, 불꽃같은 생애를 그리다 나혜석』. 서해문집.

5. 유관순만큼 이화림도 알아야 한다
1. 이화림 구술(2015). 장찬제 엮음. 박경철·이선경 옮김. 『이화림 회고록』. 차이나하우스.
2. 강영심(2004). 「이화림, 조선의용대 여성대원」. 『여성이론』 제11집.
3. 김승일(2001). 『조선의용군 석정 윤세주 열사-중국 태항산에 묻힌 대한의 혼』. 고구려.
4. 유관지(2015). 「평양지역 감리교 역사와 한국교회」. 『한국기독교와 역사』 제42호.
5. 황희면. 「독립투사 이화림 녀사와 로인회장님들」. 『길림신문』 2012. 11. 28.
6. 김혁. 「여걸 이화림」. 『동북아 신문』 2015. 3. 16.
7. 최봉춘(2001). 「석정 열사의 항일투쟁사」. 『석정 윤세주 열사의 생애와 독립정신』 세미나 자료.
8. 김학철(1989). 『태항산록』. 대륙연구소 출판부.
9. 김학철(1996). 『20세기의 신화』. 창작과비평사.
10. 이윤옥(2018). 『서간도에 들꽃 피다』 2권. 얼레빗.

6. 청포도 시인이 기다렸던 육사의 절친 윤세주
1. 김영범(2009). 「이육사의 독립운동 시-공간과 의열단 문제」. 『한국독립운동사연구』 제34집.
2. 김춘복(2001). 「석정 윤세주의 생애와 사상」. 『밀양 문학』 제14호.
3. 전성현(2011). 「일제강점기 경남지역의 의열투쟁과 지역성: 1920년대 초 의열단의 활동을 중심으로」. 『한국독립운동사연구』 제38집.
4. 신호웅(2007). 「석정 윤세주의 독립운동노선 연구」. 『인문학 연구』 제11집.
5. 김삼웅(2015). 『약산 김원봉』. 시대의 창.
6. 김원봉의 「석정 동지 약사」.
7. 이종범(1970). 『의열단 부장 이종암전』. 광복회.
8. 강만길(1995). 「조선혁명간부학교와 육사 이활」. 『민족문학사 연구』 제8호.
9. 염인호(1992). 「해방 전후 민족혁명당의 민족통일전선운동」. 『역사연구』 제1집.

10. 김중생(2000). 『조선의용군의 밀입북과 6·25전쟁』. 명지.

7. 문재인 대통령이 호명한 항일 여전사 박차정
1. 이송희(1996). 「박차정 여사의 삶과 투쟁-민족해방과 여성해방을 위해 투쟁한 한 여성의 이야기」. 『지역과 역사』 제1집. 부경역사연구소.
2. 박선경(2005). 『의열단에 가담했던 기독교인들의 신앙관 연구』. 계명대 박사 논문.
3. 하정화(2010). 「역사 속 부산 여성을 말하다」. 『부산여성가족』 제6호. 부산여성가족개발원.
4. 이송희(2013). 「일제강점기 부산지역의 여성교육」. 『여성연구논집』 제24집. 신라대 여성문제연구소.
5. 강대민(2006). 「박차정, 민족해방운동의 여성 투사」. 『내일을 여는 역사』 제23권.
6. 김성민(2003). 「광주학생운동의 확산과 서울지역 시위의 성격」. 『한국독립운동사연구』 제20집.
7. 신영숙(1996). 「일제 시기 여성운동가의 삶과 그 특성 연구」. 『역사학보』 제150집.
8. 김성민(2003). 「광주학생운동의 확산과 서울지역 시위의 성격」. 『한국독립운동사연구』 제20집.
9. 『김공신 제4회 신문조서』. 1935. 5. 10. 경기도 경찰부.
10. 심옥주(2014). 「박차정, 여성광복군에서 빛을 발하다」. 『독립기념관』 통권 제316호.

8. '딸깍발이' 선비 이희승에 대한 비판적 시각
1. 김학철(1994). 『누구와 함께 지난날의 꿈을 이야기하랴』. 실천문학사.
2. 박용규(2011). 「이희승의 문세영 『조선어사전』 비판에 대한 검토」. 『국학연구』 제18집.
3. 김영환(2001). 「'과학적' 국어학 비판-이희승을 중심으로」. 『한글』 제252권.
4. 김영환(2002). 「다시 생각해 보는 최현배와 이희승」. 『나라사랑』 제103호.
5. 김영환(2007). 「한글사랑 운동의 역사적 성격과 그 앞날」. 『한글』 제276권.
6. 김영환(2015). 「'과학적' 국어학의 유산-경성제대와 서울대」. 『仙道文化』 제19집.
7. 김영환(2016). 「이희승의 '딸깍발이'에 나타난 선비관 비판-'과학적' 국어학과 연관하여」. 『仙道文化』 제20집.
8. 이준식(2013). 「해방 후 국어학계의 분열과 대립-언어민족주의와 '과학적' 언어학을 중심으로」. 『한국근현대사연구』 제67집.
9. 이준식(2008). 「최현배와 김두봉-언어의 분단을 막은 두 한글학자」. 『역사비평』.
10. 김용섭(2011). 『김용섭 회고록: 역사의 오솔길을 가면서』. 지식산업사.
11. 려증동(2001). 「〈백범일기〉를 허물어뜨리고 〈白凡逸志〉로 조작한 사람 이광수」. 『배달말교육』 제22호. 배달말 교육학회.

9. 밀양 출신 독립운동가들의 정신적 멘토, 황상규
1. 김용직·손병희 편(2004). 『이육사 전집』. 깊은샘.
2. 서정매(2012). 「밀양아리랑의 변용과 전승에 관한 연구」. 『한국민요학』 제35집.
3. 김영범(2017). 「독립운동가 백민 황상규의 생애와 초상」. 『지역과 역사』 제40호.

4. 채광식(2001). 『소몽 채기중 선생 전기』. 소몽선생숭모회.
5. 김승(2004). 「한말·일제하 밀양지역 민족운동과 사회운동」. 『지역과 역사』 제15호.
6. 김승학(1970). 『한국독립사 하』. 독립문화사.
7. 이성우(2000). 「대한광복회 충청도 지부의 결성과 활동」. 『한국근현대사연구』 제12집.
8. 천화숙(1992). 「의열단 성립과 인물 중심으로 본 諸창단설」. 『인문논총』 제1권.
9. 김영범(1992). 「의열단 창립과 초기 노선에 대하여」. 『한국학보』 제69집.
10. 전성현(2011). 「일제강점기 경남지역의 의열투쟁과 지역성: 1920년대 초 의열단의 활동을 중심으로」. 『한국독립운동사연구』 제38집.

10. '가고파'의 문인 노산 이은상의 분열적 자화상

1. 김희철(1995). 「노산 이은상론」. 『태릉어문연구』 제5-6호. 서울여대 국문학회.
2. 김재현(1983). 「시조문학의 재평가」. 『응용언어학』 제1호. 한국응용언어학회.
3. 신웅순(2016). 「민족시인 노산 이은상」. 『서예문인화』 2016년 2월호.
4. 정재욱(2016). 「박정희는 세종과 이순신을 합친 정도의 위인」. 『감사해요 박정희』. 통권49호. 박정희 대통령 기념재단.
5. 이은상(1971). 「잊을 수 없는 스승」. 『나의 인생관: 오늘도 탑(塔)을 쌓고』.
6. 마산시의회 세미나 자료(2000. 5. 23). 『노산 이은상 탐구』.
7. 이은상(1973). 『민족의 향기』. 교학사.
8. 정인승(1969). 「가람 이병기 박사의 인간과 문학」. 『신동아』 1969년 1월호.
9. 오양호(2018). 「한국 근대수필과 이은상」. 『어문학』 142호. 한국어문학회.
10. 배은희(2010). 「1920년대 시조론 형성과정 고찰」. 『시조학 논총』 제32집.

11. 코뮤니스트 항일독립운동가 김찬

1. 박우정(1994). 『1929-1932년의 조선공산당 재건운동』. 부산대 석사 논문.
2. 박한용(2000). 「1930년대 혁명적 노동조합운동」. 『진보평론』 2000년 가을호.
3. 이준식(2000). 「조선공산당 재건운동」. 『진보평론』 제4호.
4. 이호룡(2006). 「일제강점기 국내 아나키스트들의 공산주의에 대한 비판적 활동」. 『역사와 현실』 제59호.
5. 신춘식(2000). 「조선공산당을 위한 변명」. 『진보평론』 2000년 봄호.
6. 김인걸, 강현욱(1989). 『일제하 조선노동운동사』. 일송정.
7. 원희복(2015). 『사랑할 때와 죽을 때』. 공명.
8. 스칼라피노·이정식 지음(1986). 한홍구 옮김. 『한국공산주의 운동사 I』. 돌베개.
9. 박순섭(2014). 「1920-30년대 김찬의 사회주의운동과 민족협동전선」. 『한국근현대사연구』 제71집.
10. 최규진(2009). 『조선공산당 재건운동』. 한국독립운동사연구소.

12. 비극적 항일독립운동가 김립을 회상하다

1. 『분단자료집』(1989). 한백사.
2. 김구(2005). 『백범일지』. 돌베개.

3. 김구(2012). 『백범일지』. 나남.
4. 한형권(1948). 「革命家의 回想錄-레닌과 담판」. 『三千里』 제6호.
5. 박걸순(2009). 「연해주 한인사회의 갈등과 정순만의 피살」. 『한국독립운동사연구』 제34집.
6. 정화암(1992). 『어느 아나키스트의 몸으로 쓴 근세사』. 자유문고.
7. 반병률(2005). 「김립과 항일민족운동」. 『한국근현대사연구』 제32집.
8. 임경석(2012). 「독립운동가 '김립' v.s 그를 비난한 '김구'」. 『서울신문』 2012. 11. 9.
9. 『증인 여운형 신문조서』. 경기도 경찰부. 1935년 10월 25일.
9. 반병률(2013). 「잊혀버린 진보적 항일혁명가」. 『여명기 민족운동의 순교자들』. 신서원.
10. 허헌(1935). 「교우록」. 『삼천리』 제7권 제7호.
11. 강만길·성대경(1996). 『한국사회주의 운동 인명사전』. 창작과비평사.

13. 실천적 교육운동가, 한국의 페스탈로치 이오덕 선생

1. 고종석(1999). 『감염된 언어』. 개마고원.
2. 이주영(2004). 『이오덕의 교육사상 연구』. 천안대 석사 논문.
3. 이오덕(1989). 『이오덕 교육일기 1』. 한길사.
4. 김성길(2005). 『이오덕 동시의 현실주의적 변모 과정 연구』. 청주교대 석사 논문.
5. 이오덕(1983). 『거꾸로 사는 재미』. 범우사.
6. 이오덕(1990). 「사람이 되게 하는 교육」. 『참교육으로 가는 길』. 한길사.
7. 이오덕(1998). 「지식인들이 우리말 망치고 있어요」. 『말』 1998년 10월호.
8. 이오덕(2017). 『이오덕의 글쓰기 교육 2: 글쓰기, 이 좋은 공부』. 양철북.
9. 이오덕(1989). 「자기 삶을 빼앗긴 아이들의 글쓰기」. 『새가정』 1989년 7월호.
10. 이오덕(2010). 「글쓰기 교육, 그 희망과 절망」. 『중등 우리교육』 2010년 3월호.
11. 홍인기(2008). 「겨레의 큰 스승 이오덕」. 민주화운동기념사업회(https://www.kdemo.or.kr)
12. 원종찬(2011). 「윤석중과 이원수: 아동문학의 모더니즘과 리얼리즘」. 『아동청소년문학연구』 제9호.
13. 이오덕(1977). 『시정신과 유희정신』. 창작과비평사.

14. 한글학자 주시경의 절친, 전덕기 목사

1. 이덕주(1995). 「전덕기 목사의 민중목회와 민족운동」. 『세계의 신학』 제29호.
2. 이만열(1998). 「아펜젤러의 초기 선교활동과 '한국 감리교회'의 설립」. 『한국기독교와 역사』 제8집.
3. 김진호(1998). 「전덕기 목사 소전」. 『나라사랑』 제97호.
4. 조이제(2000). 「전덕기 목사의 설교」. 『세계의 신학』 제48호.
5. 이덕주. 「전덕기 목사의 생애 재구성」. 『한국기독교 역사 연구소 소식』 제33호.
6. 한규무(2002). 「현순의 신앙과 활동-3·1운동 이전을 중심으로」. 『한국기독교와 역사』 제16집.
7. 이승현(2006). 「신민회의 국가건설사상-공화제를 향하여」. 『정신문화연구』 제29호.

8. 이응호(1998). 「상동청년학원과 한글운동」. 『나라사랑』 제97호.
9. 전택부(1998). 「전덕기 목사와 그 주변 사람들」. 『나라사랑』 제97호.
10. 윤춘병(1998). 「전덕기 목사와 상동청년학원 고찰」. 『나라사랑』 제97호.

15. 세계에 흩어진 독립운동의 흔적을 찾아서
1. 김동우(2019). 『몽우리 돌을 찾아서』. 갤러리 '류가헌' 작품전시회.
2. 정운현(2016). 『조선의 딸, 총을 들다』. 인문서원.

16. 조선·동아일보가 민족정론지라고?
1. 민족문제연구소(2009). 『친일인명사전』.
2. 임혜봉(2014). 「송병준의 친일행적과 재산축적」. 『역사와 책임』 제7호.
3. 장신(2007). 「대정친목회와 내선융화운동」. 『대동문화연구』 제60집.
4. 장신(2010). 「1920년 대정친목회의 조선일보 창간과 운영」. 『역사비평』 통권92호.
5. 정윤재(2002). 『다사리 공동체: 민세 안재홍 평전』. 학사원.
6. 이이화 외(1993). 『인물로 보는 친일파 역사』. 역사비평사.
7. 강동진(1980). 『일제의 한국침략정책사』. 한길사.
8. 김동민(1990). 「일제하 조선·동아일보는 민족지였나」. 『역사비평』 제11호.
9. 임종국 편(1987). 「일본군 참모에의 사신」. 『친일논설선집』. 실천문학사.
10. 정진석(1990). 『한국언론사』. 나남.
11. 박한용(2008). 「희대의 매국노 송병준, 조선을 바겐세일하다」. 『독립기념관』 통권 246호.

17. 반공의 핏자국 위에 세워진 나라
1. 김혜진(1994). 「김창룡, 일제 관동군 헌병에서 대한민국 특무부대장까지」. 『청산하지 못한 역사 1』. 청년사.
2. 김삼웅(1995). 『한국현대사 뒷얘기』. 가람기획.
3. 이도영(2000). 『죽음의 예비검속』. 월간 말.
4. 도진순 외(1994). 『청산하지 못한 역사』. 반민족문제연구소. 청년사.
5. 김삼웅(1996). 『해방 후 양민학살사』. 가람기획.
6. 김동춘(2000). 『전쟁과 사회』. 돌베개.
7. 정은용(1994). 『그대 우리의 아픔을 아는가』. 다리미디어.
8. 제민일보 4·3취재반(1994). 『4·3은 말한다』. 전예원.

18. 투사가 된 어머니, 아버지를 기억하다
1. 이한열 열사 추모사업회. 『그대 가는가, 어딜 가는가』.
2. 김윤영(2006). 『박종철』. 민주화운동기념사업회.
3. 김태호·최인호(1998). 『박종철 평전』. 박종철출판사.
4. 서성란(2005). 『이한열』. 민주화운동기념사업회.
5. 최우혁 열사 추모사업회. 『최우혁 열사 추모집』.
6. 김형태(2013). 『지상에서 가장 짧은 영원한 만남』. 한겨레출판사.

7. 서영지(2014). 「"내 아들, 천국에선 편히 쉬렴"… 윤 일병 추모제 눈물바다」. 『한겨레』 2014. 8. 8.

19. 봉오동 전투의 전설, 최진동 장군

1. 류연산(2003). 「봉오동 전투의 최진동은 독립투사 아닌 친일파」. 『말』 통권208호 (2003년 10월호).
2. 류연산(2004). 『일송정 푸른 솔에 선구자는 없었다』. 아이필드.
3. 반민족행위 특별조사위원회. 「의견서」. 1949. 8. 30.
4. 반민족행위 특별조사위원회. 「증인신문조서」. 1949. 8. 18.
5. 반민족행위 특별조사위원회. 「피의자 신문조서」(제3회). 1949. 8. 17.
6. 반민족행위 특별조사위원회. 「피의자 신문조서」(제4회). 1949. 8. 19.
7. 김춘선 외(2006). 『최진동 장군』. 흑룡강조선민족출판사.
8. http://db.history.go.kr. 「군대 해산 후 의병활동의 확대와 평민의진」, 「독립군단 편성과 그 조직」, 「봉오동 전투」.
9. 민족문제연구소(2009). 『친일인명사전』
10. 류지영(2019). 「봉오동 전투 최진동, 임정 김희선… 민낯 드러난 가짜 유공자」. 『서울신문』 2019. 7. 17.
11. 항일국민회군 편찬위원회(1974). 『항일국민회군』. 공산권문제연구소.
12. 윤상원(2011). 「시베리아 내전 종결과 한인 빨치산 부대의 해산」. 『역사연구』 제20호.
13. 윤상원(2013). 「러시아혁명기 원동해방전쟁과 한인부대의 역할」. 『한국근현대사연구』 제67호.
14. 김승학(1965). 『한국독립사』. 독립문화사.
15. 김승빈(1994). 「러시아 원동의 조선인 빨치산 운동」(1918-1922). 『동화』 1994년 8월호.
16. 이정식 면담, 김학준 편집 해설(2005). 『혁명가들의 항일 회상』. 민음사.
17. 신운용(2017). 「경신참변과 대종교」. 『단군학연구』 제37호. 단군학회.

20. 봉오동 전투의 영웅은 홍범도가 아니라 최씨 3형제이다

1. 최성주. 「독립운동가 최운산 장군 1-21」. 『한겨레 온』.
2. 이범석 지음, 김광주 역(1947). 『한국의 분노』. 광창각.
3. 이범석(1971). 『우둥불』. 사상사.
4. 송우혜(1991). 「유명 인사 회고록 왜곡 심하다. 이범석의 우둥불」. 『역사비평』. 역사비평사.
5. 박은식 지음. 김도형 옮김(2008). 『한국독립운동지혈사』. 소명출판사.
6. 홍성덕(2018). 「봉오동 전승 98주년에 즈음하여: 철기 이범석의 〈우둥불〉과 〈김일성 회고록〉의 오류」. 『순국』 2018년 6월호.
7. 신주백(2005). 『1920-30년대 중국지역 민족운동사』. 선인.
8. 채근식(1985). 『무장독립운동비사』. 대한민국 공보처. 민족문화사.
9. 독립운동사 편찬위원회(1973). 「독립군전투사(상)」. 『독립운동사』 제5권.

10. 독립운동사 편찬위원회(1973). 「독립군전투사(하)」. 『독립운동사』 제6권.
11. 신주백(2018). 「석고화한 기억의 재구성과 봉오동 전투의 배경」. 『만주연구』 제 26권.
12. 신주백(2019). 「봉오동 전투, 청산리 전투 다시 보기」. 『역사비평』. 역사비평사.
13. 박창욱(2000). 「봉오동 전투와 청산리 전투 연구를 재론함」. 『한국사 연구』 111.
14. 김주용(2004). 「1920년대 만주독립군단체와 군자금」. 『군사』 제52호.
15. 윤상원(2013). 「만들어진 신화 고등학교 한국사 교과서 대한독립단 서술의 문제 점」. 『한국사학보』 제51권.
16. 윤상원(2013). 「만들어진 신화, 고등학교 한국사 교과서 대한독립군단 서술의 문 제점」. 『한국사학보』.
17. 김민호(2013). 『이범석의 생애와 독립운동』. 독립기념관 한국독립운동사연구소.
18. 이정식 면담, 김학준 편집 해설(2005). 『혁명가들의 항일 회상』. 민음사.
19. 이윤옥(2019). 「최운산 장군, 독립운동사에 큰 업적 세우고도 조명 못 받아」. 『오 마이뉴스』 2019. 6. 15.
20. 최성주 외(2019). 「무장독립군 기지 봉오동과 봉오동 전투 재조명」. 『세계 한인 Diaspora와 독립운동』. 3·1운동 100주년과 학생독립운동 90주년 기념 국제학술 회의. 재외한인학회.
21. 이강훈(1975). 『무장독립운동사』. 서문당.
22. 梶村秀樹, 姜德相(1970). 「義軍團及都督府ノ活動ニ關スル件」. 『現代史資料』 27 권. 동경: みすず.
23. 양소전 외(2009). 『중국 조선족혁명투쟁사』. 연변인민출판사.
24. 반병률(2006). 「일제 초기 독립운동노선논쟁-급진론과 완진론: 초기 상해 임시정 부를 중심으로」. 『한국 동양 정치사상사 연구』 5(2). 한국동양정치사상사학회.
25. 반병률(2009). 『1920년대 전반 만주·러시아 지역 항일무장투쟁』. 독립기념관 독 립운동사연구소.
26. 이기철(2019). 「봉오동 전투의 잊혀진 영웅, 최운산 장군을 아시나요」. 『서울신문』 2019. 4. 3.

21. 불꽃처럼 살다 간 코뮤니스트 항일혁명가 김명시

1. 『동아일보』. 「'獨立同盟과 臨政은 協調' 朝鮮의 '짠타크' 現代의 夫랑인 延安서 온 金命時 女將軍談」. 1945년 12월 23일.
2. 김성동(2010). 『꽃다발도 무덤도 없는 혁명가들, 현대사 아리랑』. 녹색평론사.
3. 『자유신문』. 「北勞 간부 金命時, 富平署 유치장서 자살」. 1949. 10. 11.
4. 곰밤(2019). 『이 세상에 만약 남자가 업다면-교과서에선 말하지 않는 여성독립운동 가 10인의 이야기』. 뉴트미디어.
5. 박종린(2014). 「1920년대 사회주의 사상의 수용과 맑스주의 원전 번역」. 『한국근현 대사연구』 제69권. 한국근현대사학회.
6. 안재성(2015). 『잃어버린 한국현대사』. 인문서원.
7. 『독립신보』. 「여류혁명가를 찾아서: 21년간 투쟁생활, 태중에도 감옥살이-김명시 여사 편」. 1946. 11. 21.

8. 박우정(1994). 『1929-1932년의 조선공산당 재건운동』. 부산대 석사 논문.
9. 이준식(2000). 「조선공산당 재건운동」. 『진보평론』 제4호.
10. 신춘식(2000). 「조선공산당을 위한 변명」. 『진보평론』 2000년 봄호.
11. 김인걸·강현욱(1989). 『일제하 조선노동운동사』. 일송정.
12. 최규진(2000). 「김단야 기억 저편에서 드높고 허망한」. 『진보평론』 2000년 여름호.
13. 조봉암(1958). 「내가 걸어온 길」. 『사상계』 1958년 2월호.
14. 노천명(1946). 「팔로군에 종군했던 김명시 여장군의 반생기」. 『신천지』 제1권 제 2호.
15. http://db.history.go.kr 「사회주의적 청년운동」. 『한민족 독립운동사』 제9권.
16. 지중세 역편(1984). 「조선 사상범 검거 실화집」. 돌베개.
17. 지수걸(1998). 「조선정치사상범 탄압을 문제 삼아야 할 이유」. 『역사비평』 제45권. 역사비평사.
18. 최규진(1997). 「'꼼무니스트' 그룹과 태평양 노동조합 계열의 노동운동 방침」. 『역 사연구』 제5집.
19. 곽태섭(1994). 『조봉암의 생애와 정치사상』. 고려대 석사 논문.
20. 신춘식(1993). 『조직주체를 중심으로 본 조선공산당 창건과정』. 성균관대 석사 논문.
21. 이정식(1991). 김성환 옮김. 『조선노동당 약사』. 이론과실천.
22. 김윤정(1998). 「1930년대 초 범태평양노동조합 계열의 혁명적 노동조합운동」. 『역 사연구』 제6호.
23. 고준석(1987). 『아리랑 고개의 여인』. 광주.
24. 『자유신문』. 「우리의 피로 조선을 찾자. 이채 띤 김명시 여장군의 축사」. 1945. 12. 27.
25. 고영민(1987). 『해방정국의 증언-어느 혁명가의 수기』. 사계절.
26. 임경석(2002). 「잊을 수 없는 사람들-강달영, 조선공산당 책임비서」. 『역사비평』 제58호.

삶의 행복을 꿈꾸는 교육은 어디에서 오는가?

미래 100년을 향한 새로운 교육 | 혁신교육을 실천하는 교사들의 필독서

▶ 교육혁명을 앞당기는 배움책 이야기

혁신교육의 철학과 잉걸진 미래를 만나다!

한국교육연구네트워크 총서

01 핀란드 교육혁명
한국교육연구네트워크 엮음 | 320쪽 | 값 15,000원

02 일제고사를 넘어서
한국교육연구네트워크 엮음 | 284쪽 | 값 13,000원

03 새로운 사회를 여는 교육혁명
한국교육연구네트워크 엮음 | 380쪽 | 값 17,000원

04 교장제도 혁명
한국교육연구네트워크 엮음 | 268쪽 | 값 14,000원

05 새로운 사회를 여는 교육자치 혁명
한국교육연구네트워크 엮음 | 312쪽 | 값 15,000원

06 혁신학교에 대한 교육학적 성찰
한국교육연구네트워크 엮음 | 308쪽 | 값 15,000원

07 진보주의 교육의 세계적 동향
한국교육연구네트워크 엮음 | 324쪽 | 값 17,000원
2018 세종도서 학술부문

08 더 나은 세상을 위한 학교혁명
한국교육연구네트워크 엮음 | 404쪽 | 값 21,000원
2018 세종도서 교양부문

09 비판적 실천을 위한 교육학
이윤미 외 지음 | 448쪽 | 값 23,000원

10 마을교육공동체운동:
세계적 동향과 전망
심성보 외 지음 | 376쪽 | 값 18,000원

한국교육연구네트워크 번역 총서

01 프레이리와 교육
존 엘리아스 지음 | 한국교육연구네트워크 옮김
276쪽 | 값 14,000원

02 교육은 사회를 바꿀 수 있을까?
마이클 애플 지음 | 강희룡·김선우·박원순·이형빈 옮김
356쪽 | 값 16,000원

03 비판적 페다고지는
세상을 변화시킬 수 있는가?
Seewha Cho 지음 | 심성보·조시화 옮김 | 280쪽 | 값 14,000원

04 마이클 애플의 민주학교
마이클 애플·제임스 빈 엮음 | 강희룡 옮김 | 276쪽 | 값 14,000원

05 21세기 교육과 민주주의
넬 나딩스 지음 | 심성보 옮김 | 392쪽 | 값 18,000원

06 세계교육개혁:
민영화 우선인가 공적 투자 강화인가?
린다 달링-해먼드 외 지음 | 심성보 외 옮김 | 408쪽 | 값 21,000원

07 콩도르세, 공교육에 관한 다섯 논문
니콜라 드 콩도르세 지음 | 이주환 옮김 | 300쪽 | 값 16,000원

혁신학교
성열관·이순철 지음 | 224쪽 | 값 12,000원

행복한 혁신학교 만들기
초등교육과정연구모임 지음 | 264쪽 | 값 13,000원

서울형 혁신학교 이야기
이부영 지음 | 320쪽 | 값 15,000원

혁신교육, 철학을 만나다
브렌트 데이비스·데니스 수마라 지음
현인철·서용선 옮김 | 304쪽 | 값 15,000원

대한민국 교사, 어떻게 가르칠 것인가?
윤성관 지음 | 320쪽 | 값 15,000원

아이들을 어떻게 가르칠 것인가
사토 마나부 지음 | 박찬영 옮김 | 232쪽 | 값 13,000원

모두를 위한 국제이해교육
한국국제이해교육학회 지음 | 364쪽 | 값 16,000원

경쟁을 넘어 발달 교육으로
현광일 지음 | 288쪽 | 값 14,000원

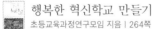

혁신교육 존 듀이에게 묻다
서용선 지음 | 292쪽 | 값 14,000원

 독일 교육, 왜 강한가?
박성희 지음 | 324쪽 | 값 15,000원

 다시 읽는 조선 교육사
이만규 지음 | 750쪽 | 값 33,000원

 핀란드 교육의 기적
한넬레 니에미 외 엮음 | 장수명 외 옮김 | 456쪽 | 값 23,000원

 대한민국 교육혁명
교육혁명공동행동 연구위원회 지음 | 224쪽 | 값 12,000원

 한국 교육의 현실과 전망
심성보 지음 | 724쪽 | 값 35,000원

▶ 비고츠키 선집 시리즈
발달과 협력의 교육학 어떻게 읽을 것인가?

 생각과 말
레프 세묘노비치 비고츠키 지음
배희철·김용호·D. 켈로그 옮김 | 690쪽 | 값 33,000원

 성장과 분화
L.S. 비고츠키 지음 | 비고츠키 연구회 옮김
308쪽 | 값 15,000원

 도구와 기호
비고츠키·루리야 지음 | 비고츠키 연구회 옮김
336쪽 | 값 16,000원

 연령과 위기
L.S. 비고츠키 지음 | 비고츠키 연구회 옮김
336쪽 | 값 17,000원

 어린이 자기행동숙달의 역사와 발달 I
L.S. 비고츠키 지음 | 비고츠키 연구회 옮김
564쪽 | 값 28,000원

 의식과 숙달
L.S 비고츠키 | 비고츠키 연구회 옮김
348쪽 | 값 17,000원

 어린이 자기행동숙달의 역사와 발달 II
L.S. 비고츠키 지음 | 비고츠키 연구회 옮김
552쪽 | 값 28,000원

 분열과 사랑
L.S. 비고츠키 지음 | 비고츠키 연구회 옮김
260쪽 | 값 16,000원

 어린이의 상상과 창조
L.S. 비고츠키 지음 | 비고츠키 연구회 옮김
280쪽 | 값 15,000원

 성애와 갈등
L.S. 비고츠키 지음 | 비고츠키 연구회 옮김
268쪽 | 값 17,000원

 비고츠키와 인지 발달의 비밀
A.R. 루리야 지음 | 배희철 옮김 | 280쪽 | 값 15,000원

 관계의 교육학, 비고츠키
진보교육연구소 비고츠키교육학실천연구모임 지음
300쪽 | 값 15,000원

 수업과 수업 사이
비고츠키 연구회 지음 | 196쪽 | 값 12,000원

 비고츠키 생각과 말 쉽게 읽기
진보교육연구소 비고츠키교육학실천연구모임 지음
316쪽 | 값 15,000원

 비고츠키의 발달교육이란 무엇인가?
비고츠키교육학실천연구모임 지음 | 412쪽 | 값 21,000원

교사와 부모를 위한 비고츠키 교육학
카르포프 지음 | 실천교사번역팀 옮김 | 308쪽 | 값 15,000원

 비고츠키 철학으로 본 핀란드 교육과정
배희철 지음 | 456쪽 | 값 23,000원

▶ 살림터 참교육 문예 시리즈
영혼이 있는 삶을 가르치는 온 선생님을 만나다!

 꽃보다 귀한 우리 아이는
조재도 지음 | 244쪽 | 값 12,000원

 선생님이 먼저 때렸는데요
강병철 지음 | 248쪽 | 값 12,000원

 성깔 있는 나무들
최은숙 지음 | 244쪽 | 값 12,000원

 서울 여자, 시골 선생님 되다
조경선 지음 | 252쪽 | 값 12,000원

아이들에게 세상을 배웠네
명혜정 지음 | 240쪽 | 값 12,000원

 행복한 창의 교육
최창의 지음 | 328쪽 | 값 15,000원

 밥상에서 세상으로
김흥숙 지음 | 280쪽 | 값 13,000원

 북유럽 교육 기행
정애경 외 14인 지음 | 288쪽 | 값 14,000원

 우물쭈물하다 끝난 교사 이야기
유기창 지음 | 380쪽 | 값 17,000원

▶ 4·16, 질문이 있는 교실 마주이야기
통합수업으로 혁신교육과정을 재구성하다!

 통하는 공부
김태호·김형우·이경석·심우근·허진만 지음
324쪽 | 값 15,000원

 미래교육의 열쇠, 창의적 문화교육
심광현·노명우·강정석 지음 | 368쪽 | 값 16,000원

 내일 수업 어떻게 하지?
아이함께 지음 | 300쪽 | 값 15,000원
2015 세종도서 교양부문

 주제통합수업, 아이들을 수업의 주인공으로!
이윤미 외 지음 | 392쪽 | 값 17,000원

 **인간 회복의 교육**
성래운 지음 | 260쪽 | 값 13,000원

 수업과 교육의 지평을 확장하는 수업 비평
윤양수 지음 | 316쪽 | 값 15,000원
2014 문화체육관광부 우수교양도서

 교과서 너머 교육과정 마주하기
이윤미 외 지음 | 368쪽 | 값 17,000원

 교사, 선생이 되다
김태은 외 지음 | 260쪽 | 값 13,000원

 **수업 고수들 수업·교육과정·평가를 말하다**
박현숙 외 지음 | 368쪽 | 값 17,000원

 교사의 전문성, 어떻게 만들어지나
국제교원노조연맹 보고서 | 김석규 옮김 392쪽 | 값 17,000원

 도덕 수업, 책으로 묻고 윤리로 답하다
울산도덕교사모임 지음 | 320쪽 | 값 15,000원

 수업의 정치
윤양수·원종희·장군 지음 | 280쪽 | 값 14,000원

 체육 교사, 수업을 말하다
전용진 지음 | 304쪽 | 값 15,000원

 학교협동조합,
현장체험학습과 마을교육공동체를 잇다
주수원 외 지음 | 296쪽 | 값 15,000원

 교실을 위한 프레이리
아이러 쇼어 엮음 | 사람대사람 옮김 | 412쪽 | 값 18,000원

 거꾸로 교실,
잠자는 아이들을 깨우는 수업의 비밀
이민경 지음 | 280쪽 | 값 14,000원

 마을교육공동체란 무엇인가?
서용선 외 지음 | 360쪽 | 값 17,000원

 교사는 무엇으로 사는가
정은균 지음 | 292쪽 | 값 15,000원

 교사, 학교를 바꾸다
정진화 지음 | 372쪽 | 값 17,000원

 마음의 힘을 기르는 감성수업
조선미 외 지음 | 300쪽 | 값 15,000원

 함께 배움
학생 주도 배움 중심 수업 이렇게 한다
니시카와 준 지음 | 백경석 옮김 | 280쪽 | 값 15,000원

 작은 학교 아이들
지경준 엮음 | 376쪽 | 값 17,000원

 공교육은 왜?
홍섭근 지음 | 352쪽 | 값 16,000원

 아이들의 배움은 어떻게 깊어지는가
이시이 준지 지음 | 방지현·이창희 옮김 | 200쪽 | 값 11,000원

 자기혁신과 공동의 성장을 위한
교사들의 필리버스터
윤양수·원종희·장군·조경삼 지음 | 280쪽 | 값 14,000원

대한민국 입시혁명
참교육연구소 입시연구팀 지음 | 220쪽 | 값 12,000원

함께 배움 이렇게 시작한다
니시카와 준 지음 | 백경석 옮김 | 196쪽 | 값 12,000원

 함께 배움 교사의 말하기
니시카와 준 지음 | 백경석 옮김 | 188쪽 | 값 12,000원

 교육과정 통합, 어떻게 할 것인가?
성열관 외 지음 | 192쪽 | 값 13,000원

 학교 혁신의 길, 아이들에게 묻다
남궁상운 외 지음 | 272쪽 | 값 15,000원

 프레이리의 사상과 실천
사람대사람 지음 | 352쪽 | 값 18,000원
2018 세종도서 학술부문

 혁신학교, 한국 교육의 미래를 열다
송순재 외 지음 | 608쪽 | 값 30,000원

 페다고지를 위하여
프레네의 『페다고지 불변요소』 읽기
박찬영 지음 | 296쪽 | 값 15,000원

 노자와 탈현대 문명
홍승표 지음 | 284쪽 | 값 15,000원

 선생님, 민주시민교육이 뭐예요?
염경미 지음 | 244쪽 | 값 15,000원

 어쩌다 혁신학교
유우석 외 지음 | 380쪽 | 값 17,000원

 미래, 교육을 묻다
정광필 지음 | 232쪽 | 값 15,000원

대학, 협동조합으로 교육하라
박주희 외 지음 | 252쪽 | 값 15,000원

 입시, 어떻게 바꿀 것인가?
노기원 지음 | 306쪽 | 값 15,000원

 촛불시대, 혁신교육을 말하다
이용관 지음 | 240쪽 | 값 15,000원

 라운드 스터디
이시이 데루마사 외 엮음 | 224쪽 | 값 15,000원

 미래교육을 디자인하는 학교교육과정
박승열 외 지음 | 348쪽 | 값 18,000원

 흥미진진한 아일랜드 전환학년 이야기
제리 제퍼스 지음 | 최상덕·김호원 옮김 | 508쪽 | 값 27,000원

 교사를 세우는 교육과정
박승열 지음 | 312쪽 | 값 15,000원

 전국 17명 교육감들과 나눈
교육 대담
최창의 대담·기록 | 272쪽 | 값 15,000원

 들뢰즈와 가타리를 통해
유아교육 읽기
리세롯 마리엣 올슨 지음 | 이연선 외 옮김 | 328쪽 | 값 17,000원

 학교 민주주의의 불한당들
정은균 지음 | 276쪽 | 값 14,000원

 교육과정, 수업, 평가의 일체화
리사 카터 지음 | 박승열 외 옮김 | 196쪽 | 값 13,000원

 학교를 개선하는 교장
지속가능한 학교 혁신을 위한 실천 전략
마이클 풀란 지음 | 서동연·정효준 옮김 | 216쪽 | 값 13,000원

 공자뎐, 논어는 이것이다
유문상 지음 | 392쪽 | 값 18,000원

 교사와 부모를 위한
발달교육이란 무엇인가?
현광일 지음 | 380쪽 | 값 18,000원

 교사, 이오덕에게 길을 묻다
이무완 지음 | 328쪽 | 값 15,000원

 낙오자 없는 스웨덴 교육
레이프 스트란드베리 지음 | 변광수 옮김 | 208쪽 | 값 13,000원

 끝나지 않은 마지막 수업
장석웅 지음 | 328쪽 | 값 20,000원

 경기꿈의학교
진흥섭 외 지음 | 360쪽 | 값 17,000원

 학교를 말한다
이성우 지음 | 292쪽 | 값 15,000원

 행복도시 세종, 혁신교육으로 디자인하다
곽순일 외 지음 | 392쪽 | 값 18,000원

 나는 거꾸로 교실 거꾸로 교사
류광모·임정훈 지음 | 212쪽 | 값 13,000원

 교실 속으로 간 이해중심 교육과정
온정덕 외 지음 | 224쪽 | 값 13,000원

 교실, 평화를 말하다
따돌림사회연구모임 초등우정팀 지음 | 268쪽 | 값 15,000원

폭력 교실에 맞서는 용기
따돌림사회연구모임 학급운영팀 지음 | 272쪽 | 값 15,000원

 학교자율운영 2.0
김용 지음 | 240쪽 | 값 15,000원

 그래도 혁신학교
박은혜 외 지음 | 248쪽 | 값 15,000원

학교자치를 부탁해
유우석 외 지음 | 252쪽 | 값 15,000원

 학교는 어떤 공동체인가?
성열관 외 지음 | 228쪽 | 값 15,000원

 국제이해교육 페다고지
강순원 외 지음 | 256쪽 | 값 15,000원

 교사 전쟁
다나 골드스타인 지음 | 유성상 외 옮김 | 468쪽 | 값 23,000원

미래교육, 어떻게 만들어갈 것인가?
송기상·김성천 지음 | 300쪽 | 값 16,000원

 인공지능 시대의 사회학적 상상력
홍승표 지음 | 260쪽 | 값 15,000원

 선생님, 페미니즘이 뭐예요?
염경미 지음 | 280쪽 | 값 15,000원

 시민, 학교에 가다
최형규 지음 | 260쪽 | 값 15,000원

혁신교육지구와 마을교육공동체는 어떻게 만들어지는가?
김태정 지음 | 376쪽 | 값 18,000원

▶ 교과서 밖에서 만나는 역사 교실
상식이 통하는 살아 있는 역사를 만나다

 전봉준과 동학농민혁명
조광환 지음 | 336쪽 | 값 15,000원

 교과서 밖에서 배우는 역사 공부
정은교 지음 | 292쪽 | 값 14,000원

 남도의 기억을 걷다
노성태 지음 | 344쪽 | 값 14,000원

 팔만대장경도 모르면 빨래판이다
전병철 지음 | 360쪽 | 값 16,000원

 응답하라 한국사 1·2
김은석 지음 | 356쪽·368쪽 | 각권 값 15,000원

 빨래판도 잘 보면 팔만대장경이다
전병철 지음 | 360쪽 | 값 16,000원

 즐거운 국사수업 32강
김남선 지음 | 280쪽 | 값 11,000원

 영화는 역사다
강성률 지음 | 288쪽 | 값 13,000원

 즐거운 세계사 수업
김은석 지음 | 328쪽 | 값 13,000원

 친일 영화의 해부학
강성률 지음 | 264쪽 | 값 15,000원

 강화도의 기억을 걷다
최보길 지음 | 276쪽 | 값 14,000원

 한국 고대사의 비밀
김은석 지음 | 304쪽 | 값 13,000원

 광주의 기억을 걷다
노성태 지음 | 348쪽 | 값 15,000원

 조선족 근현대 교육사
정미량 지음 | 320쪽 | 값 15,000원

 선생님도 궁금해하는 한국사의 비밀 20가지
김은석 지음 | 312쪽 | 값 15,000원

 다시 읽는 조선근대 교육의 사상과 운동
윤건차 지음 | 이명실·심성보 옮김 | 516쪽 | 값 25,000원

 걸림돌
키르스텐 세룹-빌펠트 지음 | 문봉애 옮김
248쪽 | 값 13,000원

 음악과 함께 떠나는 세계의 혁명 이야기
조광환 지음 | 292쪽 | 값 15,000원

 역사수업을 부탁해
열 사람의 한 걸음 지음 | 388쪽 | 값 18,000원

 논쟁으로 보는 일본 근대 교육의 역사
이명실 지음 | 324쪽 | 값 17,000원

진실과 거짓, 인물 한국사
하성환 지음 | 400쪽 | 값 18,000원

다시, 독립의 기억을 걷다
노성태 지음 | 320쪽 | 값 16,000원

우리 역사에서 사라진 근현대 인물 한국사
하성환 지음 | 296쪽 | 값 18,000원

한국사 리뷰
김은석 지음 | 244쪽 | 값 15,000원

꼬물꼬물 거꾸로 역사수업
역모자들 지음 | 436쪽 | 값 23,000원

경남의 기억을 걷다
류형진 외 지음 | 564쪽 | 값 28,000원

▶ 더불어 사는 정의로운 세상을 여는 인문사회과학
사람의 존엄과 평등의 가치를 배운다

밥상혁명
강양구·강이현 지음 | 298쪽 | 값 13,800원

좌우지간 인권이다
안경환 지음 | 288쪽 | 값 13,000원

도덕 교과서 무엇이 문제인가?
김대용 지음 | 272쪽 | 값 14,000원

민주시민교육
심성보 지음 | 544쪽 | 값 25,000원

자율주의와 진보교육
조엘 스프링 지음 | 심성보 옮김 | 320쪽 | 값 15,000원

민주시민을 위한 도덕교육
심성보 지음 | 500쪽 | 값 25,000원
2015 세종도서 학술부문

민주화 이후의 공동체 교육
심성보 지음 | 392쪽 | 값 15,000원
2009 문화체육관광부 우수학술도서

교과서 밖에서 배우는 인문학 공부
정은교 지음 | 280쪽 | 값 13,000원

갈등을 넘어 협력 사회로
이창언·오수길·유문종·신윤관 지음 | 280쪽 | 값 15,000원

오래된 미래교육
정재걸 지음 | 392쪽 | 값 18,000원

동양사상과 마음교육
정재걸 외 지음 | 356쪽 | 값 16,000원
2015 세종도서 학술부문

대한민국 의료혁명
전국보건의료산업노동조합 엮음 | 548쪽 | 값 25,000원

교과서 밖에서 배우는 철학 공부
정은교 지음 | 280쪽 | 값 14,000원

교과서 밖에서 배우는 고전 공부
정은교 지음 | 288쪽 | 값 14,000원

교과서 밖에서 배우는 사회 공부
정은교 지음 | 304쪽 | 값 15,000원

전체 안의 전체 사고 속의 사고
김우창의 인문학을 읽다
현광일 지음 | 320쪽 | 값 15,000원

교과서 밖에서 배우는 윤리 공부
정은교 지음 | 292쪽 | 값 15,000원

카스트로, 종교를 말하다
피델 카스트로·프레이 베토 대담 | 조세종 옮김
420쪽 | 값 21,000원

한글 혁명
김슬옹 지음 | 388쪽 | 값 18,000원

일제강점기 한국철학
이태우 지음 | 448쪽 | 값 25,000원

우리 안의 미래교육
정재걸 지음 | 484쪽 | 값 25,000원

한국 교육 제4의 길을 찾다
이길상 지음 | 400쪽 | 값 21,000원

왜 그는 한국으로 돌아왔는가?
황선준 지음 | 364쪽 | 값 17,000원

마을교육공동체 생태적 의미와 실천
김용련 지음 | 256쪽 | 값 15,000원

▶ 평화샘 프로젝트 매뉴얼 시리즈
학교폭력에 대한 근본적인 예방과 대책을 찾는다

 학교폭력 어떻게 만들어지는가
문재현 외 지음 | 300쪽 | 값 14,000원

 아이들을 살리는 동네
문재현·신동명·김수동 지음 | 204쪽 | 값 10,000원

 학교폭력, 멈춰!
문재현 외 지음 | 348쪽 | 값 15,000원

 평화! 행복한 학교의 시작
문재현 외 지음 | 252쪽 | 값 12,000원

 왕따, 이렇게 해결할 수 있다
문재현 외 지음 | 236쪽 | 값 12,000원

 마을에 배움의 길이 있다
문재현 지음 | 208쪽 | 값 10,000원

 젊은 부모를 위한 백만 년의 육아 슬기
문재현 지음 | 248쪽 | 값 13,000원

 별자리, 인류의 이야기 주머니
문재현·문한뫼 지음 | 444쪽 | 값 20,000원

 우리는 마을에 산다
유양우·신동명·김수동·문재현 지음 | 312쪽 | 값 15,000원

 동생아, 우리 뭐 하고 놀까?
문재현 외 지음 | 280쪽 | 값 15,000원

 누가, 학교폭력 해결을 가로막는가?
문재현 외 지음 | 312쪽 | 값 15,000원

▶ 남북이 하나 되는 두물머리 평화교육
분단 극복을 위한 치열한 배움과 실천을 만나다

 10년 후 통일
정동영·지승호 지음 | 328쪽 | 값 15,000원

 선생님, 통일이 뭐예요?
정경호 지음 | 252쪽 | 값 13,000원

 분단시대의 통일교육
성래운 지음 | 428쪽 | 값 18,000원

 김창환 교수의 DMZ 지리 이야기
김창환 지음 | 264쪽 | 값 15,000원

 한반도 평화교육 어떻게 할 것인가
이기범 외 지음 | 252쪽 | 값 15,000원

▶ 창의적인 협력 수업을 지향하는 삶이 있는 국어 교실
우리말 글을 배우며 세상을 배운다

 중학교 국어 수업 어떻게 할 것인가?
김미경 지음 | 340쪽 | 값 15,000원

 토론의 숲에서 나를 만나다
명혜정 엮음 | 312쪽 | 값 15,000원

 토닥토닥 토론해요
명혜정·이명선·조선미 엮음 | 288쪽 | 값 15,000원

 인문학의 숲을 거니는 토론 수업
순천국어교사모임 엮음 | 308쪽 | 값 15,000원

 어린이와 시
오인태 지음 | 192쪽 | 값 12,000원

 수업, 슬로리딩과 함께
박경숙 외 지음 | 268쪽 | 값 15,000원

 언어던
정은균 지음 | 268쪽 | 값 15,000원

 민촌 이기영 평전
이성렬 지음 | 508쪽 | 값 20,000원

참된 삶과 교육에 관한
생각 줍기